国家出版基金项目
NATIONAL PUBLICATION FOUNDATION

中国电影人口述历史
The Oral History About Chinese Cinema
丛书主编　陈墨　张锦　边静

影戏人生

本卷主编　陈墨

赵元访谈录

采访人丨陈墨　受访人丨赵元　朱晓明　卢小飞　朱加加

CFP 中国电影出版社

图书在版编目（CIP）数据

影戏人生：赵元访谈录 / 陈墨主编. -- 北京：中国电影出版社，2023.12

（中国电影人口述历史 / 陈墨，张锦，边静主编）

ISBN 978-7-106-05573-8

Ⅰ. ①影… Ⅱ. ①陈… Ⅲ. ①赵元－访问记 Ⅳ. ①K825.78

中国国家版本馆CIP数据核字（2024）第007750号

责任编辑：甄晓文
封面设计：杨平平
责任校对：林　娜
责任印制：孙　杉

出版发行　中国电影出版社（北京北三环东路22号）　邮编：100013
电话：64296664（总编室）　64216278（发行部）
64296742（读者服务部）Email：cfpygb@126.com
印　　刷　中国电影出版社印刷厂
版　　次　2023年12月第1版　2023年12月北京第1次印刷
开　　本　710mm × 1000mm　1/16
印　　张　17
字　　数　295千字
定　　价　68.00元

《中国电影人口述历史》

编纂指导组成员

边 静　陈 墨　皇甫宜川　黎 煜

李 镇　吴 迪（启之）　张 锦　周 夏

特别鸣谢

傅红星　阎晓明　饶曙光　陆弘石　张建勇

序

■ 陈　墨

一

“中国电影人口述历史”，是由中国电影资料馆暨中国电影艺术研究中心和电影频道合作的，以采访和记录老一代中国电影人生平经历并作档案收藏为目的的大型采访工程。该项目于2007年正式启动，2008年全面展开，至2010年为采访工程的第一阶段；2011年起为采访工程的第二阶段。做口述历史，我们是后来者，其便利条件是可以站在前人的肩膀上，充分汲取先驱者的经验和教训；可以利用后发优势，使我们的工作做得比较顺利、有效，且有一点特色。

我们的项目名称是“中国电影人口述历史”，而不是“电影口述史”。作为电影资料馆人，我们做口述历史采访的目标，是要作为档案收集，让受访人做生平讲述，包括其电影从业经历、社会人生经历、个人生活与心灵成长经历三个向度，建立电影专业史、中国社会史、个人心灵史三者合一信息档案。

“中国电影人口述历史”采集电影人记忆档案，固然是留赠后人，也应尽可能服务于当下。为此，我们和中国电影出版社合作，申请到国家出版基金资助，将陆续出版“中国电影人口述历史”30卷。我们采取了四种分卷形式，即单人卷、单位卷（多人）、专业卷（多人）、专题卷（多人），目的是在深度与广度、丰富性与多样性之间获得平衡。

二

口述历史采访及其录音抄本的编纂，依据不同的目标，自有不同的重点、方法与形式。“中国电影人口述历史”的编纂，在篇幅允许的前提下，希望我们能够做到，录音编纂抄本展现五个方面的内容：一是受访人电影从业史及与电影相关内容。二是政治运动经历及社会环境变迁的情况，由此展现电影人在怎样的环境中工作，以便理解他们为何及如何工作。三是个人生活史，是社会史的资料。四是个人心灵史或个性成长史，看社会环境如何塑造个人及个人如何与社会环境和社会关系互动。五是在确保对话信息清晰可感的前提下，不仅展现受访人“说什么”，也尽可能保留其“怎么说”，尽量保持口述历史采访的现场感及对话者的个性言语特征。在实际编选过程中，会因为采访方式、资料丰歉、编选方法、篇幅容量的不同而产生不同的变体形式。

这套书有须共同遵守的编辑体例。具体如，1. 每个访谈都必须有一些常规项目，例如采访人、受访人、摄像师姓名，采访时间、采访地点等。2. 保留采访人和受访人对话问答形式。3. 编纂抄本必须以原始抄本为依据，如有修订必须用括号标示。4. 编者可以做必要删减，但须保持对话语意的完整性。5. 尽可能保持受访人说话的言语特点。6. 编者应针对访谈录中须加解释说明的地方做出注释。7. 每个访谈录后面都必须有《采访人手记》，提供必要的工作说明。8. 每册书后，须有分册主编的《编后记》，说明其编选方法及理由。

除上述必须遵守的基本体例之外，在编选理念、编辑方法、技术技巧等方面，我们鼓励分册主编按照自己的思考和认知进行探索和创新。

三

这套书采取分册主编负责制度。分册主编人选，大多是“中国电影人口述历史”工作团队成员，包括张锦研究员、李镇研究员、黎煜博士、边静博士、周夏研究员、黄德泉研究员、蒙丽静博士、李相先生、王霞女士、彭琨女士、苗禾女士、赵正阳博士和我本人。我们还聘请了张震钦研究员、刘桂清编审等资深专家，孙劲松副研究馆员及《当代电影》檀秋文编审等担任分册主编。

“中国电影人口述历史”的采访和出版，首先应该感谢授权我们出版其访谈录的所有前辈电影人！

我们曾得到过程季华、罗艺军、李少白、马德波、孟犁野、戴光晰等学界前辈，北京电影学院郑洞天教授、陈山教授、钟大丰教授，复旦大学周斌教授，中国传媒大学胡克教授，中国艺术研究院影视所所长丁亚平研究员，北京大学李道新教授，上海交通大学李亦中教授，西南大学虞吉教授，电影史家翟建农先生，山西社科院丁东研究员，中国青年政治学院邢小群教授等人的帮助和指导，在此向诸位专家表示衷心感谢！

“中国电影人口述历史”计划得以顺利实施，要感谢电影频道慷慨资助；要感谢阎晓明先生、陆弘石先生！

感谢中国电影资料馆前任馆长傅红星、前副馆长饶曙光、前代理馆长张建勇及现任馆长孙向辉！感谢倡议者和领导者皇甫宜川研究员！感谢最先探索者启之研究员！感谢李迅研究员、李一鸣研究员、单万里研究员！感谢中国电影资料馆办公室、离退休干部处、财务处等所有支持和帮助过口述历史工作的同事们！

感谢所有担任过“中国电影人口述历史”摄像、录音工作的在读或已毕业的、本中心及外校研究生同学们！

最后，要感谢中国电影出版社！感谢所有为之付出的人！

目录

赵元访谈录

采 访 人	陈　墨
采访时间	2012年8月27日至9月10日
采访时长	32小时
采访地点	北京北影小区赵元老师家
摄　　像	孙　波
录　　音	孙　波

【受访人简介】

赵元

赵元（1925—2020），原名赵小婉，女，电影导演。祖籍浙江宁波，生于上海。童年随父亲频繁调动，迁徙于浙江杭州、江苏常州、福建漳州、江苏南京等地，抗战爆发后又随母逃难辗转武汉、长沙、桂林。1940年在广西桂林加入抗敌演剧二队（后改为九队），其后长期从事抗敌演剧工作，出演过话剧《愁城记》《北京人》《蜕变》《赎罪》《春寒》《海国英雄》《小人物狂想曲》《胜利进行曲》《孔雀胆》《丽人行》《结婚进行曲》。曾入选电影《建国之路》摄制组，后因战事未完成。参加过电影《遥远的爱》演出，并与摄影师朱今明相爱、结婚。后参加电影《希望在人间》的拍摄。新中国成立后转入上海电影制片厂演员剧团工作，参加过《团结起来到明天》演出。1956年调入北京电影制片厂，曾担任过电影《上海姑娘》的导演助理，故事片《一天一夜》的副导演，艺术性纪录片《红旗飘飘·开门红》的导演，故事片《林家铺子》《上海姑娘》的场记，故事片《革命家庭》的导演助理，《停战以后》《烈火中永生》的副导演。1973年至1978年被安排到北京科教电影制片厂工作，担任过《计划生育》《小水轮发电机》《爆炸成型》《长毛兔》等多部科教片的编导。1978年回到北京电影制片厂，并与钱江合作导演过《报童》《他们在相爱》《印有金锚的飘带》等片，与郑健民联合导演过儿童片《扶我上战马的人》，独立执导过电影《十四五岁》和8集电视连续剧《盐丁儿》，并在谢铁骊任总导演的6部8集长片《红楼梦》《穆斯林的葬礼》《有钱的感觉》等片中担任执行导演。曾获得中国电影童牛奖（《十四五岁》）、中国电影金鸡奖最佳导演奖（《红楼梦》，谢铁骊、赵元）。

家庭及童年往事

陈墨（下简称陈）：赵老师，谢谢您接受我们的采访！咱们像平常聊天那样，请从您的家世、童年开始说，我尽量不打断。

赵元（下简称赵）：我父亲是受过高等教育的，他是留日的，是医生，但是母亲呢，没有文化。我印象里，在南京，祖母跟祖父好像来过一次，待过一个礼拜吧，没有多少印象。还有一个姑姑好像来过一次，（这些记忆）太模糊了。我父亲后来又结婚了，他有一大堆孩子，“文化大革命”那些孩子到北京来，我跟他的孩子还有交往。有的时候我很羡慕人家大家庭出来的，我是小家庭（里出生），（生长在）上海、南京，是在大城市里长大的，家里头就是父亲、母亲、哥哥、妹妹，其他就是勤务兵、佣人，这样的一个情况。

我的父亲叫赵觉初，他是在（东京）帝大[①] 学医的嘛。他是不是毕业了，我都不太清楚。从以前他的只言片语中，（我感觉父亲）好像就不愿意挂牌当医生、开私人门诊，觉得医生就要去治病，不能去挣钱，就这么一个思想，所以他就走的是公办的这条路。开始的时候，好像是在（上海的）日本纱厂干过，厂医，好像还可以。但是呢，有一次不知道是一个什么运动，日本人伤害了我们中国的工人，父亲也还是血气方刚的，他参加工人运动，还领导大家唱歌。这些都是我小时候，父母随便聊的时候，我听到一点点，有那么一个印象。后来他怎么离开的，他后来又怎么到了杭州，我就不太清楚了。杭州我有点印象了，他在杭州市立病院当外科主任，他的手术做得很好。在杭州大概待了有一年半载吧，我们家基本上没有去租房子住，长期包旅馆，到现在我都觉得很奇怪，但是没有个人能告诉我为什么。

我妈妈是一个太太[②]，她不会做事情，家务事情也不会做，我印象里她就没做过什么事情，对孩子们也没有多少关爱。我母亲家里有没有兄弟我就不知道了，听她说过有姐姐，但是姐姐没有到过我们家。因为她（给人的）感觉是高高在上的样子，（觉得）其他的都是下等人，没有知识，其实她

---

① 东京帝国大学为东京大学的前身。东京大学于 1877 年建立，初设法学、理学、文学、医学四个学部，是日本第一所国立大学，也是亚洲最早的西制大学之一。

② 旧社会有一定社会地位者的妻子的尊称，通常这类妇女在婚后养尊处优，生活闲适。

自己没有文化，但是她老说人家没知识。我觉得（她）是大户人家（出身），她谈起来，总是过去的红顶子[1]，就是清朝的官嘛。我外公到底是不是红顶子我也不清楚，因为从来没有来往过。所以我们家，我就说跟人家不一样的，新派又不新，旧派又不旧。过年的时候最明显，父亲是受洋教育的，但过年他也是要在桌上摆上东西供祖宗的，母亲要拜菩萨的，要磕头，其他就没有什么了。

（父亲）调到了常州，当了国民党陆军第十六军军医院的院长，他从这个时候就变到那去了，[2] 到军界去了。他怎么去的，我当然不知道，我现在分析，那可能是同学（介绍）吧。医界也有很多派系嘛。到了常州以后，我们就有一栋房子，好像有两层还带一个阁楼的，底下一个客厅、一个书房，一个房间。二楼就是正房，父母和我们都住在二楼。三楼是阁楼的性质。那么大的房子，我幼小的心灵里头并不觉得愉快。我觉得寂寞。到黄昏我特别害怕，朦朦胧胧的，听人家讲那个地方有狐仙、有鬼什么的，小孩嘛特别害怕，所以，我的童年一点都不幸福。

开始上学了，就跟我哥哥一块到盛范小学去的。这个学校呢，是一个姓盛的家族开的，我现在想起来规模还挺不小的，好像是私立学校。它每周要开周会，要唱国歌，这个我有印象。一进门有一个大镜子，把你的衣冠整理好进去，还是挺正规的。在常州还是比较好的学校吧。我兄弟姐妹关系不算太亲密。我母亲生九个孩子，活下来三个，那六个孩子呢，都是在襁褓里就夭折了。哥哥是长子，比较受重视一点，而且自由一点。女孩呢，就拘束一点，管教得多一点。我记得最多就是品德上的管教，礼仪上的管教，什么坐要有坐相，站要有站相，吃饭不能说话，不能吧唧嘴等等这方面的，这方面妈妈很注意的。她喜欢妹妹，不太喜欢我，大概妹妹比较可爱吧，她嘴巴也甜。我不行，很犟的。父亲医院里的人来了，看见我们，父亲就叫我们叫人家叔叔、伯伯，我怎么都叫不出来。所以我妈妈就不喜欢我，（因为我）不会讨人喜欢吧。其实我挺喜欢我爸爸的，他性格很和蔼，他那个人很忠厚。我就没见过他发过什么怒，更不会去打人了，他对我们都挺好的。我们不怕他，我可以爬到他身上去，可以骑在他的脖子上跟他玩。我跟妈就没有那么亲密了。其实父亲对我还是不错的，也还关心一下我们的学习，有时候给买点《小朋友》[3] 啊，那种小孩杂志。家里有台留声机，父亲喜欢听京戏。

---

① 清代官员的官帽顶戴花翎上缀红缨顶珠，“红顶子”一般指代清代官员。

② “那边”，是指国民党军队。口述人是以政治立场划界线，这边是共产党。

③《小朋友》杂志 1922 年由上海中华书局创刊，创刊初期为周刊，是一本为少年儿童讲述文学艺术和科学知识的少儿杂志，开阔儿童眼界。

常州待了一两年的，我上一二年级，父亲就调到福建，十四军的什么兵站医院。我们就跟着走了，从常州到福建是从上海坐轮船去的，我们当时坐甲等舱。在圆窗格里可以看到海，但是我们不晕，因为甲等舱条件好嘛。到了福建漳州，租的房子，楼上楼下。我母亲不愿意跟人家合租的，要独栋的房子。母亲不愿意我们把小朋友往家带，嫌吵闹她，嫌人家脏，嫌把家给弄乱了。我也不愿意把小朋友往家带，我妈妈抽鸦片，我不愿意让人家（看到），又怕她跟人家作威作福，得罪人家。没有人到我家来，我妈妈没有朋友，我们也没有朋友，所以我觉得童年特别寂寞。我们家生活很好的，印象里头有一年，父母还带我哥哥到厦门去玩了一趟，没带我和妹妹。当时给我们买了金戒指，南方人喜欢给孩子戴一个响铃铃的戒指，我们还挺高兴的。

父亲对我们比较好，给我们买点书，买点玩具。我们家那时候吃东西都是外国的，什么芒果、橙子，花旗蜜橘，（都是）进口的。老百姓都是用洋货嘛，洋油、洋火，那时候民族工业没起来嘛，父亲都是要买就买外国货的，他看电影也是要看外国电影的，不看中国电影。

陈：您小时候看电影的经历有哪些？

赵：我很少看电影，我又小，也不会一个人买票看电影去。

陈：妈妈不带您去吗？

赵：她好像没怎么看过电影。她要出去也就是爸爸带她出去，带她出去看个戏，偶而地看个电影。我看电影，最早的就是到南京了，我记得是胡蝶的《姊妹花》[①]吧，一个人演两个角色，还挺感动的。

陈：《姊妹花》是您最早看电影的记忆吗？

赵：好像是最早的。

陈：《姊妹花》是父亲带您去看的吗？

赵：谁带我去看，我不记得了。我自己不会去买票的，中学生才能够自己去买票去。我们女孩，家里不会给我们钱出去买。

陈：那时候没有零用钱吗？

赵：上小学的时候，有时候会给一点吧，专门吃早点还是什么的。

陈：您父亲调到南京，您有哪些记忆？

赵：我印象最深的就是他三年失业嘛。他调南京，兴冲冲地租了房子以后呢，上头就没有派他去上班了，没有工作了。什么原因我不清楚，但是我隐隐约约地听他们说，就是他们医学界有派系，跟这个有关系的。父

①《姊妹花》为导演郑正秋根据其舞台剧《贵人与犯人》改编的黑白电影作品，影片以孪生姐妹大宝、二宝的不同命运、不同遭遇反映了中国30年代的社会状况。影片于1934年上映。

亲是德日派，德日派医学好像在那个时代是比较占上风的，后来英美派上来了，英美派上来的人排挤德日派的。我隐隐约约有这么个印象。

那个时候我们住在他选的房子里，南京的正洪街正洪里，就在新街口商场的不远，是一个住宅区。那里有五十栋还是七十栋房子，一模一样，都是一栋一栋的。父亲就租了一套，五十块大洋一个月，那够厉害了吧？他没有工作就能租五十块大洋一个月（的房子），为什么呢？那就是我妈妈她不愿意跟人合租的。

陈：会不会是您父亲是有工资，没有职位？

赵：那我就不知道了。

陈：您上东方学校，是个什么情况？

赵：东方学校呢，是一个私立学校，有一个中学，有一个小学。是面对面，规模挺大的。东方学校好像是文体最闻名，每年都有运动员出成绩的，给学校争光。它在教学上并不出名。有点像贵族子弟（学校），它还演话剧，演过《孔雀东南飞》。我们是小学低年级的，根本够不上。

陈：您在东方学校，有什么业余爱好？

赵：我最喜欢跳舞、唱歌。

陈：还记得当年的那些歌吗？

赵：那个时候我们家有收音机嘛，有王人美《渔光曲》，我也喜欢《教我如何不想他》，什么《踏雪寻梅》，中国歌、外国歌都有。

陈：上音乐课是什么情况？

赵：有风琴，有音乐教室，都正规得很，我记得有一年叫我们到“中央广播电台”去唱歌。我们小学生，有好几个呢，在一个房间里头，一个麦克风，放在地中间。主持人报幕，老师指挥我们唱，唱什么歌现在一点印象也没有了。反正我去过一次，还挺新鲜的。

陈：学校当时有没有“公民”课、“三民主义“课？

赵：我不记得。我记得有一个课，叫历史课还是叫什么课，老师画了一个海棠叶子在黑板上，就跟我们讲，我们中国地图就像这样的，这个东北角（被日本人占了），那是“九一八”以后嘛，这个我印象很深。所以日本帝国主义侵略者啊，我小小的心灵就已经埋下了对它的根，我有这个印象，很深刻。

我原名叫赵小婉，不叫赵元，赵元是我自已取的。因为我上学的时候，同学们，尤其那些男同学，老拿我的名字开玩笑，[①] 我烦死了，就改成赵元了。

① 拿名字开玩笑，是指“小婉”与“小碗”谐音，将她称作小碗、小碟。

经历战乱：南京、武汉、桂林

陈： 全民族抗日战争爆发时，您有哪些记忆？

赵： 北京的“卢沟桥事变”我是隐隐约约知道的，最清楚的就是上海大轰炸[①]，上海一轰炸，南京就紧张了。我们那个时候也不会躲警报，也没有经验，人家就说躲在桌子底下，躲在沙发底下。我们那里没有挨炸。抗战一开始，父亲又被起用了，轰炸南京的时候，父亲已经走了，工作去了，那个时候需要人了嘛。他派了一个副官来接我们，这个副官是南京乡下的人，他把我们接到他家里头去避难。暗无天日，天天轰炸嘛，你不知道你的未来是什么样子的。住在这个地方，饭是有得吃的，生活是没有问题的，但是温饱解决了，你精神上是很痛苦的。我觉得很恐怖，那个时候真好像要求天来保佑，完全是无助。

陈： 在南京乡下待了多长时间？

赵： 好像就待了两个礼拜吧，很短的时间。轰炸有个间隙的时间，就可以回来嘛。（1937 年）11 月，父亲派了一个副官带我们离开南京，叫我们到武汉去。

我记得我们出南京城的时候，城门已经关了一半了。那个时候看不到多少人，可能有地位的人早就已经走了，估计是南京政府快要搬了，我父亲才紧张地叫我们撤离。大概带了行李卷，带了四五个箱子，带了点私人的细软财产吧，坐黄包车大概是，过了城门就到下关码头，还要坐一个小船上大船去，这个印象挺深的。到了船上，好像是三等舱吧，里头都是逃难的人，但还不是后来看到的那些很穷的难民。

从南京到武汉，一天一夜还是两天，到武汉又是租房子住。那会儿，（我母亲）没有作威作福的条件了，她也得跟大家住在一起。我们就住在火车站这条街，再过来就是法租界——铁路饭店什么的，那都是法租界了。在武汉看见租界里头的房子还是很洋式的。我们在一家楼上租一间房子，安顿下来，带我们的人就走了。那个时候小孩嘛，也没有想到未来，总之

---

① 即“淞沪会战”，卢沟桥事变后，蒋介石为了把日军由北向南的入侵方向引导改变为由东向西，以利于长期作战，于 1937 年 8 月 13 日在上海采取主动反击保卫战。淞沪会战是中日双方在抗日战争中第一次大型会战，也是中日战争中规模最大、战斗最惨烈的一场战役。

好像觉得没有前途一样。武汉的气氛跟南京是完全不一样的，到了武汉住在共租的房子里头了，一栋楼上就住了五六家，人气比较兴旺。烧饭都在一个厨房里头，这个人做了饭，那个人再弄，炉子有好多个。生活虽然是不那么舒服了，但是对小孩来讲，热闹了。我们对面有一个比我大好几岁的女孩，长得很漂亮，她老跟我一块玩，我有玩伴了，所以并不觉得害怕。再就是大街上气氛也不一样了，武汉群众爱国的热情高涨得很，老是看见游行，天天到处唱抗日歌曲，《大刀向鬼子们的头上砍去》①，什么《打回老家去》《义勇军进行曲》《长城谣》，歌多极了。年轻人的热血都在沸腾，到处都在游行，叫你加入这个队伍中去，给你一个旗子。这就好像是宣泄自己的一种热情。我还没到这种水平，可是这种感染是有的。

我们是1937年底到的武汉，1938年底武汉又要失守了嘛，战争又逼近了，我们又紧张了。有人接我们，先到长沙，再从长沙坐火车到的桂林。

陈：在武汉的时候，您就不上学了？

赵：没有上学了。谁还管我们上学啊？我妈根本不会考虑上学的事。她就是得过且过，未来是怎么样，她也不知道啊。人们都是那种不知道明天是怎么样的。对武汉的印象就是轰炸，我经历过啊。

陈：到长沙的经过是怎么样？

赵：就是坐火车去的嘛，到长沙，印象最深的是长沙吃饭的筷子特别长。待了一晚上还是两晚上，就到桂林了。我们租了一个房子又住下了，桂林也是大轰炸。1939年了吧。我从抗日战争开始，就是知道轰炸，日本飞机轰炸丢炸弹，炸死好多人，炸毁房子，炸毁桥梁，都是看到它来炸，还没炸到自己头上。

但是到桂林就炸到自己头上来了。我们住的叫什么地方，我也不记得了，反正是一个平房，我妈妈跟我、哥哥、妹妹住在一起。隔三岔五都有警报，桂林不是有山洞嘛，一警报了就动员你到防空洞去。我是不大喜欢去躲警报的，但那天我哥哥拉着我到那个防空洞去了。警报解除以后，我们那片房子被轰炸了，一排房子，轰炸了这一头，另一头全都倒下了。逃难逃到这一天，炸弹才真正打到我们头上来了。刮了一天一夜的大风，日军投的是燃烧弹，我们就看着整个房子被烧掉了，烧成灰烬。第二天白天，我们还到灰烬里头扒东西呢。扒一点什么？银勺子凝固的银疙瘩。

这一下呢，就彻底改变了我们的命运了。因为没有依靠了，父亲现在在何处，也不知道了，音讯断绝了。

---

① 又名《大刀进行曲》，为作曲家麦新1937年7月在上海创作的一首抗日救亡歌曲。

虽然发生了这样的灾难，但是桂林抗日活动非常蓬勃，它是文化中心城市嘛。桂林有什么新安旅行团，我也知道有孩子剧团，就是跟我这个年龄相仿的孩子们在那里头，我特别羡慕，特别向往我能有一个机会到他们那去。

我们又找到了一个新住处，就在这个地方呢，我就认识了宋英华，她是厦门儿童剧团的人，[1]她那个时候生肺病，在楼上养病。她也寂寞，她看我这个小妹妹还挺好玩的，就跟我聊，后来带我去书店去，介绍我看点什么书啊，我在她那里得到一些启迪，得到了一种朦朦胧胧的希望似的。她认识的人多嘛，她又比我大，又懂事，她的革命道理也比我懂得多。印象最深的是，她给我看了巴金的小说《灭亡》和《新生》这两本书，《灭亡》里头为理想而奋斗的人叫杜大心，觉得革命者就得有牺牲的精神，我就要有这样的思想。后来我又看过茅盾的《虹》《蚀》，我都能接受。宋英华是我的第一个启蒙者。

再一条线就是到乐群歌咏队去了。那里的领导人是林路，他可能是地下党员，解放以后是武汉音乐学院的院长。乐群歌咏队是群众组织，你要热爱它，报名你就可以来，也没有任何待遇，业余的嘛。都是晚上才有人去活动，我一有机会晚上就溜出去，在那里特别开心。

---

① 厦门儿童剧团，指厦门儿童救亡剧团，隶属厦门青年战时服务团第九工作队，1939 年 6 月底抵达桂林。

参加抗敌演剧队

赵：那林路对我挺好的，很关心我。在那里活动得有半年多吧，有一天他突然跟我说，有一个地方要人，你去不去？我说谁要我啊？我什么也不会。他说没关系，那些大哥哥大姐姐会帮你的，（想）去的话，你明天就去到某某地方去找他们去。他给我写了一个地名，我第二天就去了广西艺术馆，结果碰见的那些人都是很大的人物，有许之乔、许秉铎、石联星、严恭，好多呢，后来知道他们是有名的艺术家，我那时候哪知道什么艺术家不艺术家呢？还有一个女孩跟我一块去的，也是住在我们院子里的，我们俩人就结伴去了，结果呢，人家没收她，收了我。考试也没什么考试，就问你家里是干什么的，你愿意参加我们队吗？我说我愿意来。那好，那你明天就到哪哪集合。第二天，我妈妈不在家，我就偷偷地拿了一个小背包，带了几件换洗衣服，拿了五块钱，让我妹妹告诉妈妈，别找我，我走了。

1940年5月，十四岁时参加演剧二队的登记照

陈：您去演剧队，没跟妈妈打招呼？

赵：没打招呼。打招呼的话，肯定就不让你走。我就觉得我在这个家里头是没有出路的，所以我要找出路，一个是我想奔向那个抗日洪流，我也想找我的出路，很简单就这么一个思想。结果真有这么一个地方吸收我，我就去。到了火车站，才知道还有一个石炎大哥，他是演剧队二队派到桂林来招人的，他带我们上火车，同去的有好多人，有嵇启明，嵇启明后来是上海人艺的演员，还有黄温如，还有曾超，阮以夫——后来叫阮云范——反正有六个人一块上火车。那个曾超呢，虽然跟我差不多大，可她是新安旅行团的，又能说又能唱，活跃极了。我呢像傻瓜一样的，什么也不会啊，就不吭声。到了火车上，我也不吭声，火车开了，我就在颠簸中打瞌睡，一到了什么站，石炎就说："小鬼，小鬼醒醒！到站了！看看热闹！"

从桂林到长沙，好像当天就到了吧。我最印象深的，就是到了傍晚，到了我们队——那时候叫二队，没叫九队——就开晚会，欢迎我们。像我这样什么也不懂的小孩，大家也是热烈地欢迎。晚会上叫我们每个人说话，那个曾超呢，是又唱又说，（还跳）海军舞，印象深极了，她活跃极了。叫我发言，我就说不出来，因为从小就喜欢音乐，我就说我希望今后在音乐上发展。这就算进了队了，那就开始过我的集体生活了。他们对我特别好。从此以后，父亲在什么地方也不清楚，母亲也就“再见”了，我就在演剧队生活了。

演剧队呢，都是新气象。因为我过去也没有接触过这些东西啊。新气象在哪里呢？就是不管你资历高的还是资历低的，都是一律平等的，它是大同志带小同志，就是大哥哥大姐姐带小弟弟小妹妹。那个时候好像是内定叫阮以夫——他年纪比较大，过去还在生活书店工作过——叫他管着我，管得可严了。告诉你应该怎么样，注意这，注意那，还根据我的学习水平给我订学习计划。

我们演剧队，最稀奇的是每个星期都要开一次生活检讨会。生活检讨会呢，就是这一个礼拜你的表现，你不检点的地方，或者是谈恋爱什么的，都要给你提的。有的被批评得哭了，我都觉得，那么大的人还哭啊？很奇怪。像我们这样小一点的，就是犯一点什么错误，大家也不当场批评我们，由一些大哥哥大姐姐来告诉你，注意这样、注意那样，就行了。所以我觉得在这个环境里头，得到了温暖。

每天都要开朝会，就是布置今天一天的工作。今天没有集体工作的话，大家就自己安排自己的，学习、生活都是分小组，全队一共就二三十个队员，分四个小组，一个小组有七八个人，都可以按小组来管。生活方面，学习方面，都是以小组为单位来进行。（吃饭）大家围着一块吃的，八个人一桌，或者十个人一桌。有的时候有两个菜，一荤一素吧，不是固定的，有的时候饭也开不出来的，有的时候有很多好吃的菜。

陈：随队有一个专职厨师？

赵：对，这个人叫王少武，他跟队可是老资格了，忠心耿耿，觉得这个队是一个革命的大家庭。他没有助手，要是复杂的时候，大家都去帮忙，行军灶嘛，一个大铁锅往里头一放，我是吃着大锅饭长大的。我们的军服呢，是自己做的跟人家不一样，我们是列宁装，女孩子是两排扣子，底下是裙子，要不就是裤子。演出的时候就穿这个，中间扎一根带子，就像苏联红军女战士一样，很漂亮的。第三厅它给演剧队一定的经费。[①] 还有各

---

① 第三厅，是指国民政府军事委员会政治部第三厅，专管抗战时期的艺术宣传，郭沫若任厅长。

方面帮助的，才有条件自己设计队服。

我们 28 个人——经济上队里头采取的是平均分配制——津贴都是 28 个人平均分配，实行军事共产主义，完全过集体生活，有福大家享，有苦大家当。没有什么零花钱呢，女同志就来点卫生费，那是几块钱的事吧。

在赣北前线，江西那个地方，我的鞋子都没有了，经常穿草鞋，脚肿得一塌糊涂。生活虽然是这样，但是我觉得很快乐，精神上没有负担，有同志之间的爱，就是一个大家庭。要问我的话，我的家就在演剧队。

演剧二队女声合唱，前排左起：张楠、朱琳、黄温如、李正；后排左起：曾超、赵元、覃柯、梁国章、张庆芳、于因

业务训练是这样的，平常的话，每天早上都要练声。队里头有各种各样的人才，你是音乐方面比较棒的，你就负责这方面的工作；你是绘画方面比较棒，你就做布景设计和文字宣传工作。大哥哥们教我们科学发声方法，怎么用丹田之气，完了我们自己练。以后就是演戏，那就是根据戏的要求来了。培训演员，还有各种各样的活动，但并不是很固定的。比方说来一个什么老师，什么名家到长沙来演出，我们就去协助他演出啊，帮助他联系剧场，我们队长又请他到我们队里来辅导我们，像吴晓邦，舞蹈家，他来长沙演出时，就请到我们队来教我们形体基本训练，就在操场空地上教我们。

1942 年，桂林的荻润君，也是艺术师资训练班的一个老师，歌唱家，她到长沙来演出，来我们队，看见我了，跟我谈话，她还说，你的声音很好啊，你应该去学唱歌去。我听了心里特别高兴，因为我真的是非常喜欢音乐，有一段我都想到重庆上音乐学院去。我暴露了这个情绪，我们队长吕复同志就跟我谈话，说不要走象牙之塔的路，要走劳苦大众的路，要为劳苦大众服务，叫我留在队里好好学习、工作。我就坚定了我的思想，在演剧队里可以学到很多东西的。我们演剧队真的是非常丰富多彩，是见缝插针地学习。比方说田汉，大艺术家，他对我们特别关怀，他又是湖南人，经常到长沙来，给我们大家讲话，也给我们上一些课，讲一些戏剧常识。还叫我们跟地方戏曲学习，田汉对湘剧是非常喜爱，请湘剧剧团的演员来教我们舞剑、练身段呢。

我刚去的时候，队里的全年计划是三分之二（时间）到前线，三分之一在城市。“皖南事变”以后，从地下党上级来的指示，把重点放在中小城市里。在城市里演出，你就要提高业务水平，既要演一些大剧目，也要让城市民众认识形势，鼓励、启发他们，要把抗战坚持到底，唤起他们的热情。很多爱国人士，对我们都是特别友好，从各个方面来帮助我们，遇到困难都纷纷前来援助。像我们演出，反映城市里生活的戏，许多观众都把家里的东西搬过来给我们，做道具啊，做服装啊，对我们演出给予极大的鼓舞。

陈：语言方面是否也有训练？

赵：学习语言，应该说我还有一点天赋。因为小时候一会儿走这，一会儿走那，你到这里了，就自然地跟这些人在一起，就会很自然地学会了那边的话嘛。四川话我也会说，湖北话也会，就掌握它的音律吧，很自然地那样了。我记得那时候说普通话，好像老卷着舌头来讲话。因为都在南方演出，人家也不要求你（说得多标准）。演剧队也是南腔北调的人多，总的来讲的话还不错，我们的演出水平，在当年是在水平线以上的，因为它是上海左翼剧人打的基础。

我去的时候，在长沙有两个队，一个叫演剧二队，一个是演剧八队，八队的队长叫刘斐章，也是一个左翼的同志；二队队长就是吕复。这两个队在长沙联合起来演出了很多的节目，也做了很多的工作，也下部队，影响很大。但是国民党里头是很复杂的，也有左中右嘛，有反动的，也有很正直的、爱国的。在这样一个情况下，国民党的右派，就对我们的演剧队很不满意，要找茬的。他们认为你太火了，你就有问题，你就有嫌疑。所以，他们就开始找茬，像吴晓邦来演出，他们就责问舞里挥舞的红绸子，一片红，什么意思？反正是给你找茬。二、八队不是很有名吗？他们说二八两个字合在一块是个“共”字，你们是共产党。然后他们还发命令，要前线各部队监视演剧二队是否越轨行动？过一段，他们又会找一个茬，来个政治测试，发考卷，问对三民主义的看法是什么？我们队长在考试前就告诉我们——就说我们年轻的人——你们小，你们不懂，你们交白卷就得了，答不出来不答。大一点的呢，就说我们是搞艺术的，是演戏的，我们不懂政治，就那么搪塞过去。

最早的时候，是要集体参加国民党。在江西的时候就是这样，（那时）我还没去呢，所以好多人走了，像石联星那一大批艺术家走了，他们不愿意集体参加国民党。集体参加国民党是一个新问题，我们的领导就要请示上级，上级就说能拖就拖，不能拖的话也可以集体加入，但是你自己要有底线，不要变成假戏真做。有的人就不同意，他就离开了，大家心里都很明白的。

陈：您碰到过这样的事情吗？

赵：我碰到了。我去了以后，集体参加国民党，因为已经有过一次了，就搪塞过去了，测试也就搪塞过去了。又过了一段时间，又来了个别谈话，甄别测验，一个一个谈。队长又告诉我们，中间色就行了，你不要跟他有激烈的对抗，你就说你不知道，你不明白，你没兴趣，能拖就拖过去了。我也去谈了，我记得他是一个科长还是科员，问你为什么参加这个演剧队？你家里是干什么的？你是干什么的？我回答：父亲在前方，是军医院的院长，我没有家，不知父亲现在何处……他听后立即转变了态度，装着为我着想的样子，说你何必在这里？你应该上学去。我“嗯”了一声，他就放我出屋了。[①]

底下就有文章了。政治部派了两个队员进来，一个男的一个女的，进到我们队来，队长不能拒绝。但是编制是有限制的啊，就要取消两个队员（的编制），就要取消我和于因两个人，说我年纪太小，于因呢，病号。于因是地下党员，她原来是女工，后来参加左翼戏剧活动。（队长）就说，现在战争年代，她们都是离家出来的，无家可归，于因身体又不好，（赵元）年纪还那么小，我们也不能把她们弄到哪去——我们这样子好吧：她们不在编制里头，作为队友留下来。那位（管事的人）只好勉强答应，所以就没让我离队，把我保护起来了。还是跟平常一样的，我根本就不知道这些事，没有人专门告诉我。后来在上海的时候，我要求入党，上级领导问我，这个演剧队有集体参加过国民党的事情，你参加了没有？你是什么态度？我说我不清楚，我说我去问问吕复去，问问我们队长。有一次我就在兰心大剧院碰见吕复，我就告诉他我要求入党，组织上问我这个问题，他说你没有这个问题，你是提高觉悟的问题。我特高兴，我没有这个问题。

陈：除了去演出，您还帮忙做别的事吗？

---

① 以上这段话，受访人在审稿时作了修订，对被讯问的过程进行了重新表述。

赵： 当然了，我们是哪里需要就到哪里去。因为一个团体就这么几个人嘛，比方说要演出，这个戏里头没有你，那你可以去管理服装、管理道具啊。你要演农村的戏的话，我们也没有多少服装，那都要上老乡那借去。总而言之，是哪里需要你就到哪里去，大家热情都很高，我们什么都做过。没有专职管服装道具的，也没有专职管化妆的，你戏少了你就管这个。所以我做过很多事情，男同志去装台，我们就缝布幕、拆布幕，还有拆台、捡钉子、捡木头。穷啊，要爱惜东西呀，把撤下来的东西都弄起来，放到车上去。打包什么的，我们都干的。捡钉子还有一个故事呢。那个时候是战争年代嘛，物资匮乏嘛，钉子很少，卖得很贵，价格好像是一斤钉子可以买十斤鸡蛋，大家就说捡一个钉子就是一个鸡蛋。所以我们一边捡，一边欢呼着“捡鸡蛋”。因为穷啊，没有钱买油彩，就自己做油彩。

陈： 到部队演出，要有什么样的程序？

赵： 演剧队不是到部队去的队伍吗？你到哪个师、哪个军，跟人家打个招呼，人家欢迎你来，有的会接你，有的自己到那里。到了目的地，人家把房子都安排好，一般请你聚一次餐，以后你就演出。完了还要搞各种活动，有的军部也有政工队，又跟政工队搞联欢啊，搞交流啊，他们崇拜我们，我们就派有水平的人去上课，给他们讲表演课啊，化妆课啊，反正通过各种形式各种方法广交朋友，争取他们理解我们。就是用你的诚意去打动他们，用你的作品去打动他们，欢迎你们再来，这时候你的基础就打实了。

陈： 在部队演出的时候，离前线近的地方，遇到过危险吗？

赵： 在我的经历里头还没有那么危险过，没有枪炮的危险，就是累。夜行军有的时候，或者过河又下雨什么的，到一个地方也没有办法换衣服，我们女同志普遍都生了虱子，头上生了虱子，普遍地生了疥疮等到我们从部队回来，到了一个固定的地方，我们就找地方去弄，解决虱子问题。怎么解决呢？老乡说石灰可以把虱子杀死。我们看见人家盖房子，有石灰，就去挖一坨来，把它抹在头上，把帽子一戴，捂上一晚，确实都死了，就掉下来了。

陈： 那石灰不伤头发吗？

赵： 伤啊，肯定伤。但还没有伤头皮，那会儿年轻，根本就不懂得什么伤头发，谁还懂那个保护啊！

陈： 在演剧队过节怎么过法？最难忘的节日是什么？

赵： 有一年过春节，我们真的是没有钱了，开不出饭来。就在长沙，很多人呢，都苦恼，都很想家啊。那个时候啊，我们碰到一个医生，那个人姓唐，是红十字会医疗队的队长，他对我们特别好，他夫人看见我们就问怎么样，过年过得好不好？我们告诉她我们正在这里愁呢。她说不要紧，别想家了，我今天请你们吃羊肉。她养了一只奶羊，回家就把那个羊给杀了。这是一个最穷的年吧，可是又是最快活的一个年，令人难忘的是年夜饭。

陈： 过春节的时候，想家吗？

赵： 我不想家。因为我的家没有什么可想的。我有什么家啊？我父亲，他不跟我们在一块了，他到别的地方去了。你不是问我，（我父亲在南京没有工作的时候）他怎么生活的？我好像听说他跟那个四姨太有关系，四姨太接济了他，但是我不知道她到底怎么接济的。

陈： 四姨太是谁？

赵： 是我爸爸的师母，好像是姓孙吧。后来到了汉口，那个四姨太也到汉口了嘛，她来告诉我妈，她说我爸爸现在有人了。① 后来我妈跟我哥哥一块到郑州找我父亲。父亲赶紧就把那个女人给支开了，就给我妈妈安排在一个什么地方，然后护送我妈回到汉口。这是全民族抗日战争爆发以后，我见我父亲的第二面，（以后）再也没有见过了。

陈： 后来他就跟新太太生活？

赵： 他就跟她生活。就基本这样了。我到演剧队以后，我跟他有过联系，通过信，怎么联系上的，我不记得了，可能是从哥哥那里知道地址。

陈： 您跟您妈妈通过信吗？

赵： 没有通信。

陈： 跟妈妈没有通过信，但您一直给父亲写信？

赵： 对。但是怎么通的，我现在记不得了。怎么知道他的消息的，我现在也搞不清楚了。因为我走的时候，不知道他在哪里。

陈： 战争年代，一家人都分离了。

赵： 我父亲他不是陪着我妈回武汉嘛，这以后就没见过，一直都没有见过。新中国成立以后吧，我父亲在重庆市人民医院当医生，他为什么后来到重庆呢？他们不是国民党的医院嘛，随着部队走，最后一站是西南吧，他是随军起义的。起义当然也要改造啊，也要分配他工作，分配他在人民医院。（妻子）一直是那个女的，生了九个孩子。他的第一个儿子是 1960 年考到北京的人民大学中文系，我爸爸给我写封信，说你弟弟要来北京上学，要我照顾他。他来了，我对他挺好。他的弟弟妹妹，“文化大革命”串联，都上我这来。

---

① 爸爸现在有人了，指的是爸爸在外面有了情妇。

年轻时的演艺之路

陈：下面说您的演出史，第一次上台是什么时候？

赵：就是我刚到演剧队的时候。那个时候演剧队大部分时间要到城市里演出了，第一个戏就排夏衍的《一年间》。这是四幕话剧，排这个戏，队里头设有导演团，就是要认认真真的，不是排独幕剧那种快速应景的。这是要做艺术品，到城市里头能站得住的。这是第一个多幕话剧。1941年在长沙公演。这个戏是一个正规的大戏，我是这个时候到演剧队，我上舞台是当群众的，没有台词。

我演得最像样的一个角色呢，就是后来，1941 年还是 1942 年，排《愁城记》。我演了一个角色，不是最主要的角色，是次主要吧，演那个梅芬，是他们家里的一个丫鬟阶层，但又跟他们家有一点亲戚关系的这么一个人物。有一段戏，她受主人公的迫害吧，反正是受苦受难吧，又被另外一个人看上了，把她弄去当姨太太了。这个角色变化比较大，这是我的一个主要的角色。这台戏里头呢，还有一个梁国璋，后来叫梁清，就是夏淳[①] 的爱人，我们队的，她演女主角，她以前也没有演过绝对主角。赵明导演就说我们两个人都是新人，他这个话剧就是要培养新人。我们这两个人，舞台经验少，容易紧张。所以要我们尽量地做到放松。做到放松，你就要投入了；你投入，你忘了自己，进入角色，你才能放松嘛，他在这方面辅导我们。后来克服了这方面（的问题），演出效果还不错。后来到西南剧展也演出了。最困难的就是说你怎么投入、怎么能够忘我、怎么能够进入角色，这个就是你要想到这个角色的来龙去脉，我能够理解这个角色，她也是一个小姑娘，是一个受人歧视、受人迫害、受人辱骂的这么一个角色，这样的人我能够理解，我能够琢磨到她的思想感情。首先我能够在感情上跟她贴近的，然后呢，她在这个环境下所发生的事件，当然我没有经历过这些，那我就要去琢磨，尤其她被年纪大的商人弄去当姨太太，她那么痛苦。她后来回到这个家来，跟进步的女主人诉说她的苦，你理解了这个东

---

① 夏淳（1918—2009），中国话剧导演。原名查强麟，北京人。中学期间即参加业余喜剧活动，1936 年加入民族解放先锋队。1938 年投身由周恩来、郭沫若创建的抗敌演剧队。新中国成立后，历任中央戏剧学院话剧团导演，北京人民艺术剧院导演、艺术委员会副主任、副院长等职。

西，你就能够（演）出来了。

陈：演剧队里有没有竞争？演戏时是否分A、B角？

赵：A、B是有的，但是（竞争）不那么明显。我反正没有跟人家争过角色，因为我后来好像有好多角色，也可能那些角色都适合于我吧。你看我演过《北京人》的袁园，就没有人来演嘛，就是我演嘛，那应该说是因为我当年开放性的性格。她受她爸爸的影响嘛，所以她看这个曾家的事都是很稀奇的。曹禺就是借袁园的嘴巴来说说曾家事情嘛，“大耗子生小耗子，小耗子生小小耗子”。而且是瞿白音导演，瞿白音[①]是新中国剧社的，也是个大艺术家啊。他很厉害的，人家给他取的外号叫“卡巴诺娃”——《大雷雨》中卡契妮娜的婆婆，一个凶狠的老太太——不是很凶嘛，大家都怕他怕得要命。但是，排《北京人》的时候，他没有骂过我，大概那个角色我还容易掌握吧。

在曹禺编剧的话剧《蜕变》中饰演护士长陆葳

后来我演过不少的戏呢，还有《蜕变》的陆葳，就是护士，后来一直都是保留节目。

陈：其他的综艺小节目呢？

赵：综艺小节目，有的。大合唱、小合唱，那经常得有啊。就是唱歌演戏，还有什么节目啊，

陈：有没有想演什么角色，设法去争取？

赵：好像没有吧，我没有。我要过一次角色，那已经是1945年抗日战争胜利以后了，就是我们排演《小人物狂想曲》。因为我老是演女孩子、小姑娘啊，大姑娘啊什么，我想突破。《春寒》我演了个校长太太，那是派给我的。后来演《小人物狂想曲》，我自己去要的，因为那里面没有我什么角色，都不适合我，我要演一个老妈子，我说我要演这个，我说我要尝试一下，这个给我演了，戏不是很多。

---

① 瞿白音（1910—1979），原名瞿金驹，曾用名颜可风、朱诚、胡幕云等。1932年加入中国左翼戏剧家联盟，曾任中国左翼戏剧家联盟南京分盟负责人。抗日战争时期，任上海救亡演剧三队、四队负责人，后任新中国剧社理事长。为中国著名电影评论家。

西南剧展和“国旗献金大游行”

陈：您所在演剧队，也参加了1944年西南剧展吧？

赵：1944年的西南剧展？欧阳予倩及桂林的进步戏剧家们，申请搞一个西南剧展，在那个时候是非常隆重的，非常重要的一个活动，要展示西南八个省的戏剧运动的成果。我们开始遇到一点挫折，是什么呢？广西方面发函给九战区司令部，邀请司令薛岳任大会名誉会长，他不知道怎么回事，不理睬，他不去掺和。当时也邀请我们队到那里去参展，九战区政治部就不批，说不赞成跨区活动，我们是九战区，广西是四战区，跨区不合适。我们队的领导就说，那四战区演剧队还到我们长沙来演出，我们在一块不是很好的吗？我们现在要求去那里，等于是跟他们交流，回报一下嘛。不行。完了再一次申请。又说我们有很好的演员，给他们一看，被人家挖走了。就是左右不让你去。可是地下党的上级领导呢，让演剧队尽量争取参与，这不是展示你战绩的一个好机会吗？就这么样拉锯。我们队长吕复还是很有斗争经验，很有办法的，他就到岳麓山去，那时候国民党的官员在那里开个什么会，他找了罗卓英，[①]把我们的要求告诉他，罗卓英支持，这样子辗转才去成了。

第二个呢，就是我们队做事认真，严肃对待，你到那里去参展，你要展示你的实力，展示你的作品，你的成果，我们把我们多年在战地演出、在城市演出的一些个戏，都做上模型，就是那个沙盘啊。我们有很多能干的人，有的是搞美术的，有的是搞设计的，这方面做得特别精巧细致，选几个代表性的戏吧，比方说《愁城记》，它的环境，里头的道具陈设，都给做立体的模型，做得非常的精细考究。再就是文字材料，图片啊，速写啊，整个生活斗争的文字记载，一套，很完整的。赵明带几个人，预先就送到西南剧展筹备会去，专门有展厅展出。很多同行看到以后都惊愕得很，都赞赏。各个单位都在做嘛，我们做得特别好，也激励了他们，他们也马上连夜修改他们的东西。

再就是我们排练。拿什么节目送上去比较好呢？也经过了一番细致地研究，因为好多戏嘛。我们就带了两个剧，一个《愁城记》，一个《胜利

---

① 罗卓英当时是第九战区副司令长官、第九战区前敌总司令。

演剧九队在桂林参加西南剧展时与田汉（二排中）等的合影，赵元（二排右四）

进行曲》。《胜利进行曲》是咱们原创，就是我们在1939年湘北大大捷时，我们演剧队派了一个创作组到前线去深入生活、采访各个方面的素材，回来以后编的剧本。开始是（二、八）两队联合演出，阵容非常浩大的，效果非常好。这个是展示战地特色嘛，创作者深入到战争前线，才能够获得第一手的激动人心的材料，编成这个三幕剧，还有序幕跟尾声，效果非常好的。在前线演出，得到了战士们的拥护，很轰动。到了西南剧展的时候，拿这个作品，就是说要展示我们战斗的成果，但是也有顾虑，听说人家都是演大戏，还有《茶花女》什么的，我们这个完全是“土”的。能不能够得到认可？能不能够被接受？因为要公演的，桂林的观众能不能够喜欢？有没有那个效果？但最后还是选了这个。《愁城记》呢，就是另一种了，是夏衍的作品，要精雕细琢地来创造，在艺术上要有一定的高度。但是呢，像我跟那个梁国璋都是新人，能不能得到观众的认可？这也是个问号吧？所以给我们加紧排练，纠正我们表演上的毛病，逐渐贴近人物。到桂林后，大会演出，结果效果非常好，我扮演的梅芳也受到了好评。尤其是《胜利进行曲》，评价特别高。

陈：《胜利进行曲》中，您担任什么角色？

赵：我饰演一个农村小姑娘。日本人侵占了这个村庄，（小姑娘的）大嫂子跟敌人搏斗，抱着鬼子投河，同归于尽，小姑娘惊呆了，写人民对敌人的憎恨跟反抗。这个戏是我们队的保留节目，在前线、在长沙、衡阳，总共演出150场。演出过程中，著名人士都来看过了，我记得郭沫若、田汉，当年参加桂林剧展的那些个大艺术家，他们都来看过的，都给予很高评价。

剧展中，我们观摩到许多兄弟团队的演出，演剧七队的话剧《法西斯细菌》（夏衍编剧）很吸引我，饰演女主角的陆星微是我早已在长沙熟悉的，她的女中音很有特色。她热情、开朗，外号“老粗”。那次在剧中扮演的是一位科学家的夫人，——一位恬静、贤惠、善良的日本妇女，她把人物刻画得细腻生动，给我留下了深刻的印象。还有新中国剧社演出的《再会吧，香港》，也深深印在我的脑际。我们在剧展中收获是很大的。[①]我们都是集体去集体来，我们都列队的。

陈： 您在桂林待了多长时间？

赵： 总共两个多月吧。其中两次赴柳州慰问演出。

五月，我们从桂林返回长沙。得悉日寇第四次进攻长沙，我们被阻衡阳。国民党战场失利，商场得益，贪官与奸商勾结，投机走私，物价飞涨，人民生活愈加困难，消极悲观情绪上升。针对这种情况，我们队与四队、新中国剧社集体创作了大型活报剧[②]《怒吼吧，大后方》。四队核心领导人舒模同志为该剧作了主题歌，歌词大意是：我们是反侵略的同盟军，保卫民主的先锋，保卫祖国，消灭法西斯，最后胜利必属我们。这次演出，又一次激发群众的热情，坚定了胜利信心。

在柳州，我参加了一次空前规模的“国旗献金大游行”。我和同志们在大街上游行，高唱《献金歌》：“献金献金，大家都来献金。不在乎献多献少，只要你献出一片爱心。”群众纷纷前来捐献，街道两旁楼房里的妇女们，有的摘下耳环，有的取下手上的戒指，最令人感动的是人力车夫、小贩、出苦力的劳动者们，他们把一天所得的几文也献了上来。人们是多么渴望胜利、渴望和平啊！[③]

还有，[④]西南剧展有一个重要的问题，昨天我不是给你讲到国民党九战区政治部的最高上层的阻拦、刁难嘛。所以我们一方面是准备着，但是

---

① 这一自然段，是受访人在审稿时增加的书面陈述。

② 活报剧是以应时性、时事性为特征的戏剧类型。这类剧目能及时反映时事以达到宣传目的，就像“活的报纸”。中国从20世纪20年代开始出现活报剧演出，在战争时期更为流行。演出时，常常把人物漫画化，并插有宣传性的议论。活报剧多在街头、广场演出，也可在剧场演出。

③ 以上两个自然段，都是受访人审稿时重写的。口述时说及美军空军营房慰问演出内容，则被删除。

④ 以下诸段落，是后面想起来插叙的，编纂时调整至此。

呢，晚了，人家大会已经都已经（过了）报到的时间啊，我们晚了七天。整个西南剧展的参与者吧，各个方领导吧，对我们更加重视了，晚来的嘛，而且你还是通过了很多困难到这里来，就对我们倍加关注。这是一个方面。（1944 年）3 月 16 号，第二展览剧场——我们参展嘛，两个戏嘛，第一个戏演的是《胜利进行曲》，就是在第二展览剧院演的。演完以后呢，受人家的邀请，有一个中央无线电器厂，邀请我们去演出，我们也去，就是说统一战线，扩大影响吧，我们就去。在第二次演《愁城记》呢，是在 3 月 29 号，是在第一展场——它有两个剧场演出。这个大会时间很长，我们演完这两个戏以后，中间还有一段时间，在这段时间，（我们队）到柳州去了一趟。因为（此前）四战区的演剧四队到我们长沙来演出，人家不是到我们九战区来了嘛，我们现在到四战区去，也是回报他们嘛，是礼尚往来嘛，遵守诺言吧，我们就乘这个机会到了柳州。到柳州跟四队一起活动，进行了一些个演出，后来还要到四战区的长官部去演出，演出的不是这个戏了，演出了《海国英雄》，那是我们在长沙就排过的，我在《海国英雄》里头演郑成功的女儿。那个完了以后呢，又到战区去演出，还演出了《杏花春雨江南》。到 5 月 19 号前，又回到桂林，参加（西南剧展）闭幕式。那闭幕式很隆重啊。闭幕式完了以后，我们应该是回到湖南，是吧？日本鬼子再次要进攻长沙了嘛，我们在返回的路上，到衡阳的时候就不能再往前，就停在衡阳了。那我们怎么办呢？后来吕复队长呢，又跟上面打了报告，现在有战事，我们是不是可以暂时留在四战区？在这以前呢，也征求了那四战区的头——国民党的司令是叫张发奎——张发奎下边有一个很重要的人物，就是左洪涛，① 左洪涛是地下党。跟他联系，有这么一个愿望。② 他呢，也同意，吕复也打报告争取。我们那个时间就暂时属于四战区管辖，就是说你的给养什么的都归四战区来供给了。在这样的情况下，我们又返回柳州，后来就做那些个工作。③

陈：你们是两去柳州？

赵：嗯。

---

① 左洪涛（1906—1990），原名左仲勋，湖南邵阳人，黄埔军校第六期毕业，1927 年加入中国共产党，抗战期间曾任第四战区司令长官张发奎的秘书，并担任第四战区特别党部所属“中山室”、邮电检查所负责人。新中国成立后，左洪涛担任中共中央华南局统战部副部长、广东省人民政府副秘书长兼办公厅主任。

② 是说演剧队长吕复与左洪涛联系，表明演剧队有暂留在四战区的愿望。

③ 指的是前面所说的在柳州参加“国旗献金大游行”等活动。

《建国之路》和黔桂大撤退

陈：您获选参演电影《建国之路》，是怎么回事？

赵：我们应该回到长沙去的，但是湘桂紧张了，所以切断了回到长沙去的路了，我们只好在那里迂回了。一些年轻的队员吧，也都是成人，有的成家了，有的有孩子了，也不能继续再到最前方去了。日子越来越不好过嘛，病的越来越多，这样呢，就分成两个队。年纪大点的、有孩子的、有负担的，他们就撤到六寨去，快要接近贵州了。[①] 我们还有一批，有十几个人，比较年轻的，成立一个小分队，还在广西周边做抗日宣传活动，那不是在剧场演出，就是见缝插针了。我也在这个小分队的名单里，由赵明领队，活动地点在宜山，那个时候一天到晚轰炸，我们就在难民的里头进行宣传。宣传的手段就是说个快板啊，唱个歌啊，鼓舞群众不要消极情绪，要积极地克服困难等等。

就在这个时期，重庆的中国电影制片厂孟君谋先生到了，[②] 我是在宜山路上碰见孟君谋，他可能是从六寨那里过来。就是那个时候，赵明告诉我，叫我去八贡，参加中电的电影拍片。这是在六寨的大队部决定的，赵明告诉我这个事儿。而且赵明带着我——等于是护送我——从宜山出发到八贡。拍摄地是八贡，沿着铁路边上的，因为这个（影片）写的是铁路，我们就住在八贡铁路管理所的招待所里。

陈：《建国之路》是写修修抗战铁路的？

赵：黔桂铁路的涵洞不是很多嘛，要在这个涵洞里头修铁路，这时国民党的时代还没有这个嘛，[③] 是美国人要帮助中国来修铁路，宣扬的就是美国人来帮助中国人来修铁路，这么一个主题。主角呢，有胡蝶，胡蝶演

---

① 六寨镇位于广西南丹县北部，与贵州省独山县交界。

② 孟君谋（1903—1969），电影事业家，江苏常州人，1923 年进入上海戏剧协社，从事舞台工作；1925 年进入神州影片公司，学习洗印、剪辑、放映、照明。1927 年后在天一、元元等影片公司担任编导，1933 年担任联华影业公司剧务主任。1937 年后，先后在上海影人剧团、重庆中央电影摄影场、中国电影制片厂工作。后担任中华剧艺社剧务科长。1947 年任上海昆仑影业公司制片主任，新中国成立后担任上海电影制片厂制片处处长、上海科学教育电影制片厂副厂长。

③ 此处记忆可能有误，黔桂铁路是因抗日战争需要，从 1939 年 7 月开始修建，1940 年末柳州至河池金城江段 161 公里铁路建成，那时候还没有美国的援助。

的是医生，我演的是一个瑶族的姑娘，这个角色呢，我听他们说本来是要请王人美演的，王人美那会不晓得是不在重庆还是没有时间，他们没有人了，就到我们队来找人，我们队呢就叫我去。我真的是做梦也没想到有这样的事情，就稀里糊涂、懵懵懂懂地跟着赵明到八贡去了。到了八贡呢，谢添啊，吴永刚啊，赵明他们都是上海出来的嘛，过去就认识，就跟他们交接了一下，把我交给他们了，让谢添管着我，他就回去了。我就在那里待着了。

人都是新人，这环境都是新环境，我很拘束，就是跟着人家活动吧。也没多少活动，因为等着拍戏，给你看看剧本，也没有怎么跟你谈。完了给试服装，他们把瑶人的衣服都买了，那个挺有意思的，也挺别致的，那些少数民族不都是自己绣的嘛，背心啊，裙子。就是试一试服装和造型啊，很长时间也没有拍戏，不记得给你讲角色，没有这一套。

拍过一场戏，一场不是很重要的戏。好像是医疗队来了，我是瑶族的，欢迎他们来，看着他们好高兴啊，“来了，来了！”就这么一个镜头。再就是我拿着一篮子水果去慰问他们，这么两场戏。有几个镜头，就拍过两张照片留下来。

在这里待了一个多月吧，战争又紧张起来了，日本人要打过来了。铁路上也顾不到你拍片子的事，就要走人了，打道回府了。没有交通工具啊，都是走啊。开始就是沿着铁路走，天冷了嘛，我穿的是棉军服，就跟谢添

1944年，在广西拔贡参演电影《建国之路》的剧照，因日寇逼近，影片停拍

一块走。我记得有一个地方，已经下雪了，没有地方住，就是大地当卧床啊，这么一个情况。有四个女同志跟我在一起的，就一床被子。那一晚上，整个一条小街上这有一个棚、那里一个棚，有的有布帘子、有的没有布帘子。我们过了独山，独山桥就炸掉了，是美军轰炸，阻截日本人进来。

这样一路走，没有交通工具，很难的。我就记得张翼，为什么说张翼呢？他给我印象很深，他块头挺大的，也是个明星，到那时候他还真是有劳动人民的味道呢，他把他的东西，拿个扁担挑着走。他太太是不是在里头，不记得了。

陈：吃饭怎么办呢？

赵：有的时候买饭，就是糙米饭，没有菜。我怎么会吃辣椒呢？就在那个时候学会的，没东西吃啊，那个辣椒末，洒一点在上面，就这么吃掉了。吃饭都是饥一顿，饱一顿。

到贵阳了就得救了。因为我们队已经撤退到贵阳了，就跟队会合了。九队的同志也不是全部都在那里，有的病了，疏散到别的地方去了。我们一到九队呢，就是等于到家了，第二天还是第三天，反正很快，就到重庆了。交通工具是大卡车嘛，拦截的嘛。我们队也是陆续那样走的。

陈：到重庆的印象是什么？

赵：我们队到重庆，没有地方住啊，我们就是住在中电[①]南岸，就是谢添他们那个厂，他们的摄影棚里。男男女女队友都住在一个大棚里头，那个棚也不拍戏，破破烂烂的，大概有点木板床吧。天下雨的时候，摄影棚漏雨啊，我跟小田两个人睡一张床吧，雨淋在我们身上，我们还照睡。生活是极为艰苦的。吃饭可能是自己做吧，还是行军锅嘛。

我们演剧队到重庆，重庆戏剧界那些个领导跟戏剧界的同仁啊，那都是很重视的，因为我们是从战地回来的嘛。尤其是那样一个情况底下回来的，所以他们也会给我们一些帮助，制造一点气氛，要欢迎我们。我们队呢，要跟重庆文化界要进行汇报。用什么来汇报呢？就是用我们的作品去汇报。拿什么作品呢？就是排《新年大合唱》，我们把它变成一个歌舞剧，用民间的艺术样式来表现，全体队员献计献策，纷纷提供各自熟悉的民间艺术形式，如踩高跷、打莲湘[②]、荡湖船等，编入歌舞中，用舞狮子象征中

---

① 中电是中央电影企业股份有限公司的简称。

② 打莲湘，又叫打连响、打连枪，是一种传统民间艺术活动形式，流行于西南、河南等全国多个地区。打连枪的道具是一根用小竹筒制成的金钱棒，以相等间距凿出七八个孔，每个孔里穿上铜钱，演出时，连枪先要以两头撞击地上，然后再分别敲击四肢、肩、背等，发出有节奏的撞击声，表演者自打自唱。

华民族的觉醒，誓死抗战夺取最后胜利的决心，用打莲湘、荡湖船表现人民群众对胜利的渴望，《新年大合唱》里头，我演的是打莲湘，现学现卖的，我跟陈家松两个人演一对，用小丑形式打扮，打起鼓来，我们就跳出来了，这个创意、构思是很好的，这种形式能够吸引群众。《新年大合唱》是这样综合起来的，压轴的。最后以高亢的男中音唱出“四十年耻辱要洗清，五千年民族要解放！”然后出现了各界群众载歌载舞，互祝新年，企盼胜利。台下观众情绪激动万分，大幕迟迟落不下来。著名舞蹈家戴爱莲奔到台上对我们说：“你们的路子是对的，我要向你们学习。”

1945年，在重庆演出大歌舞《新年大合唱》

我们的演出受到了重庆新闻界、文艺界及社会人士的重视和好评，肯定了我们多年在前线深入民间的成果。很多名家都写文章，说抗敌演剧队在抗战中的作用，那种献身，怎么唤起民众等等这些，对我们一片好评，支持我们。可此时国民党顽固派却对我们放出流言称“演剧队把延安的歌舞剧搬到了重庆舞台上”等等，企图把九队置于死地。经队领导与张治中（国民党军事委员会政治部部长）交涉，张治中看完演出表示赞赏，我们队才逃出了这一劫！①

陈：《新年大合唱》是在剧场演出吗？

赵：在重庆的抗建堂。演出好几场呢。1945 年初吧，吕复走上级路线，我们就调到青年师 202 师，驻扎在綦江，离重庆不是还挺近的嘛，我们在那里演出，在部队演出了一些，也给老百姓演了一些，也演这些节目。

我还要补充一下，就是演剧队的体制。我进队从未见过这种新气象，是共产主义的分配制嘛，我们这个队的领导机构，除了队长是上边批准的，还有副队长，我们队里头的最高（权力）机构呢，就是队务委员会，队务委员会委员，是大家选出来的。

陈：很民主的体制，是吧？

---

① 以上两个自然段中，有受访人在审稿时补充的内容，编者对内容作了整合。

赵： 到时候，到一个阶段要重新选举，还要评定（被选举对象），（要选出）大家公认他能够起领导骨干的作用，大家能信服的。我觉得这点很重要，所以我要补充一点。党的机密是通过地下党领导的各种渠道，迂回地传达来的，是通过队务委员会，先给他们通通气，以后再贯彻到队员里头来的，他[①] 的工作还是做得很细的。现在我想起，我们队长很辛苦，很煎熬，可是我们那时候并不理解他，我们还老给他提意见。我们在万县的时候，提的意见可厉害了。

陈： 给队长提什么意见呢？

赵： 提他磕头外交啊，对国民党不斗争、不强硬啊。其实这是地下党上级指示的精神，他也不能够把他的苦衷原原本本地告诉大家，大家给他提了好多意见，我印象最深的是，他都哭了。

陈： 吕复还是赵明？

赵： 吕复，主要是吕复。赵明是进步分子，但他不是党员。吕复是队长，他是地下党的领导，对外啊、对上边都是吕复去打交道。赵明呢，就在业务上面，排演艺术上面，是主要的。他俩都是我们的核心领导。

陈： 大家当时不满他“磕头外交”？

赵： 我们队群众不满意啊。（当时）体谅不到他的苦衷。

陈： 除了磕头外交，还提到什么吗？

赵： 我记得主要就是对他的，因为当时抗日战争刚刚结束，大家的情绪都是非常的（激动），在重庆看《新华日报》嘛，以前《新华日报》也看不到嘛，偶然听见一点，或者延安来的同志到我们队里来讲一点点情况。现在回想起来，那斗争挺复杂的。

---

① 指队长吕复。

抗战胜利后继续战斗

陈：1945 年 8 月 15 日，日本投降，还记得吗？

赵：那正好是在重庆。吕复他们又同上级讲好了，要转到万县去，要从綦江到重庆，再坐船到万县。“8·15”的时候，我们又到重庆了，好像是住在“中央干训团”，胜利的消息来了，在我的印象里没有那种大的振奋。大家没有上街啊，欢舞啊，但是有这个情绪——好不容易熬到抗战结束了，可以回家了。

陈：“8·15”的消息，是广播？是报纸？还是口头传播？

赵：好像是传，人传人。“日本投降了！小日本投降了！”当然前面也知道日本的日子不好过，德国人不是早就完蛋了嘛？

陈：那时候知道广岛和长崎的原子弹爆炸吗？

赵：原子弹，听到过。从我们那个时候的心情来讲，反正打日本人总是好的嘛，是吧？因为他现在侵略你嘛，我们是亲身经历的人啊。

陈：您和九队没参加重庆的胜利大游行？

赵：胜利大游行我们没有参加，我们是过路的，没有去参加。（干训团）不在城市里，你要进城，还有一段很长的路呢。

陈：干训团也没有庆祝活动？

赵：我想应该有，但是我没有印象。我们也没有融入那个里头去，因为我们是过路的呀，好像就住了两个晚上就走了。

陈：重庆到万县那个过程顺利吗？有什么特别的记忆？

赵：好像没有什么，上面的人打通了嘛。在万县，我们就住公园里头

在宋之的编剧的话剧《春寒》中饰演校长太太，图中右后持扇者

的一栋房子里头，在那里待了很长时间。在那就安定了，我记得排了好几个新戏呢。像《小人物狂想曲》《春寒》《孔雀胆》，都是在万县排的，还公演呢，卖票的。反正我们在那里落脚，打开局面，还挺顺的。我们是有部队接待，我们没有给养啊，我们又不是一个职业剧团，连剧场费都交不起啊。到万县也到部队里头去，这个团那个团的，演几个小节目吧。

在话剧《孔雀胆》中饰演段功之女，图中间者

陈：《孔雀胆》您演什么角色？

赵：我演的是段功的女儿，戏不多。就是段功死了以后，阿盖公主痛苦，我跟我弟弟两个人从外面奔进来，哭倒在她身边，那是戏的高潮阶段。

陈：这时候演出，没有任何创作难题了吧？

赵：创作难题总会有的。接到一个角色呢，怎么去深挖呢？我觉得还是有困难，挖到一定程度，你挖不下去了，你不知道怎么去挖去了。这是我在创作中一个最大（的难题）。白天一起来，就想着这个角色，可是我思路老在停留在位置上面，要突破的话，好像很难。但是也能够把这角色完成了，也没有人说你这不好、那不对，我心里觉得，离角色还有很大的距离。

陈：从万县到武汉是什么时候？

赵：万县到武汉，是1945年底或是1946年初吧。

陈：抗战结束后，大部分演剧队都解散了，您这个演剧队怎么一直没散？

赵：有好几个队坚持的。是这样的，抗战结束以后，我们队的领导呢，他是想要等，把我们带到解放区去。有一次呢，有几个领导一块到重庆，请示周副主席，[①] 我们队长说，你最好给我们联系到一个解放区，派人把我们接过去。周副主席就乐了，说没那么简单，你们的任务还没有完，斗争还很复杂，你们还要留在国统区，继续战斗。这是党给的任务，战斗的任务，就是要巩固文化阵地，内战一触即发的嘛，要保护胜利的成果，要

① 周副主席，即周恩来，时任中共中央副主席。

反内战。四队、五队都没有解散，六队也没有解散。他们都是跟吕复一块到重庆去请示周副主席的，就是你能坚持的就坚持。七队好像是解散了，二队没有解散，一直坚持在原来二战区，由阎锡山管辖。

陈：九队后来选择去无锡，原因是什么？

赵：这就是党中央的指示啊。

陈：到无锡去的具体原因是什么？

赵：具体原因是吕复打通的关系，（有单位）愿意接收。具体的，我都记不住了。上边只要我们争取一个落脚的地方，还是他的编制里的人，有一定的保障，底下的文章就是你自己去作了。

我们在无锡做很多工作。比如说我们演出，每个星期都开一场音乐会，音乐会的作用非常大，因为唤起了无锡的各个学校的学生、工厂的工人，还有其他的青年知识分子啊，在他们思想上的振荡（很大）。你知道（无锡）沦陷这么多年，没有很好的文化生活嘛，这些活动带来新气象，所以影响很大的，都动起来了。当然，后来我知道还有无锡地下党的作用。整个无锡非常活跃。

还有就是，我们后来演《丽人行》，第一次就在无锡演出。那影响很大。《丽人行》演出以后，我们队里头有些同志，有的到学校去辅导，有的到工厂去辅导，后来跟地下党有联系，发展演剧队的队员入党。《丽人行》演了以后，上海的这些名家都到无锡来看戏，因为是洪深导演，田汉剧作，这个就是很了不得了，是吧？我们演出的水平也不错。

陈：《丽人行》当中，您的工作是什么？

赵：我演一个报告员，不是剧情里的角色，是洪深先生为《丽人行》这个新话剧的构思，它是 23 场话剧，但是呢，中间不用换幕，报告员就起承上启下的作用。我呢，当时是走到前头来的。我这个报告员呢，洪深认为我还不错，就是我能够带戏入场，前面的戏的结尾是一个什么样的情景，我带着这个情绪到前头来告诉观众他们如何如何了，他们又将怎么样，下面又该怎么的。为什么要采取这个形式呢？就是它不换幕了。在那个时代的话剧舞台上，是新创。外国都有转台，我们没有的，只好用自己的方法来解决。布景都是非常轻便的、风格化的布景，但是很好。我们每个人一下场都要去换布去，换得非常快，我报告员话声一落，光一亮，戏又出来了。整个 23 场戏呢，就让你情绪不断地浸入在这里头，效果很好。我就担任了这么一个角色，完成得还可以，洪深对我相当的肯定。

参演民族舞《嘉戎酒会》。

业务部门就是这个，也排过一些小的舞蹈啊，什么川藏舞蹈——四川、西藏的那种小舞蹈嘛。对外就是这些，用这些来做宣传。对内呢，也有一些业务活动，有的时候也开个晚会啊，晚会里头有各种节目。我们又出墙报，墙报里头，你可以写你自己最有感受的东西。有一阵子，每个人都去创作，有作曲的，有编剧的，我还作过一个曲呢。我还写过一篇文章，在墙报上面登的。我们队的资料工作搞得特别好，每一个时期的每一个人的活动都有记录。这个墙报也保留下来了。我怎么知道的呢？“文化大革命”以后，演剧队的队史在中国美术展览馆展过，我带我的孩子去看，我看到一个材料，就是一个墙报挂在那上面，有我的文章，我的文章名字叫《两代》，是写我跟我妈两代人的关系，对新生活的向往这么一篇东西吧。当时我也没有照相机，也没有拍。我那个破字，又那么小的，根本就看不清楚。后来我回过味呢，我说我真想要这个文章，自己想看一看，我也没有留底稿。我问老同志们，他们说已经拆掉了，说存到军事博物馆去了，说你要到军事博物馆去找去。我心想，我这个小人物到军事博物馆找，谁给我找啊？肯定找不着，我就没敢去。

陈：您刚才提到，您作过一个曲？

赵：对啊，作过一个曲，叫《招魂》，人家的词，我做的曲，就是好玩嘛。我说这个呢，就是说明我们很活跃。

参演电影《遥远的爱》

陈：《八千里路云和月》剧组面试，是什么样的机会？

赵：也是在无锡的时候。上海要拍《八千里路云和月》，写的是我们演剧队的历史，男女主角早就定好了，白杨、陶金。里头总要几个次主要的队员嘛，就要到我们队来找演员，我们比较近嘛。我们队呢，对这个选角色，我认为并不是很重视的，就说赵元去吧——她不是演《建国之路》，已经拍过电影了嘛。叫我去，我就去了。我就从无锡到昆仑公司去报到去。郑君里啊什么的见了面，要试镜头，就叫我试镜头。就是叫你穿上演剧队的服装，他们就从左转到右，从右转到左，看看你。最后的结果呢，就没要我。认为我上镜头不理想嘛，就让我回去了嘛。让我回去以前，还让我在上海玩一玩，我那时候少年气盛嘛，我才不在那里待了呢！反正是有情绪的。我们那个时候哪里讲什么外部形象啊，从来也不懂这个，也没有去理解过这个，觉得你拍演剧队的片子嘛，我们是演剧队的队员，我们是战争经历过来的，你不要我了，我心里真的有点别扭，挺不舒服的。就这情况，我回队里去了。所以后来我们队全体参加《八千里路云和月》（的拍摄），就是做队员嘛——也有一些角色——大部分是队员，队友都去了，我就不去。

同时呢，《遥远的爱》不也在中电二厂拍吗？[①] 秦怡参加那个战时服务团，[②] 也需要很多群众演员当团员，又要我们到那里去帮助他们。我就这么（进了）《遥远的爱》剧组，当服务团的团员吧，就是当群众演员啊。

陈：秦怡当时有明星架子吗？

赵：没有。都很普通的，没有什么明星架子。但是我跟秦怡没有很多的接触，她这个人也不怎么爱多说话的，我跟她也没有很多的戏在一起。（我）就是群众嘛，是陪衬的嘛，像战地服务团在路上，坐在卡车上，她在前头，我在旁边。

陈：《遥远的爱》是您第一次实拍电影吗？

赵：《建国之路》拍过一次吧？

---

① 中电二厂，是中央电影企业股份有限公司二厂的简称。

② 秦怡在该片中饰演余珍，参加的是战地工作队。

陈： 那个不是没拍成吗？

赵： 拍了两个片段嘛，大概有几个镜头。

陈： 拍《遥远的爱》的时候，心里紧张吗？

赵： 也没有什么紧张的，焦点又不在我这里，那么多人在路上，卡车开着过去的，机器在前面拍，而且还唱着歌，一点都不紧张。可能有点紧张的就是匍匐前进，叫你在这里停一下，反而倒有负担，因为没有经验嘛，也没有什么实践，我印象里有那么一点点。

陈： 群众演员和明星，生活待遇上有差异吗？

赵： 跟他们没有在一块生活。他们是拍戏的时候才来，拍完戏就走嘛，他们也不在集体里头生活。

参演影片《遥远的爱》，前排右一

陈： 您还曾经报考过上海戏剧学校？

赵： 对。这段经历是这样的，我们在无锡，是 1947 年吧，全面内战已经爆发了嘛，（国民党军方）就会经常地要我们去到前线去，那个前线就不是抗日战争前线了，反共的前线，要叫你演他们的那个反共的戏了。那个时候呢，我们队里早就有所准备了，为什么到大中城市？有一个余地啊，你有个伸缩的余地，那是在《丽人行》的以后了，国民党逼你要到前线去，叫你“戡乱”去。地下党的指示是，能坚持就尽量坚持，但是你要有个底线，不能够妥协，不能够去演反共的戏，不能去“戡乱”前线。这个你一定要抵挡，你实在抵挡不住的时候，那你只好隐蔽撤退了，晓得吧？

那就是第二招了。那个时候队里已经有所准备了，已经在上海租了一个房子，把我们一些器材啊，把那些个比较有质量的东西转移到上海去。

就是这样一个情况底下呢，队里采取了一系列的措施，把有一些人分散出去。有的人到学校去当老师，有的人到什么单位里头去工作，有的到上海拍电影。像赵明啊，他们已经转移到上海了。队里就安排我跟周泓——他叫周泓秋，后来改成周泓——组织上派我们两个人去考上海戏剧学校，不是戏剧学院。我们两个人就去了。戏剧学校在虹口，我们在那里住了几天，在那里考试。也写了，怎么写的，我现在也没有印象了。后来呢，他要吸收我们，[①] 但是呢，要读几年——好像读三年吧——要从一年级读起。当时我还是比较年轻嘛，就觉得我们都在抗日战争中这么多年了，都演那么多戏了，还要从一年级读起？有点不甘心。我就把这个心思告诉我们队长了，我说我不愿意从一年级读起，哪辈子才能够演上戏啊！我说不想去了。那个时候呢，好像上边国民党的压力又小了一点，我就没去，周泓去了，周泓一直读下来，解放以后没跟她联系。

① 他要吸收我们，是指上海戏剧学校要录取她们。

与朱今明恋爱结婚

陈：在与朱今明老师相爱之前，有没有人追过您？

赵：有的。我们演剧队，大家共同生活，喜欢我的也有好几个。跟我最密切的有一个，他对我确实很好，叫汤仲和，后来叫汤扬，解放以后呢，他是南京总工会的，曾任宣传部部长什么的。他呢，对我比较好，我们都是一块去（演剧队）的嘛，他是从衡阳上的车，我是在桂林上的。他年长，学历也高，懂的东西多，他各方面的条件都比较好，所以他对我呢，有很多的帮助，我的音乐理论知识，音乐发声方面（他都教过我），他还教过我英语。

在演剧队的时候，学习嘛，他等于是老师一样，教我各个方面。他是上海出来的。我去了不久，还小嘛，是吧？但是我们队里头呢，那个时候对他有看法，（大家）对我爱护，老觉得好像你不要跟他太多地接近，他这个人好像资产阶级思想比较重，因为他的志向就是一架钢琴、一个爱人，这样的。我们革命者怎么能这样呢？初期的时候有这样的说法，总之那时候他们不太愿意我跟他接触。我就受这些影响吧，跟他若即若离。后来在万县的时候，抗日战争结束以后，我跟他就没有这个关系了。是我主动（提出分手），我写了一个条给他了，具体的就是觉得志向不投吧，当时我没看好他。

陈：您跟朱今明[①] 老师相识过程是什么？

赵：相识过程？第一次认识就是在《遥远的爱》（剧组）嘛，在摄制组认识他的。他在《遥远的爱》里面当摄影。我们拍戏的时候，大家都在现场，就是这么搭讪，这么接触的嘛。

陈：您之前知道朱今明大摄影师的名字吗？

赵：那个时候他也没什么大摄影师不大摄影师的，我们见过，不知道他是大摄影师，他那个时候还没有成大摄影师呢。他不也是光杆司令嘛，我们住在宿舍里，几个人在一块，有时候他完了工以后跟我们聊聊天，很

---

① 朱今明（1915—1989），江苏南京人，中国电影摄影师。1934 年进入上海明星公司学摄影，1937 年去新疆进行抗战戏剧演出活动，1939 年在新疆遭反动派逮捕入狱。抗战胜利后进入昆仑影业公司，解放后参与上海电影制片厂的筹建，后调入北京电影制片厂任职。

随便的。不过想到一个情节，我觉得有点关系，《八千里路云和月》我没到那去嘛，人家可能问我，你怎么不去？我就把试镜头的那一段告诉他们了，他还安慰我说，没关系的，这有什么？他说《八千里路云和月》也点过他的名，让他去当摄影的，他说始终也没用他，用的是韩仲良，他觉得不用别别扭扭。这是一个契合吧，有点共同的遭遇吧。然后就走了嘛，因为这种群众演员的戏也不会一天到晚都有，拍完了我们就该回我们的地方。他们还到无锡来拍过外景，我们队的同志也协助他们拍摄，还在一块照过相。

陈：朱老师那个时候是不是有目标，已经盯上您了？

赵：那个时候好像有一点目标了，我记得我有一张照片，在无锡的小木头桥上照的照片，他们给我们照的。我跟他的接触呢，具体的表示还是信件，信件好表示，当面表达的话，好像也不好开口吧。信件表示，互相通信了吧。

陈：朱老师先给您写信，是吧？

赵：肯定是他先给我写信，我再给他回信。我也就是谈谈戏剧学校的考试啊，我的苦闷啊，我想上解放区啊，都谈过。在信上当然不能明确地说，（只能说）什么我想离开，我想到那边去，那种语言，晓得吧？那样的。他也谈过，他们昆仑公司一度也有转移的情况，好像有一部分已经到了香港了，说下一步还准备让他们带着机器也到香港去。通信的时候，这个戏，《遥远的爱》已经拍完了。通信的时间还比较长，两个人的感情就更近了一步嘛。他也谈他的心思，我也谈我的。后来我也没有去戏剧学校，我在上海演《丽人行》，好多人都来看，主要是他、舒绣文什么的都来看啊，他们不光来看戏，也来看我，来给朱今明把关来着。这是后来他告诉我的。这样子，慢慢地，一步一步地。

陈：上海演《丽人行》，话剧是吧？

赵：话剧。上海演 25 天呢，50 场，日夜两场，在辣斐剧院①。恋爱关系，就是通信关系。他的信写得挺好的，他这个人不怎么太会说话的，也没有那么多的话，但是写起信来呢，他的这个活思想吧，那种感情吧，都给你表露了。令我感动的是，他那时候在拍《一江春水向东流》，非常紧张，拍完了夜戏，回来还必须给我写一封信。后来通信都已经是很明确了嘛。

我有几个纠结的地方，一个纠结的地方就是我跟他是两地的：我是演剧队的，他是上海的，他不可能到我这来；我到他那儿去，那我干什么呢？

---

① 辣斐剧场因位于上海“辣斐德路”（复兴中路）而得名，后更名为“长城电影院”。

是不是？我不能离开，我不愿意离开，我有独立的人格嘛，是吧？这个呢，是我的一个顾虑。但是呢，这个情感的发展呢，已经到了那一步了。所以后来订婚。订婚是在1947年5月1号，是他们提出来订婚，我很被动。

陈：什么是“他们”？就是昆仑影业公司的那些人？

赵：他们有一帮子，帮他出主意嘛。（订婚仪式）在上海梅龙镇酒店。梅龙镇的那个老板娘呢，是左联的演员，一个搞戏的，叫吴娟，因为是这种关系，大概也便宜一点。我就记得场面，那么一个大房子，摆了一个桌子，上面有签名簿，上写“赵元、朱今明订婚”什么的。

陈：演剧队去了多少人？

赵：订婚的时候演剧队没有人来。

陈：当年的订婚仪式是什么样的？

赵：仪式，总归有一个主持人吧，我不记得主持人是谁了，反正是昆仑公司的。是不是孟君谋？我不晓得。我就记得我很被动的，是一个陌生的地方，一个陌生的场合，真的要形容的话，我好像一条线，给人家牵着走来走去，我很被动。

陈：订婚的时候有没有戒指？

赵：订婚的？有，他买的。

陈：是什么戒指？金戒指，还是钻石戒指？

赵：不是。什么也不是。是一个圆的，现在还在，它已经变色了，我觉得可能不是纯金吧，是镀金吧？要是纯金不会变颜色吧？那就是一个圆圈，圆的上面有整个的一圈花，里头刻着一个日子。

陈：就订婚的日子，是吧？

赵：嗯。

陈：有名字，或者名字的缩写吗？

赵：名字缩写？好像没有吧。①

陈：您订婚的时候，也没有家人到场？

赵：家人？我怎么会告诉他们呢？也不会告诉他们的，告诉他们也没必要。我还要插一句，演剧队他们没有来，订婚的时候不会来。我跟朱今明谈恋爱，他们并不赞成的。不赞成具体的理由也不是很明确，就是觉得他不是我们的人，这也是我的一种心理障碍吧，觉得他们是大后方的人嘛。所以我跟他结婚以后，我都很警惕我自己，我不能够融入他们那里头去，我要保持演剧队艰苦朴素的这种精神。我真是这样的思想，你晓得吧？但

---

① 关于订婚戒指的对话，是在采访休息时说的，有录音，编纂时调整至此。

是呢，朱今明呢，我又有一种思想，是我原始的思想，就觉得他们呢是受过监狱之苦的，他们开始时不也是抗敌演剧队出来的嘛？因为他的身世吧，让我很感动，觉得这个人也挺（值得）尊敬的。就是这样的一种思想结合起来的，在大的方向上，他还是一个革命者，追求革命的人吧。就好像没有什么大的出格的地方。

陈：结婚的日子，您还记得吗？

赵：结婚的日子啊？结婚是1948年，是在苏州，哪一天我倒记不得了。为什么在苏州呢？为什么在那个时候结婚呢？正好那个时候是《一江春水向东流》拍摄结束了，这不有一个空档嘛，可以结婚了嘛，就结婚了。

陈：那应该是1947年底，《一江春水向东流》是1947年拍摄的吧？

赵：对。拍完了以后结的婚。结婚的日子我可以查，准确的我记不住了。报纸也有的，当时有一个人还给我剪了一个报纸呢，说有一个消息，给你的。[①]

陈：您说演剧队有人不赞成您和朱今明恋爱？

赵：我觉得是有点另眼看待我了，觉得好像你是虚荣心吧，你嫁给一个电影界的吧，（想要）离开演剧队吧？这种想法比较普遍，我觉得。

陈：您当时有虚荣心吗？

赵：我当时没有追求电影的虚荣心，因为我根本就不想演电影。

陈：朱今明老师以前有过婚姻，跟您说过吗？您有顾虑吗？

赵：他说过，我知道。他在结婚以前就跟我说过，那些事情也不是秘密。但是具体细致的，当然是后来他告诉我的了。他怎么追他第一个妻子的，他都告诉我，他怎么到的新疆，怎么跟妻子分开的——那当然是被迫分开的了。他后来告诉我的，他到成都以后要找他的孩子，他有一个孩子，他知道他的妻子在成都跟别人结婚了，但是他要找到他的妻子，去要那个孩子，趁应云卫导演到成都出差时，托他找到妻子，这个情节当然报纸上没有公布过。他告诉我的。找到妻子以后，要那个孩子，妻子说那孩子已经送给别人了。她已经跟一个空军（军官）结婚了，已经有好几个孩子了。我看过她给朱今明写的信，意思就是劝他另外成立家庭，由新的感情来弥补过去（情感缺憾）。孩子呢，她说已经送给别人，在什么地方我也不知道，人家不让说在什么地方，她没告诉他。一直到他走，他都不知道这个孩子在什么地方。[②] 我有那孩子的照片，非常可爱。

---

① 指的是当时苏州地方报纸上刊载了朱今明、赵元结婚的消息。

② 意思是说，朱今明先生直到逝世也不知道那个孩子被谁收养、在什么地方。

陈： 民国时代结婚仪式是什么样的？

赵： 结婚的时候，我还在苏州演出呢。那个时候刚演过《结婚进行曲》，我演黄莺，那个女主角。在苏州演出结束的时候，选择那个时候结婚，是他们跟我们队联系的。那么我该到出嫁的时候，我就出嫁了吧，你不想出嫁也得出嫁，年龄到这个时候了，就该谈婚论嫁的时候了嘛。跟我们同期的人好多都结婚了。怎么选择苏州？我估计是他们跟吕复研究的。我没有家人啊，队里就是我的家人嘛。选择结婚的地方，准备结婚的衣服，都是队里给我准备的。

陈： 结婚的衣服是什么？

赵： 是一件旗袍。一件薄呢子的旗袍，天蓝色的，买的布料现做的。队里给我做的，给我准备的。结婚就在旅馆里嘛，我们队全队参加，昆仑公司也来了几个人，孟君谋肯定来了，郑君里好像没有来，可能后期吧，[①] 他没有来。结婚以后回到上海的时候，他们昆仑公司又举行了一次，就是宴会式的那样的，他们都来了，到苏州去没那么多人。

结婚典礼，我记得场景就是在一个大的饭厅里头，好像有七八桌吧。中间就是结婚的礼堂了吧，吕复队长主持，也没有叫我们讲那个谈恋爱经过什么的，好像都没有，大家都知道了嘛。就是一个仪式，很简单的一个宣布结婚的仪式，然后大家就吃饭了。吃完饭，队里的人就归队里住的地方，我们就住在旅馆里了。

陈： 您仍然没有通知家人？是找不着呢？还是不想找呢？

赵： 我哥哥和我妹妹，我都有联系的。那个时候，可能告诉他们了。

陈： 他们都没有出席您的婚礼？

赵： 没有。我们队的人结婚，好像没有一个有家人来的。我没有通知他们，可能那时候条件也很困难吧，交通啊、旅费啊、住宿费啊。我告诉过他们，但是并不是很隆重地通知他们哪月哪天我要结婚。我妹妹知道啊，我哥哥可能也知道，但是我父亲好像不知道。我没跟他联系。母亲更不知道，桂林失守就不知道在哪里了。

陈： 抗战结束以后，她在哪里，您不知道？有没有回她娘家？

赵： 她娘家在哪里，我都不知道，我到哪去找她去啊？我哥哥比我长五岁，他都不知道。

陈： 等于说您兄妹三人都不知道妈妈在哪？是这意思吗？

赵： 都不知道。只知道她在桂林，桂林失守以后和妈妈就断联系了。

---

① 后期，是指郑君里在为影片《一江春水向东流》做后期。

无处去找。

陈：您结婚时，演剧队和电影公司有送礼的吗？

赵：昆仑公司送的，昆仑公司送一套床上的东西，被子、枕头、床单，送的这个。演剧队好像没有送，除了送给我（旗袍）以外，没有送给我们其他东西。因为我们演剧队的人都穷得要命，谁送谁啊？——结婚的时候，赵明送给我一个大相本。但是我不记得他是后来送给我的，还是当时送的。①

陈：您结婚以后，办过离开演剧队的手续吗？

赵：有啊。因为演剧队那时候有工作，有任务啊，还有演出啊，是吧？这个阶段我还（在演剧队）。后来怀孕了，要搬家了，也在那三角地附近找的一个房子，新中国成立前就住在那个地方。

陈：朱今明老师跟您说过他在新疆受难的经历吗？②

赵：讲过的。因为我呢，是小资产阶级的那种，向往革命的，开始是受巴金小说的影响嘛，所以我对他们在这一方面——人家坐过监狱的嘛，觉得很崇敬他们嘛。但是我觉得他，反而不是我这种感情，他说他很怕提监狱，很恐怖。他们稀里糊涂就被抓进去了，一抓进去，他就跟那些人都隔绝了，不知道东南西北了。是赵丹跟徐韬比他们先抓进去半年。

1947年，婚后与朱今明在上海三角地留影。

他们是怎么进去的？赵丹他们不是那个杜重远的案子抓进去的吗？说他们要在新疆搞暴动，是杜重远一伙的。他们就说我们是搞艺术的，我们是来帮助搞戏剧运动，我们没有党派活动，我们根本就不知道这些东西，是吧？如果他们是反革命，那我们也是反革命，我们愿意跟他共同去坐牢去。一共五个人嘛，是吧？他们几个人去上书，找他们谈话，就是叫他们等待，老老实实在这里等待着，没有

---

① 赵明送照相册的话，是在采访休息时说的，有录音，编纂时调整至此。

② 有关朱今明在新疆监狱这一段，是在后面谈及的，编纂时调整到这里。朱今明与赵丹、徐韬、王为一等人一起前往新疆开展艺术普及工作，1939年，盛世才制造了“杜重远阴谋暴动案”，先后逮捕了杜重远、赵丹、徐韬、王为一和朱今明等人。

下文，他们又上书。上书以后呢，盛世才就火了，就要接他们去谈话。他们一听谈话呢，就没有好结果了，因为赵丹跟徐韬就是谈话，一去就不回来了。他们就这么进去的。进去以后呢，跟家里就失去了联系了。他在监狱里头，他说他没有受过审讯，但是挨过打，因为他脾气暴，他受不了，老骂，说为什么把我抓进来？我们犯了什么罪？你给我们讲清楚！有一次吃饭吧，发的那个干粮，很硬，冰冻的，咬都咬不动，一咬呢，牙齿都咬断了，晓得吧？就这样的，气得要命，把干粮砸了过去，狱吏就给他一拳头，把他牙齿打落了，这样的。

陈：朱老师平常不爱多谈在监狱里面的事，是吗？

赵：嗯，这都是他谈的，就是谈这个。另外他谈到他在监狱里头，不能够出来，只能等待放风的时间出来。有的长期牢犯，能够出来半天啊，或者出来扫扫地，出来做杂工啊。他说他要像那个人一样就好了，跑出来做做杂工，不是可以见天日了嘛，就讲到这个。另外就讲到他在监狱里头，常年暗无天日的日子怎么熬呢？就自娱自乐吧，他在监狱里头学过俄文，跟那同牢的学，新疆的人不是学俄文的人很多嘛。学俄文，查字典，他居然能够把高尔基的《母亲》看下来，看原版啊，他没有那个翻译的书啊。还有学做各种零零碎碎的东西，做乐器，他做一个二胡，自己自娱自乐，拉嘛。他说每天就像老和尚念经一样地背俄文，背单词嘛，念经一样的。就这样的消磨时间。在监狱里头想念他的女儿，他女儿叫娜嘉，他去（新疆）的时候他女儿可能只有三个月吧，有一个小照片嘛，绣的是“娜嘉一周岁纪念”几个字。这个我留着呢。还有一个东西我丢了，可惜了。就是他在监狱里头打的棕绳一样的毛背心。不是待那么多年嘛，御寒的。它不是那个毛，是棕。从上海我还带到北京来呢，后来搬家的时候不晓得搬到哪去了，丢了。

《希望在人间》：上海解放

陈：您有没有想过，比如说朱今明挣了很多的钱，您可以当全职太太？

赵：我不会当全职太太。我就是有多少本事干多少事儿，这个中间我还拍过一部片子，《希望在人间》，沈浮导演的。

在影片《希望在人间》中饰演黄明华

沈浮怎么认识我的呢？到重庆的时候，沈浮也住在南岸，跟我们那个中电住的地方很近的，谢添带我去沈浮家里玩过。因为他跟沈浮是好朋友。沈浮导演人特别好，特别慈爱。后来在上海，他碰见我，我已经跟朱今明结婚了，他碰见我，他还说呢，赵元，我要给你写一个剧本，演姐妹俩，后来那个剧本没成吧。后来他拍《希望在人间》，他说让我演个角色，那我就去演了。我演那个角色，叫什么名字来着？[①] 这个角色就是抗日战争中的一个无家可归的姑娘，一个女学生，倾向革命的，跟人谈恋爱，后来她到（根据地）那边去了，就这么一个情节。我演这个角色，这不是跟我的很像嘛。他要我演，我就演的这么一个角色。后来我就怀孕了嘛，怀孕了以后就离开队里，那个时候离开就比较长了，一直到新中国以后才回去的。

陈：1949 年 7 月份，您的长子出生，当时在哪？

赵：第一个孩子，就是朱今明在昆仑公司旁边三角地的那个房子，我刚才跟您说的，一个厨房改造的一个房子，我们住在这里头，一直到解放。我生孩子就在这个地方生的。

陈：1949 年 10 月 1 日，北京开国大典，您是怎么得到消息的？

赵：上海 5 月 25 号就解放了，（开国大典消息）报上都有了嘛，不需

① 赵元在《希望在人间》中扮演黄明华，演员表上署名赵嫒。

要从秘密渠道来。我是7月21号生孩子，10月21号才三个月，我是三个月的时候回到演剧队了。我们演剧队在上海啊，他们很长时间都在上海，在上海迎接解放。知道（开国大典），我没有去，不可能去参加庆祝，不可能去游行，我还在产后阶段。这个阶段朱今明也不在，7月21号我生孩子的时候，他已经在北京，开文代会。我就在家里一个人带孩子，狼狈极了。

与昆仑公司部分演员合影。前排左起：播音员、黄宗英、黄晨（郑君里夫人）、吴茵、上官云珠、上官的女儿姚姚、蓝马；后排左起：奇梦石、录音师、孟君谋、王云阶、张乾、中叔皇、高正、傅伯堂、王静安、赵元

我没有抱怨过，但是我对生孩子有顾虑的。我就怕这个孩子将来是绑着我的手脚，不能够出去工作了，我这个思想特别强烈。我严格地按时喂奶，拿本书，赵明给我一本怎样哺乳孩子（的书），我教条主义，四个钟头吃一次，就得四个钟头吃一次，三个半（小时）都不行，哭我也不管他。我心特狠，后来我都特后悔。我都满头大汗啊，又不会喂奶，难得不得了，喂一次奶就弄得满头大汗，筋疲力尽。很困难的，现在人都想不出来我那么困难。我又害怕他绑着我，就要永远地缠着我，我就完蛋了，就恐怖这个。

陈：这不影响您对这个孩子的感情，母爱？

赵：那倒不影响。又怕又爱的这样的感情嘛。我就要自己不能掉进去，我这个思想，是我们那个时候的极左思想的一个表现。

到上影：《团结起来到明天》

1949年11月，调入上海电影制片厂时的登记照

陈： 您是1949年10月调到上海电影制片厂的？[①]

赵： 没有，1949年10月，回我的演剧队，那时已改为华东二团。我带着孩子回队。这边呢，上海电影制片厂要准备成立了，钟敬之跟我谈话，就说去留的问题，他让我到上影来。我不是讲过我不想来上影？我还要在我们队里。他就说，解放了，生活稳定了，以后流动不会太多了，你还是到这里来好。我说我不适合演电影，我说我还是演话剧好。他就跟我讲这一番话，因为要向上级报名单嘛，就叫我快决定。那朱今明这边呢，也希望（我到电影厂），你这边老不在家里头，不是个事儿嘛。就这样子。后来华东二团改组为上海人艺了。[②]

陈： 上海电影制片厂建厂时是什么样子？

赵： 上海厂还没有正式成立。我们是到乌鲁木齐路，多少号我不记得了，是一栋花园洋房里头，演员剧团的人都在那里报到，在那里集中。华东一团的全体同志都进驻上海电影制片厂，他们是解放区来的嘛，领导我们一块学习，学习三个月。1949年年底学习，1949年11月就成立上海制片厂了。那个时候中央有任务，就是每个电影制片厂要拍新中国的电影，我记得八部，[③] 上海电影制片厂是担任一部还是几部啊？我们第一部片子，

① 上海电影制片厂成立于1949年11月16日。10月份还未成立。

② 口述人所在的演剧队，新中国成立后并为华东文工二团，1950年，在华东文工二团的基础上成立上海人民艺术剧院。

③ 中央电影局计划，1949年完成故事片6部，新闻纪录片8部。

《团结起来到明天》，黄钢写的，我演那个小女工，小积极分子，[1] 一点点戏的。

陈：您写入党申请书，是什么时候？

赵：就是在《团结起来到明天》快要结束的时候写的。我入党的时候，那个支部委员是孙铮，就是《团结起来到明天》的女主角之一，她发展我的，给我谈话的。她启发我写申请书。（以前）我没有写，我觉得我不够格，她发展我入党，我还不敢入。我说我不够格，她说为什么不够格？我说我没有干出对革命有很大贡献的事没有那样大的作为嘛。她就启发我，说什么叫贡献？什么叫作用？每个人有每个人的力量，但信仰是最主要的，是吧？你要全心全意为这个信仰去工作，去服务，去干一辈子。

还有一个入党的问题，就是问我有没有参加国民党。演剧队不是有集体参加国民党的一说嘛？我说我要问问队长去，队长就告诉我，这个我已经讲过了，不要再说了。那么我就 OK 了，我入党就没问题了。

陈：上海电影制片厂 1949 年 11 月 16 日的成立大会，您有什么印象？

赵：我有印象。就是于伶厂长在大会上做报告，我觉得还提了好多问题呢，一个是讲我们要给新中国建国一周年献礼，我们上影厂要承担这个影片，全国要发行片子，我们承担这第一部片子《团结起来到明天》。

陈：从部队文工团来的人，当时会不会歧视在国统区工作的人？

赵：我觉得没有歧视，但是总觉得他们是明星吧。都市生活的人跟解放区来的人，当然是太不一样的了。我的特殊情况呢，就是我既不是上海的明星，又不是解放区来的，可是我的状况呢，又接近于解放区的文工团。我自认为我就是文工团的一员，所以我在感情上的很容易跟他们在一起。他们也很容易跟我在一起，我有这么一个状态。

在影片《团结起来到明天》中饰演女工小林

陈：《团结起来到明天》剧组，您还能回忆起多少？

赵：《团结起来到明天》，第一部戏，可隆重了。黄钢的剧本嘛，黄钢来跟我们谈剧本，是花了很大的心血，他是不惜工本，也要搞好这部片子。我们呢，开始的时候呢，还要学习时事，就是上海解放前期，战争的情况

---

① 赵元在《团结起来到明天》一片中，是饰演女工小林。

怎么样，解放区的状况如何，时代背景。这是案头工作里头的一个方面，就是要去了解工厂史。组织摄制组以后呢，就是下生活，我们去的是国棉一厂。

陈：《团结起来到明天》剧组下工厂体验生活多长时间？

赵：我们全摄制组都去了。像我们是女工吧，我们就下女工车间，有粗纱间，细纱间，我们就下细纱间，细纱间学接头（技术），跟女工一块，跟班劳动，一个女工管几台车嘛，我们跟在她后面，我们就学接头，学会了。工作之余呢，跟她们在一块吃饭，没在一块住，我们住在她们的宿舍里，吃工厂食堂的饭。

陈：摄制组去体验生活，不耽误人家工作吗？

赵：我们不影响她啊。她要教我们，也可能会影响一点。都通过组织，人家等于带徒弟一样的。我们还到劳模那里去呢，她们跟我们谈她们的斗争史，其他的谈生活的更多一些。

陈：当时您觉得体验生活是绝对必要的吗？

赵：那当然。我觉得有必要啊，因为你演这个女工，是个工厂的工人，她怎么工作的？你不知道，你怎么体会她呢？

陈：体验生活待了多长时间？

赵：待了有一个月吧。

陈：在摄制组，您还有哪些记忆？

赵：我们讲演员组的活动吧。就是体验生活回来，你就要写，要分析角色了。像我这个角色比较简单，不要说那么多，像白杨、孙铮，她们谈谈自己的角色，主要角色，谈得更细腻一点吧。讨论角色，我们大家都在一块嘛，都在一块研究，都在一块听嘛。导演对这个戏的理解啊，怎么样烘托这个主题啊，这是案头工作。进入到拍摄的时候呢，我倒记得一点麻烦事儿。摄影是李生伟，他是广东人。李生伟给我印象比较深是什么呢？因为摄影跟录音、摄影跟导演常常会发生矛盾的，他常常觉得这个没法拍、那个没法弄，赵明又是一个电影新导演，虽然在演剧队排了那么多话剧了，也当过好几部电影的副导演了，可能不对路子吧。我为什么会记得李生伟呢？因为我们那时候是共青团团员，就要去解决矛盾去，看人家哪闹情绪了，哪不对了，我们就要了解情况，去给人家做工作，安抚人家，不要闹矛盾，不要搞得影响工作，我们做这个工作。

陈：李生伟接受团员们的劝解吗？

赵：能接受，我们也不是教条主义的，就是给他和稀泥一样的，调节调节，克服一点困难。具体的怎么个困难我现在都记不住了，反正是后来就好了。后来还是顺利拍完了第一部片子嘛，耗资挺大的，可是片子并没有叫好，有点概念化。

因为是国庆献礼的片子，又是第一部片子，我们大家热情都是非常高的。不管有戏没戏，我们都会去在一块工作，在一块帮忙。内景、外景在工厂里头拍过很多嘛，护厂运动啊，都是在工厂里拍的。护厂运动有一些戏，也有我的戏，我记得我们的服装就是普通服装里加子弹袋，还背着步枪，很神奇的。我还有照片。反正那个组里头的创作氛围跟团结氛围都是非常好的。白杨和孙铮还非常好，白杨很主动靠近她们，她们当然也是党的指示要求团结她们吧，很好的，没有生活上的矛盾，因为白杨以前没有演过女工，她要向女工学习；她当时不是党员，她要向党员同志靠拢，全心全意从心灵上去贴近她们。

我还想了一个事儿，[①] 就是1951年的时候，苏联戏剧专家列斯里到戏剧学院，到中国来不是吸收我们回炉嘛，[②] 全国性的嘛，各单位都把可以深造的人选出去嘛，我们上影也派了一些人，两边都有的，就是解放区的跟国统区的，大概有名额限制吧。它不是考试了嘛，通知各个文艺单位，电影制片厂、上海人艺也去了，考试完了以后呢就录取啊。这里头有一个故事，那个时候有个别谈话嘛，面试，专家提了好多问题，比方说哪个名著，你看过没有？某某作家，他是哪国的？有的人呢，比较老实，说我没有学过。

我要说一个事情是，夏衍听了考完情况，挺生气，这文化人没文化，丢人现眼，以后在上海市组织上海的文艺工作者考试。给我们上海文艺界——我们电影制片厂演员剧团，是不是全文艺界，我不清楚——（进行文化常识考试）。夏衍当时好像是上海市宣传部部长吧？让我们到宣传部的大厅里，对我们进行了测试。

陈：测试什么呢？

赵：测试文艺常识，考试。那个时候我印象蛮深的，因为常识你不知道从哪里准备起啊，就看你平常有多少墨水了。天南海北的，你怎么知道他出什么（题目）呢？大家有点紧张，就怕出洋相，那个时候弄不好他就给你抽出一个人，（如果考得不好），难为情嘛。我们就都去应考去了。考完以后，好像没有出那么多的大洋相，就是过关了吧。就这么一个事情。

陈：您对考试还有什么印象？

---

① 此后几段口述，是在采访间隙时说的，编纂时调整至此，部分语序有所调整。

② 此处记忆可能有误，苏联戏剧专家普·乌·列斯里是1954—1955年来中央戏剧学院开办导演干部训练班，不是1951年。选拔考试，或许在1954年之前进行，待考。

赵：我就记得，考试以前我们挺紧张，不知道怎么准备法。你怎么准备？（考试的题目）大概有一半都能够答得出来吧，比方说什么奥地利的首都在什么地方呢？比方说什么作家是哪国人啊？这个我们有的知道，就答了；有的可能不一定完全答得对嘛，反正就过去了。我就说夏衍抓这个考试，他很重视这个考试，（我们）是文化人，你得要有文化。

做过一段档案工作

陈：您入党以后，调到办公室去做行政工作？

赵：还早呢，到办公室还早呢。我1950年申请，1951年入党嘛，候补期一年。批准我入党的时候，好像厂里党员都已经公开了。我记得是汤化达通知我（党员转正）的，我自我感觉就是不一般了，我是共产党员了！但是任何人也不知道我是共产党员啊，我没有参加过宣誓仪式。然后，我又下工厂了，我的组织关系都分到工厂去，跟工人一块生活，一块劳动，一块吃饭，一块住。后来就“五反”，我就到了普陀区，当联络员，就比较单一一点嘛，就是跟工作组在一起，这个工厂今天揭发了哪些问题，发生了什么问题，在一定的时候就到区里头去汇报去。联络员嘛，你就去联络去，区里头有什么要求，有什么指示，就传过来。

陈：“三反、五反”，您有没有什么特别的经历？

赵：没有什么太特别的。我就是联络汇报，也没有斗争特别激烈。

陈：“三反、五反”结束，您到了厂办公室？

赵：“三反、五反”结束，不是马上到办公室。我还到演员剧团，还排过话剧呢。

后来就是“肃反”，[①] 我先在厂办这边。我跟朱秀琴两个人在一个办公室里头，对面就是于伶厂长的办公室。于伶厂长生病了，他在华东医院住了很长的时间，新来的厂长就让我到办公室去看材料。好像是联营厂[②]以后的事儿，因为很多的材料[③]要看嘛，不是原来的上影，看的都是联营厂的人事材料，很多啊。就是我们觉得有问题的，就拿红笔画出来，他就看我们滤过的东西，就这么一个过程。这个工作搞了有一段时间，到底多长，我都不太记得了。反正从那以后，我就调到保卫科。在那搞什么呢？搞内

① 肃反，即肃清暗藏的反革命分子运动。1955年7月1日，中共中央发出《关于展开斗争肃清暗藏的反革命分子的指示》，由此全国范围内开展肃反运动。

② 联营厂，指的是上海联合电影制片厂，1952年2月2日成立，由公私合营的长江昆仑联合电影制片厂与私营的文华、国泰、大同、大光明、大中华、华光等8家影业公司合并组成，于伶任厂长，叶以群、吴邦藩任副厂长。

③ 口述人说看“材料”，是指看新加入上海联合电影制片厂的原私营厂人员的档案，其中有个人自传。

勤，也是看材料。那个材料是更明确的，保卫科的人事档案，都是有问题的（人的档案）。比方说你在什么时间参加了什么，你怎么样坐监狱了，或者国民党抓你去了，或者你在国民党的什么队伍里头了，这都是要看的问题。再就是，因为已经好几次运动了，（填表或自传中）怎么一会在这里，一会在那里？对不上头，都是疑点，就把它摘出来，待考的，就做这个工作。那很正规化了，保卫科看人事档案，在那里工作了比较长，可能有一年多吧。我56年调来的嘛，[①] 就从那里调走的。就是“肃反”的时候，我记得，肃反还没有彻底完呢，我就过来了。

---

① “56年过来”，是指1956年调到北京电影制片厂。

从上影调到北京电影制片厂

陈：咱们接着说，1956 年您调到北影厂，过程如何？

赵：调到北影厂，起因呢，就是朱今明他们从苏联回来嘛。[①] 去了一年半吧，他们回国来。回国来以后呢，回到上海去了一趟，看家（人）嘛，然后又回到北京，好像还有好多事情没有完。然后呢，就决定把他们留下，他们就不回（上影）来了。不回来，都是有家属的呀，陆续就调我们。

那个时候，我的大孩子已经要上小学了嘛，就要到北京来上学。可是我的工作还没结束嘛，我就让把孩子先送过来了，因为他要上学了。我比他晚几个月过来的。我那个工作告一段落，领导上也同意我过来，就这么过来了。

陈：您调到北京，是高兴呢，还是不太愿意来北京？

赵：我调到北京来的时候，我觉得这两种情绪都没有那么强烈。因为对北京我也不熟悉，是吧？未来我到底干什么？北影安排我干什么？我并不清楚的。在上影，林厂长吧，还是党委的什么人，想要我调到党办去嘛，征求我的意

我到北影厂来，我到了一个新的地方了，好像要走一条新的路，我有这么一个朦朦胧胧的想法。这个想法也得到一点启迪，就是殷子——齐衡的爱人，也是我们演员剧团的——她呢，那个时候好像是跟那个杨小仲当助手了，好像她工作得还愉快。我们不是差不多的状况的嘛，我觉得她这条路可走。有她前头走这条路，我才会有这种思想，要不然我不可能有这种思想啊。那么，我调北影的时候，上海厂写介绍信时，我就没让他们写调到演员剧团，我心里想呢，我年龄还不算大嘛，还可以从头学嘛，我也没有什么名利思想，根本考虑不到那么多，就想自己能够踏踏实实地学一门东西，从头学。技术上面呢，我的手好像挺笨的，我也不敢去，也没有兴趣。那就场记吧，我觉得好像还能够介入，还能够学吧。所以我就要求到北影厂，我不到演员剧团去报到，我学场记。

可是一到北影呢，我心里非常的凉，给我弄到一个制片室，什么剧务

---

① 1954年，朱今明被派到苏联莫斯科电影学院学习，1956年结业回国，被调到北京电影制片厂担任总摄影师，兼任北京电影学院摄影系主任。

啊，制片啊，还有几个场记。那些个场记都是新中国以后考过来的，专业场记。我又是这么一个角色，跑过来，也那样。在那里没有戏的，刚来嘛，不是每天来上班，也没什么班可上，也没你的位置，就在那晃一下。在这样的情况底下呢，我就想要去学习，因为孙铮她们都在电影学院学习——孙铮不是我的入党介绍人嘛——她在表演系学习，我就特别羡慕她们，特别想上学。

陈： 所以您就申请到北京电影学院旁听？

赵： 我跟汪洋厂长说的，我说我想去电影学院听听课，行不行？现在不是也没有工作嘛。他说那行。我自己不会去联系，我不知道他派谁联系的，后来人家就同意我去听，但是说你不能白听，你得给我干点活。干点什么活呢？就是专家讲课、大家讨论的时候，你做记录。我说好吧，（另外）还有一个人做记录呢，我不记得他名字了，我记得我们两个人做记录。我很紧张。每天我就鬼画符地赶紧给记下来，回家晚上还要整理，第二天交给他们，这就是我的工作嘛。但不是每天都有课的呀，人家大课也不是天天上，是吧？

我是导演班的，班主任是石联星，在桂林我进队，她就认识我嘛。我记得有几次课，一个是他们那个作业，专家给他们出一个题目，叫他们每一个人去（北海）观察九龙壁。九龙壁不是在墙上嘛，让他们观察了以后，自己把九龙壁的内容分镜头，分多少个镜头都不管你，给你多少时间，就是考你蒙太奇组合。那每个人都是不一样的，我觉得这个很新鲜的，这个是初步地让你掌握蒙太奇是怎么回事，怎么形成的，镜头语句是怎么组成段落，是吧？结合你的作品，他再一个一个讲的时候，他就会讲出这个那个问题来，有的人是突出了他的头，有的是突出他的尾，有的人突出了他的中段，每个人都根据自己的感觉去发挥嘛，这个印象我比较深。

《上海姑娘》摄制组

陈：后来怎么没坚持下去呢？

赵：好像也没有多少时间，一个月都没到吧，成荫就搞《上海姑娘》了。[①] 我不是去旁听的嘛，他这有任务，你就得回来呀。他叫我参加《上海姑娘》的准备工作，我就回来了。任颖是副导演，让我当助手。第一阶段，就是找演员嘛，到处找演员。

陈：您场记还没做过，就开始做助理导演了？

赵：对。助理导演，好像人家以前就没有这个名称，这大概汪洋从苏联回来（才有）这么一个名称。就是协助导演做工作，跟副导演工作，就这么样的。我记得最具体的就是找演员，找“上海姑娘”，北京市找了一通，什么歌舞团、歌舞学院啊，到处找。最后呢，陶白莉好像是制片主任戴浩找的，陶金的女儿嘛，因为他跟陶金也熟悉嘛，陶白莉也不在北京，在上海。这是筹备工作。

后来到拍摄了，就是先到外景去拍，回来才拍内景，因为有个季节关系嘛。我记得我在成荫那里工作的时候呢，还没有碰到太大的阻碍，就是导演有什么要求，我布置下去嘛，我认为我领会导演的要求比较快。大概是因为我当过演员，我也在摄影棚待过嘛，也拍过电影嘛。所以呢，要一个什么样的道具啊，要一个什么样陈设啊，要一个什么样的环境啊，我好像比较能够感应，感应度比较快。助手是要跟下面的化服道都有交代的嘛，每天都得要求道具是怎么样的，服装是怎么样的，做什么准备工作吧，我在这一方面，相对来讲的话，好像比较快一点。

陈：您和朱老师都出来拍片，小孩怎么办？

赵：保姆。我不知道别人，反正我就是交给保姆了。我那个保姆是从上海带来的，我不是告诉你，那个老阿姨，我生完孩子她回老家了？她又找一个她们村子里的人，叫杨阿姨，一直到“文化大革命”不准用阿姨了，她才走的。这些阿姨吧，对孩子特别好，很放心。

陈：您呢？在外面拍戏，您惦记孩子吗？

---

①《上海姑娘》，故事片，北京电影制片厂1958年出品。编剧：张弦；导演：成荫；主演：安然、刘钊、黎铿、赵联、秦文、高时英等。

赵：我还好，我不是太那个，不太挂在心上的。我这方面特别的理智。我那次还跟巫亚华说呢——巫亚华是我们的美工师，一个女同志，中央戏剧学院美术系毕业的，也结婚有孩子——我就强调一个理论，女同志结婚、孩子，不就是有很多的影响嘛，尤其拍戏，你要出外景，有的不能出，有的在内景的时候也经常要请假，所以我就跟她说，我说女同志想出头，要比男同志困难得多得多，我说必须要从这里头逃出来，你不能儿女情长，我说你就得要心狠点。我就这个理论。我还跟成荫说呢，现在想想，我真可笑。

陈：您做导演助理，报酬是怎么算？

赵：没有的。外景（生活补贴）大家都一样的，"文化大革命"以前就没有报酬这一说。你是北京电影制片厂的人，这是给你派的工作，你拿工资，还有什么报酬啊？没有报酬。就是外景补助费，补助你吃饭的。

陈：拍《上海姑娘》的时候，已经是工资制了，是吧？

赵：我们在上影厂就工资制了嘛。

陈：那个时候朱老师的工资是多少？

赵：他是文艺三级嘛，我知道，250。反正文艺三级蛮高了，我是文艺十级，我在上海是 80 多块钱，到北京来是 70 多块钱，因为上海有地方补差。

陈：您两人有 320 多块钱，生活条件比较好一点？

赵：对。我们就是住在板桥头条，挺憋屈的房子，是厂里给的。我们就是有一个阿姨，吃饭伙食比较好一点吧，就此而已了。我们也不讲究穿啊什么的，我的先生是更不讲究穿的。

陈：您跟朱老师在一个摄制组，生活方面您关照他吗？

赵：我基本上不关照他。但是呢，我也避不开跟他这个关系啊，所以我觉得很别扭。

陈：您做导演助理，有什么问题，会向他请教吗？

赵：我首先问成荫导演，我不太向他[①] 学习。我跟别的人可以谈这些、谈那些，我跟他很少谈，谈得不多，好像我也不知道从哪里谈起吧，跟他打交道不多。

陈：在摄制组，您对刘钊、黎铿的印象怎么样？

赵：黎铿他们就完成他们自己的角色。打过交道，但是不是很密切。刘钊那个人呢，他本来就是制片室的，他字写得很漂亮。原来我不是配备

---

① 指丈夫朱今明

在制片室？我心里挺不舒服嘛，后来看见他们了，他也是演员，也能演戏，有时候他的角色还特别，能演出人家演不出来的那种特殊的幽默劲，还挺好的。拍他们的戏，好像没有什么太大的麻烦。

陈：那个时候，摄制组有临时党支部吗？

赵：那时候（摄制组）没有党支部。

陈：这个摄制组，还有哪些人和事？

赵：《上海姑娘》吧，其实我就参加了外景，回来我就没参加了。不就是反右了嘛，《上海姑娘》（外景）没回来的时候，“大鸣大放”已经开始了。回来以后呢，内景我好像拍过一点点，我还和成荫同志有过交流。后来我就调到办公室去了。

陈：《上海姑娘》还没公演就挨批，您有印象吗？

赵：我直接的印象没有，但是我知道它挨批了。挨批的是什么呢？因为我那时候不是已经在搞反右了嘛，他们是到长春去开的什么创作会议，就有一批那样的不怎么好的片子嘛，点了名了嘛，《上海姑娘》也在里头嘛。我们都没有想到，成荫情绪也就很灰了。我理解他呢，他拍《上海姑娘》，这是从苏联回来第一部片子嘛，就是想搞一个反映新兴社会主义的新气象。原来都是拍摄战争的，或者是拍工运的，还没有拍过新兴（生活）的这个。在杂志上看到小说《甲方代表》以后，觉得很新鲜，新鲜在上海姑娘也有这样的对社会主义的热情抱负，愿意到大老远的西北去奉献给祖国，这个主题多好嘛，所以他跟朱今明都非常喜欢。尤其那个时候看过苏联的《幸福的生活》等一大批影片，觉得特别好看，特别能够打动我们，他们在苏联就看了这些东西，觉得故事片还能这样子拍的，所以他们回来就想尝试一下。又是这样新兴的，又是有一点文艺气氛的，抒情的东西，成荫不是一直都拍战争片嘛，他自称“和尚导演”嘛，[①] 这下要拍个姑娘片子，也是他的第一炮嘛，他要转型嘛。兴致很高，对创作也非常有热情，结果这一棍子打下来呢，给他打蒙了，打得很压抑，很不可理解。因为我们当时都觉得，《上海姑娘》这样的精神应该是值得歌颂的呀，是吧？看一个人不要从表面看嘛，要看他的实质嘛，上海姑娘有她的特殊性，城市来的姑娘，生活跟农村不一样，她的生活有点娇气啊，爱穿一点啊，爱吃一点啊，生活不拘小节啊，这些，大的方面她是对社会主义的满腔热血啊，这方面是我们主流嘛。恰恰这一方面呢，给他一棍子打的，（说它）歌颂小资产阶级的情调嘛，好像是被资产阶级腐化的嘛。这么一个革命的导演，

---

① 和尚导演，指的是专门拍摄男人戏（和尚）的导演。

怎么也掉底下了呢？给他乱棒子一打嘛，给他打了蒙了嘛，就这么一个情况。

陈：您自己的反应是什么？

赵：我自己的反应？我也是觉得不能理解的。我觉得我更能够理解上海姑娘这样的情怀，对社会主义的热情。当时我觉得是没有问题的。因为我是从上海过来的，我也了解上海的年轻人，这个怎么不能写呢？我们觉得它也没有宣扬太多的小资产阶级情调，恰恰呢，成荫对这些个小细节呢，还挺欣赏的。有一个细节很能代表上海姑娘的，她们从上海经过了长途跋涉，到了西北的某一个工厂，上楼梯的时候箱子滚落打开了嘛，掉出来很多东西，里头有一个洋娃娃，这个镜头呢，被说是最典型的小资产阶级情调了，成荫拍这个戏的时候，是最欣赏的就这个细节。这种细节最能够体现出上海姑娘的生活喜好嘛，是吧？但是呢，它更有大的情怀，是吧？所以觉得好像这没有什么，干吗要那样去批判呢？但是另外呢，我们自己是小资产阶级出身，我们一辈子都在那里挖自己的小资产阶级的根，觉得改造太难了，这思想感情，就没法过得去。

《林家铺子》摄制组

陈： 您好不容易在摄制组，已经走上那条路了，现在又把您撤回来，您当时的反应是什么？

赵： 我心情很复杂。调我到办公室去，我没有抵触。为什么呢？这又不是长期的，是抽调。当时自己有一个基本情绪，自己有点郁闷吧，不满意。

陈： 您没有在反右办公室长期待下去，是吧？

赵： 我在办公室那个地方，也没待（多久），反右还没有完全结束，就到《林家铺子》[①]（剧组）去。1957 年去的吧，1958 年拍的嘛。

有一天王紫非跟我说，说水华[②]导演要导《林家铺子》，你要去那个组当场记了。我说我不想干这个，不想到摄制组去了。她说那为什么呀？我说摄制组太复杂了，我不是《上海姑娘》刚下了这个水？我都害怕了。我说太复杂了，我说不敢去。她就说水华这个导演很好的，你去吧。我还是比较听话的嘛，那我就到水华导演那里去了。我到水华导演那去，第一次我怎么见他的？我就记得我们到外景去，到浙江菱湖去，那就跟他进一步的接触了，我还是很害怕他的，因为他是大导演嘛。他又不怎么说话，我挺拘束的。从这时起，我正式进入电影这个行当了。

陈： 为什么这么说？《上海姑娘》不算正式入行？

赵：《上海姑娘》好像是序幕，才干了外景就回来，就那个（调离）了嘛。到了《林家铺子》，开始的时候我就下摄制组，跟着导演一块，外景都在浙江菱湖拍的，上海客人陈述啊，还有韩涛演那个商会会长啊，[③]韩涛、陈述，还有谁啊？水华跟他们谈戏，都是个别谈，晓得吧？他也不怎么太走戏的，有的时候我就特别想听听。后来我对水华导演说，你排戏我能去看看吗？"行"。

---

①《林家铺子》，故事片，北京电影制片厂 1959 年出品。编剧：夏衍；导演：水华；主演：谢添、马薇、韩涛、梁新、蔡元元、郭秉、安然、林彬、于中义、于蓝等。

② 水华（1916—1996），原名张水华，江苏南京人，中国著名电影导演。17 岁参加左翼戏剧运动，抗日战争爆发后参加了抗敌演剧队。1949 年，加入东北电影制片厂任导演，后调入北京电影制片厂，执导了影片《林家铺子》《革命家庭》《烈火中永生》等影响极大的影片。他的影片具有独特的艺术风格，严谨细腻、深沉含蓄，洋溢着强烈的革命激情和浓郁的民族特色。

③ 上海客人、商会会长都是《林家铺子》里的角色，分别由陈述、韩涛饰演。

陈： 您当场记，不是必须在现场看吗？

赵： 他排戏啊，排练的时候，没有正式拍啊。他就跟你个别谈话嘛，他喜欢个别交流。因为他尊重演员嘛，尤其这些上海的演员，他是很尊重的。他说可以（旁听），有的时候，他排戏的时候我就去听一听、看一看。他的要求是特别的严格，特别的具体。

这个戏呢，演员比较集中，戏也比较集中，导演比较容易召集这些人嘛，谈细部的东西都很好谈。水华在准备工作的时候，特别的具体，特别的细致。你比方说，这个演员挑好了以后，造型，从头发的式样，到衣服的颜色、花纹，选好了以后，做出来，穿在演员身上，还得左看右看、正面看、背面看、侧面看，有的时候我们都烦了：怎么搞的？还不点头啊！？就有这种思想。后来我们待久了，就越领会到，他要求各个部门（都要）细致，精雕细刻怎么来的？就是他的严格要求中来的嘛。

陈： 导演摄影他们开创作碰头会，场记参加吗？

赵： 分镜头我不记得参加，后来的我都参加了。

陈： 分镜头也要参加？

赵：《林家铺子》我没有参加，是谁做的工作，我不知道。因为水华同志他不自己分镜头的，他习惯和摄影、美工、导演（一起分镜头）。导演说他对这场戏的理解，核心在什么地方，主要突出哪些方面，如何拍摄，主机位在什么地方，定下来以后，再怎么样调度。都是三个方面一块研究，然后定下来。

陈： 摄制组生活方面，有一些什么样的故事？

赵： 生活方面蛮有意思的，《林家铺子》还是很值得怀念的，我那个时候还写过好几篇小文章，在《大众电影》发表呢，我现在都不记得是哪一期。我想看一看。我们整个外景在菱湖拍的，把那个菱湖的那个小学啊、中学啊，门口都改成是国民党的县政府、商会什么的，都改成国民党的那个狗牙旗，还有挂了牌子什么的，完全恢复到（20 世纪）30 年代的景象。

生活方面，有一些印象很深。因为我们住在菱湖，是一个小镇，菱湖镇，那个时候，1957 年的时候，[①] 还是很穷的。我们住在一个楼上，都是木板房子，我们睡的大都是那种木板床——门板子铺起来的那种床吧。

水华导演跟我们都是一样生活的。很多的场景，都在那里拍的。林老板在桥上四面楚歌的那组幻觉镜头，林明秀从学校回来经过街道、小桥，都在那里拍。还有一个——这个应该讲一讲，真是很感动人：那个年代拍

---

① 此处可能有误，《林家铺子》的外景拍摄时间，应是1958年。

戏，人民电影人民拍。我们不是有很多上海难民逃难的镜头？上海逃难那个船，我们在那里弄到的；上海难民的衣服、道具呢，我们去动员当地群众来当演员，叫他们准备当年的衣服，当年带的行李啊什么的，群众都好得要命啊，都认真地翻箱倒柜寻找，给你弄。就是说人民电影人民干，大家来帮助。县里头支持，领导支持，群众支持，那时候拍电影真是方便。

还有一个，这也值得一谈。我记得那时候谢铁骊是副导演，水华导演，他们也是第一次合作嘛。水华不是精雕细刻嘛，慢嘛，他什么都慢，什么都是不到逼上梁山他绝对不拍板的。谢铁骊其实跟我一样大，那个时候他好像觉得他比我大好多，我也觉得我好像比他小好多似的。我记得有一次，他跟水华谈话，还把我捎上去了，“你看你把这小青年给急的！”好像都给急得顶不住了，憋不住了。原话我都记不得了，我就记得这么一个意思。水华那个人是非常有涵养的，他也不说，我就记得谢导演这个话，是他当面跟水华说的，跟我一块说的。其他的创作上面的，我估计他还是更多的听水华的，我没有看到他自己的看法。

《林家铺子》后期我没有做，所以我又不是完整的场记，我没有从头跟到尾（跟这部戏）。

“大跃进”：《一天一夜》《红旗飘飘》

陈：《林家铺子》您为什么又没有坚持到后期呢？

赵：就是“大跃进”了嘛，1958年大跃进，我们厂也得要迎头赶上，就来了一个《一天一夜》。[1]《一天一夜》呢，就让欧凡去导演，欧凡不是在这实习嘛，正好给他一个导演的机会。就让我跟他一块去，我就当副导演，让李文化当摄影。

陈：《一天一夜》是什么情况？

赵：《一天一夜》，“大跃进”的产物嘛。描写这个县委书记，在一天一夜里面做的工作，他一会到工厂去检查工作，一会到农村去检查工作，去动员，去和农民一块研究怎么样才能“多快好省”地完成任务，就这么一个主题。

陈：这个县委书记是真的县委书记，还是演员演的县委书记？

赵：田方主演啊，故事片。

陈：是故事片？为什么叫艺术性纪录片呢？

赵：艺术性纪录片啊？都是演员。车毅演女角色，田方演男主角，其他还有一些工人、农民。

陈：您做副导演，工作主要是哪些呢？

赵：副导演的工作，就是做艺术方面的组织工作、筹备工作。从演员到服装到道具，你要设计，你要提出要求来啊。(《一天一夜》）那个很仓促上马的。车毅好像也不是我去找的，田方是我们厂的领导，其他演员都在演员剧团找的，演员没给我留下多少难题。那个给我印象就是，我们不分白天黑夜地干。

陈：不会只拍一天一夜吧？拍了好长时间吧？

赵：也不算太长，因为要（拍）庄稼[2]，就在郊区农村。（拍）工厂嘛，就在小工厂，就在德胜门旁边，大炼钢铁，就是那个小高炉。给我印象最深的，不是拍片的事情，拍片我觉得好像没有多少问题，就是按照他的剧

---

①《一天一夜》，艺术性纪录片，北京电影制片厂1958年摄制。编剧：孙谦；导演：欧凡；摄影：钱江、李文化；美术：晓滨；录音：王韵华；主演：田方、车毅、刘春霖、李壬林等。赵元担任副导演。

② 作物成熟季节，抢收庄稼。

本拍出来，县委书记到这里来看一看，到那里来（看一看），我们就布置拍摄的场面，了解好生产流程。演员嘛，田方同志嘛，他演县委书记，对他来讲不困难。车毅也是老演员。你就把那个环境选好了，演员在规定情景中生活、工作就行。

最使我感动的不是戏，是田方同志使我感动——田方同志他是我们厂的副厂长，艺术厂长，他又是这里的主角，他工作，就是任劳任怨的，他一点都没有特殊。我最印象深刻的就是我们拍小高炉，炼钢嘛，一些破铜烂铁投进炼钢炉，要有个冶炼时间，这个冶炼时间是很难熬的，尤其拍夜戏。小高炉是在场院里嘛，深夜天也冷起来了，大家就东倒西歪，打瞌睡嘛。这个时候田方同志，他一个人就默默地把那个道具箱啊、服装箱啊给拼拼凑凑地拼在一起，上面有点芦席棚什么的，搭一搭，铺一铺，他就让我们女同志在那里睡觉，靠一靠，等高炉钢铁出炉的时候再喊我们起来，该拍了，一切都准备好了嘛。他呢，自己不睡觉，就坐在那里抽烟，东看看，西看看。

田方同志就是这样子的。再讲那个《一天一夜》。是在后期录音的时候，我负责配音工作，在那个录音室听声音，田方在那里头配音，我觉得他特别能够理解人，他就在里边，通过话筒跟我说：赵元，你提要求，你不要有什么顾虑。他就特别让你放松，让你大胆工作。没有修养的演员、

参加翻译片配音工作，与剧组合影，赵元（站立者右三）

没有修养的领导不会这样做。当年的田方同志在我心目中就是这样子的，他是特别实实在在的一个人，什么好听的话他也没有的，他很严肃的。

陈： 您还拍过第二个片子，是关于石景山钢铁厂的？

赵： 石景山钢铁厂，真气人，我们这个《北影四十年》[①] 都没有这个片子的名——叫《红旗飘飘》吧？[②]

陈： 我在《中国电影片目》上查不到这个片名，怎么回事？

赵： 我不知道啊。那是我们北京电影制片厂（的影片）啊，我也特别查了一下，我说怎么搞的？没有啊！那个片子虽然是个纪录片，但是你们一定要当个资料，因为这里头有倪志福等，明白吧？他们是十大劳动模范啊，我们十大劳动模范都拍了。

陈： 十大劳动模范跟石景山钢铁厂有什么关系呢？

赵：《开门红》。我的《开门红》是这个《红旗飘飘》的一个组成部分，他们是又一个组成部分。

陈： 石景山钢铁厂《开门红》，是您第一次独立执导？

赵： 第一次。我就是跟高洪涛，我觉得他特别好。他是有名的摄影师嘛，他一点也没有拿（架子），他老说：你怎么说，我怎么拍。一点架子都没有，跟我特别好。我们一块下石景山，那个时候是 1960 年，我记得，因为我 1959 年 12 月生孩子，产假那时候才 56 天，刚完，我就跟高洪涛下生活去了，下石景山。就是在那里观察，等待迎接第一炉钢水出炉，要开门红嘛，那个大炼钢铁开门红就是那天第一炉钢，我们拍下来。拍这些东西。我们是纪录片，不是还要写解说词嘛，就是写这些词，怎么开门红、迎接 60 年代的第一天等等这些内容。我还到石景山煤矿场、石景山发电厂，还有门头沟的矿山，我们都下去了，下到底下去，那里也都是拍摄任务。他们在那个掌子面[③] 里头工作，厂子里的人怎么样组织慰问队伍吧，把饭啊、饮料啊，送到掌子面底下去，拍这样的（场面）。都是写欣欣向荣、“大跃进”、多快好省，围着这么一个主题来的嘛。到石景山发电厂，就写那个劳动模范，我也不记得叫什么名字了，总之是工业战线上的英雄模范，我是负责这一块。

---

① 周啸邦主编：《北影四十年：1949—1989》，北京：文化艺术出版社，1997 年版。

②《红旗飘飘》，短纪录片集锦，北京电影制片厂 1960 年出品。李恩杰总编导，袁月华、赵元等编导，朱今明、高洪涛等摄影。影片内容是记录大跃进中的先进人物和先进集体，赵元担任其中的一部分，即记录石景山钢铁厂的《开门红》。

③ 掌子面，坑道施工中的一个术语，即开挖坑道（采煤、采矿或隧道施工）不断向前推进的工作面。

陈：您拍的部分，最后剪辑片长是多少？

赵：不太记起了。总导演是李恩杰，我们拍了就交给他了。这个片子动员了北影厂多少人啊！我就是奇怪为什么《北影四十年》不编进去。

陈：您对北影厂“大跃进”还有哪些记忆？

赵：北影厂有没有搞过小高炉——我不知道。因为我们不住在厂里头，我们住在板桥头条。各家各户交废铁，好像我也没有交过什么废铜烂铁，我没有拆过箱子上的铜把啊什么的拿下来——好像没干过。铁锅要交的话，我们也是交到街道上去，跟厂里没关系。社会上的那些做法，我觉得不能理解。

1959:《革命家庭》

陈：1959 年“反右倾”，您有印象吗？

赵：1959 年，我们正好在拍《革命家庭》[①]，北伐军进城已经都拍完了，我们在常熟拍的外景，在市里的那一条街上拍的。就在这个时间里头，厂里调一些同志回北京开会去，传达庐山会议的报告。你看，我们的主要人员，张水华，共产党员，老革命；钱江，摄影；史平，（制片主任）这不是老革命吗？于蓝，大主角，延安来的老革命，反正他们一批老资格的，17 级以上的党员，都到北京来开会了。摄制组就剩我这小人物在这里管了。

陈：导演、摄影和主演都走了，还能拍吗？

赵：都走了，有副的在这里啊。欧阳红樱好像已经走了，我，还有制片主任王彬，[②] 就我们两个人为主守摊工作嘛，因为工作还没有做完嘛。还有一些个零零散散的群众场面的戏没有拍完的，我们就在那里做这个工作。

大场面都拍完了，还有一点扫尾的东西吧，所以我们没有撤，等他们回来，弄完了以后撤回来。大队还没有撤的时候，我先回来了两天，因为我已经（怀孕）都七个多月，快要到八个月了，可能够呛了吧。回来后，我就听了一个报告，那时候北京电影制片厂归北京市管，市委书记是陈克寒，[③] 陈克寒在报告里头就提到了，给国庆献礼嘛，十周年嘛，他在报告里头就没点名地点了北影厂有一个摄制组，有一个导演（不是多快好省，而是少慢差费），就是指水华啊，我一边听着，一边直发凉。等到第二天、第三天，大队回来了，我到火车站去接，我就告诉水华这个事儿了。他也挺挠头的。没几天在小西天的演员剧团[④] 里头开会了，批判右倾思想，对大跃进、大炼钢铁、开门红不执行，或执行不力吧。水华就是一个典型人物，批啊。

---

①《革命家庭》，故事片，北京电影制片厂 1960 年出品。编剧：夏衍、水华；导演：水华；主演：于蓝、孙道临、张亮、刘桂龄、石小满、罗国梁、于洋、田方。

②《革命家庭》的制片主任是史平，这里说的应该是副制片主任。

③ 陈克寒当时是北京市委书记处书记。

④ 当时北影演员剧团所在地，是在北京新街口外小西天。

那时候，我们文学部和导演室的人，都在一起开会，文学部有一个姓路的女同志，这个人后来也调走了，这个人真厉害，也收集了很多材料，还真具体，她没有批水华，她批的是伊明[①]。我们那个伊明，《无形的战线》是他拍的，他一直都没有拍什么戏，他也是情绪很坏的，（只要搞）运动都点到他。那个女同志就揭发他，说他在苏州体验生活，在法院里头体验生活，他就发过（牢骚），对大炼钢铁不满意："这不是浪费嘛，好好的锅拿出去砸掉，好好的东西，箱子上面那么好的铁把手，把它卸下来，这能炼铁吗？能炼钢吗？！"她就把这些都（揭发了），伊明就在那里听着。我们张水华导演呢，有人就是说他铺张浪费，反多快好省，慢嘛。

陈：就是水华和伊明导演挨了一顿批？

赵：挨了一顿批。我印象里头呢，水华导演还没发言呢，我已经进了（医院），后来怎么批的，我就不知道了。

陈：《革命家庭》摄制组，您还有其他记忆吗？

赵：《革命家庭》啊，也还有很多小故事的。《革命家庭》我去呢，那就好像是顺理成章的事情了，因为我在《林家铺子》已经是张水华的这个摄制组的人了嘛，跟他合作了嘛，他对我也没有什么不满意的地方，所以我还是跟他了吧。那时候还没有成立集体呢。[②]到他那里去我也没有思想阻碍，我已经死心塌地地走这条路了，就走下去了嘛。《革命家庭》我就这么样地进去了。

这个《革命家庭》里头呢，我还有点小小的贡献。第一个就是找演员嘛，我找了两个演员，水华都很满意的。一个呢，《革命家庭》不是要那个小妹妹，要她有点娇气嘛，就是"妈呀、妈呀"的那个，所以我就到中央音乐学院附中去找演员，我跟那个俞校长挺好的，她叫什么名字我忘了，她是上海圣约翰大学毕业的，后来的小萝卜头都是她给我推荐的，我觉得我跟她谈要求什么的，好像我讲的，她都知道我要什么东西。后来她就叫我到教室里头去看，找人，我就选上了刘桂龄了，[③]她是弹钢琴的小姑娘，也不会演戏，结果水华很满意。这不是我给水华做了一个贡献嘛。还有一

---

① 伊明（1913—1995），江苏苏州人，中国著名电影编剧、导演。原名伊任之，笔名陈奕、弃扬等。1935 年到上海复旦大学做旁听生，开始写影评、剧评。后加入上海文艺界救亡演剧队。1938 年来到武汉，加入中国电影制片厂，参与编辑电影刊物《抗战电影》。1947 年进入东北电影制片厂，1950 年进入北京电影制片厂。著有《三十年代中国电影评论文选》一书，为中国电影事业做出了贡献。

② 没有成立集体，是指北影的以水华、崔嵬、凌子风、成荫四个导演为核心的创作集体还没有成立。

③ 刘桂龄在《革命家庭》中饰演小莲。

个石小满，[①] 石小满是石羽的儿子，小时候可可爱了。石小满是怎么发现的，是谁提的，我也忘了。这个小家伙那时候才三四岁，长得又好玩，又聪明伶俐，乖得不得了，要他演什么戏，他就演什么戏。你看那么小，他真是有天赋啊。后来我们到上海去，住在一块嘛，他妈妈陪他去的嘛。我们拍上海地下党贴布告、贴海报什么的，都是夜晚拍摄嘛，三点钟就要起来，那小孩，你看他睡到三点钟还要起来，一般小孩他要闹的，"小满，小满，起来了"！不起来。"拍戏了"！啊，拍戏了！马上一轱辘起来，眼睛这么一揉，那孩子就那么可爱。

我们拍周莲带着孩子在上海找党，不是夜景嘛，在上海你要拍外景多么困难啊，要经过很多的方面，你要克服很大的困难，有很多的外景在夜晚拍的，我们都在夜晚去把地都看好了，摄影都把角度都定好了，后景带多大的范围，我们要在地上量尺寸，计算要多少人，都是在夜晚的工作。还有就是动员群众演员，我说人民电影人民演嘛，我们拍工厂的五一大罢工飞行集会，那些都是我们到工厂里通过党组织要求协助拍摄，工厂一接到这个任务，都是全力以赴，是当成一个政治任务来完成。把这个任务交给下面，要求选择参加拍摄的人员，要没有历史问题的，好样的，才有资格参加。工人们自己带着东西，翻箱倒柜的把当年的衣服找出来，特别感动人。那么大的场面，五路进军，怎么组织拍群众演员啊？就把那每路多少人定好了，每路选出组长来，前排的那个头来开会，他带头啊，明天从哪里出来，哪里是集中的地方，哪里你打开旗子，一个一个，都是个别在底下交代好。这些工人半夜里就得要集合，怎么办呢？他们半夜里就把衣服、手上拿的东西都弄好，到先施公司、永安公司里头地下室去集中。然后呢，到早上还得跟公安局打交道，上海公安局特别疏通了，延长红灯的时间，给你拍摄。延长红灯顶多五分钟吧，不能再长了吧。一切工作在这个五分钟都要做好，这个多难啊？因为是上班时间，人家得上班，那上海车水马龙的，尤其是在先施公司[②]、永安公司的繁华地方拍，你要人家停下来是不可能的事情，他只能给你通融。我们一切工作都要在这个地方做好。那时候调动了三台机器拍摄，主机钱江，副机李文化，还请了上海的一个摄影师拍，有的对准了马队，有的对准了打旗的，出特写的，在这一瞬间里头就要完成。前面做好多工作。天天晚上都要去地上画标记，记人头，

① 石小满在《革命家庭》中饰演小清。

② 先施公司，澳洲华侨马应彪在南京路浙江路口租地 20 亩，先后三次募集股金 200 万元，兴建 7 层大楼，率先开办出一家大型环球百货公司，经营五金、烟草、茶食、服装、文具、皮货等各类商品。

各部门都准备好，一切都隐蔽，当作若无其事那样的。到了该拍的那一天，跟警察打好招呼，我们都是用旗语来指挥，那时候还没有对讲机呢。

都拍完了，还不错。可是水华又嫌马队不好了，还是嫌什么不好了，他还想要再拍一次。交警说不行，交通难以控制，不能再拍一次了。只好第二天补拍一些局部镜头，就是红头阿三[①]——印度警察骑在马上，那当然都要局部拍的，那个（工人）爬上电线杆，还有温锡莹[②]扔啤酒瓶子什么的。水华同志就是这样子的，永无止境地追求完美。这个呢，我说作为电影摄制组拍摄历史上来讲，也是一个划时代的，没有人这么干过，关键这是在上海最繁忙的马路上，我们完成了这么大的一个任务，而且呢还是安全无恙，这个是很欣慰的。我觉得我讲的还不够细致，应该还有人会（讲得更）细致一点吧。我感到这场拍摄特别了不得，一个是得到了群众的支持，一个是我们的组织工作做得特别的细致。

陈：《革命家庭》是北影的片子，为什么去上影选演员啊？

赵：那个时候演员都是全国可以选的呀。只要组织同意了，就可以调来调去了嘛，只要合适就行。

陈：《革命家庭》剧组生活方面呢？

赵：我们在上海住在虹口区，我记得我们住的跟张水华住的不是一个地，他那个地方条件要好一些，我们是隔开的，也很近。

---

① 红头阿三，是对旧上海公共租界中印度裔锡克族巡捕的俗称。

② 温锡莹（1920—2008），中国著名演员，在《革命家庭》中扮演“老李”一角。

关于三年困难时期

陈：您对三年困难时期有什么记忆吗？

赵：嗯，1959 年、1960 年，那就是困难时期了。第一个鲜明的，就是什么东西都要票嘛，都要控制嘛，再就是定量，每天饭都是要考着来的。[①]

陈：朱老师是“肉蛋干部”吧？每个月可以买鸡蛋，买点肉？

赵：他是“肉蛋干部”。有一个本吧，那个能够买一定分量的副食。

你一讲三年困难，我就想起来了，这里头有个三年困难的时期（的故事）。开始的时候，成荫约我，不是搞《停战》[②]，是约我去搞那个《阿娜尔罕》，是我们厂林艺编剧，女作家林艺，我们就根据她的剧本，要上新疆去搜集材料，修改剧本。我跟成荫、高洪涛、美工师，我们这四个人，我跟成荫两个人坐飞机到新疆的，我第一次坐飞机，在飞机上几个钟头，我就是吐，到了乌鲁木齐当然就好了。

我是跟成荫两个人一块去的，后来高洪涛、林艺他们都来了，我们就上南疆，去哈市下生活，跟少数民族的妇女们下地窖啊，看她们的生活啊，这么样的。又到学校里头去，又到文艺单位去，看看他们的演员嘛，《阿娜尔罕》要挑演员嘛。但是成荫同志对林艺的这个剧本呢，不是很有兴趣。也就是（接受）一个任务吧，就走了这么一趟。在这个里头呢，要讲三年困难，那就有意思了。成荫同志呢，住在那宾馆里头，他以前在部队里头是宣传科科长啊，他在新疆有他过去的部下，他们都来了，拜见首长嘛。就说你要什么东西，我可以给你联系。三年困难，我们都在北京没得吃的嘛，到那就有吃的了，哈密瓜什么都给你拿来。宾馆里头呢，也是烤羊肉，那羊肉烤的，我还真没吃过那样的羊肉，一串一串的大签子，当场烤，那高洪涛、成荫吃的是津津有味，好像是还有个制片吧，我忘了。我咬一口，都是鲜血，没法吃，我就不吃了。他们吃，撑得要死，跑到房间里头去，就在房间里蹦、走路，要消化。这三年困难，在北京饿死了，缺油水，跑那去（吃撑了）。就这么个三年困难的这个事儿。

在乌鲁木齐待了一段呢，我们又下到南疆喀什去了嘛。采访也差不多了，然后林艺修改剧本。

---

① 考着来，即考量着来。

② 指《停战以后》。

《停战以后》剧组

陈： 后来怎么又去拍《停战以后》呢？[①]

赵： 我们在（南疆）回来的路途上，又看到了《北京文艺》上登了一篇安平事件的报告文学，辛毅的作品，后来觉得这个挺新鲜的，没有人搞过嘛。成荫同志想到了苏联的电影《易北河会师》，类似的这种片子吧，以后就跟厂里要求拍这个，《阿娜尔罕》放弃。后来《阿娜尔罕》给李恩杰导演拍了。我们就拍《停战以后》了，《停战以后》就是这么过来的。

在成荫（右二）导演的影片《停战以后》中担任副导演

然后就和辛毅接触，辛毅那个时候是北京市委外事办的一个负责人，他原来就是在晋察冀当记者的，他目睹了这一场斗争，他写了这个报道。我记得那时候青艺好像也要搞这个题材，要搬到舞台上去，改编话剧。后

①《停战以后》，故事片，北京电影制片厂 1962 年出品。编剧：辛毅；导演：成荫；主演：张平、项堃、谭宁邦、赵子岳、鲁非、李雨农、波波维奇、马精武、秦文、陈戈、方辉等。

来他们没有弄成，我们弄成了，辛毅跟我们一块搞的。成荫呢，对这个很有兴趣，他就很投入，他跟辛毅一块搞剧本，成荫帮助他搞剧本嘛。剧本还是要辛毅来写，但是辛毅不会写电影剧本，而且他报告文学就写个安平事件，也没有后来电影的北京的这些方面的情节，成荫给它重新结构，主干是谈判，又把社会的各个面都给带出来，我觉得创作得挺成功的。比方老教授跟顾青的关系，老教授是加出来的，因为当年的斗争，我们要知识界的、社会面貌的这方面；还有老教授家那保姆，黄素影演的这个，[①] 给他买东西啊、物价高啊、钞票都拿麻袋装啊，这都是当年的现实。我们这个片子里头就把这些都给组织进去了，这方面的构思，我认为都是成荫同志的创意，都是他想到的，让作者把它组织进去，就不单一了，而且决定影片的风格样式，是政论性影片，因为政论性的影片听起来好像很新，我们还没有拍过这样的片子呢，厂里头也很支持，这个片子拍得还比较顺。

陈：摄制组的拍摄过程呢？有什么故事吗？

赵：拍摄过程？有，先讲那演员吧。演员就有很多故事，我们不是有外籍演员嘛，那个谭宁邦，[②] 我跟高洪涛一块到上海去找他的。谭宁邦的身份是宋庆龄的秘书，档案写的是宋庆龄的顾问，我们到公安局外事处看他的档案，他有登记的，他不是常驻中国的外国人，但他是宋庆龄请来的。我们要借这个人，就走正常程序啊，就给他借来了。

再就是一个沙博理，[③] 凤子的丈夫。那个时候他在北京外文出版社工作。我们也去把他请来，这些都是我经办的，我亲自去借调这些人。当年各单位的组织，对外籍人员也不是那么不得了的，那个时候没有酬金，但是生活上，食、住上是按专家待遇接待，（有关部门）说不用给他们特殊待遇，就这么规定的。他们工作特别好，特别认真，一点都不给你增加麻烦的，跟我们在一起也很协调。

陈：沙博理中文应该说得挺好，不需要翻译，谭宁邦呢？

赵：谭宁邦也能说中文，不用翻译。谭宁邦跟我们这些人都是说说笑笑、打打闹闹的，跟汪洋都挺好，他挺随和的，能够融进来的。他也喜欢我

---

① 黄素影在《停战以后》中扮演谢宏教授（梅熹饰）家的保姆吴妈。

② 谭宁邦，美国人，名 Gerald Tannebaum，二战时是美军无线电台成员，1946 年 4 月在中国退役，加入联合国善后救济总署公关部当记者，同年 7 月任中国福利基金会执行委员会委员、总干事。他在《停战以后》中扮演美军的费丁将军。他还在《白求恩大夫》《林则徐》等中国影片中出演过。

③ 沙博里，美国人，名 Sidney Shapiro，1947 年来中国，翻译家，后加入中国籍。在《停战以后》中扮演丢克，署名“沙伯利”。他还在《长空雄鹰》《西安事变》等中国影片中出演过。

们。到拍摄的时候，没有因为他们有什么问题，没有的。就是给他们车接车送，这是给他们专家待遇，其他的没有。等他们拍完了，我们不是合作得很愉快嘛，我们就想摄制组应该给他们一些表示啊，又不能送钱，就送了一套福建的漆器茶具，给他们留作纪念。那个时候的价值观，那个时候的风气，就是这样的，外籍也是这样。

中国演员也有故事。首先呢，从成荫导演这里来讲，他有两个想法，谈判嘛，以顾青为主的共产党人嘛，是吧？大主角嘛，到底是用年轻的演员，还是用比较成熟的演员？——也不能说成熟，就是年纪大一点的演员。在这里头权衡不定，这个中间呢，于洋特别想演顾青，他跟我表示过，我反映给成荫了，权衡下来以后呢，成荫还是用了张平。怕于洋呢，跟谭宁邦、项堃在一块，镇不住，有这个顾虑。他原来考虑年轻的，《易北河会师》那个男主角年轻、很帅的，很漂亮是吧？给人留下深刻印象，也想用这个，但是呢，后来考虑整个的分量呢，还是觉得张平好，所以用张平。有这么一段插曲。那个戏我觉得拍得特别顺，没有大的麻烦。

陈：《停战以后》摄制组的故事，还有吗？

赵：我们是先拍内景，后拍外景，反正我觉得这个戏拍得挺顺的，没那么挖空脑子、担心这个担心那个。你看，《林家铺子》还担心林老板是不是会给资本家树碑立传啊，《革命家庭》会不会又是肯定“左倾“盲动了，这个很清楚。创作上头都非常协和，没有啰啰唆唆的那些个事情。

陈：拍外景的时候呢？

赵：拍外景的时候还可以，在（河北）香河拍的，那时候都自己带铺盖卷，在小学校里头住的。暑假嘛，桌子拼起来，睡在那里头。我跟秦文住一个房子，成荫跟高洪涛住一起。那时候都特别艰苦。伙食还挺好的。我们是住在小县城里头嘛，在香河拍还乡团的那一段戏，外景有距离，一般用旗语啊，那次是用信号弹。

陈：您做副导演，是主动考虑创作上的事，还是听导演的，只管执行？

赵：我基本上还是理会导演的意图，执行。你有很好的意见，当然你可以拿出来，人家也没有排斥你。问题关键是，你有没有好的东西拿出来嘛。

陈：作为副导演，您给导演或者摄影师提过创作建议吗？

赵：我有的时候会在这场戏的处理，或者这样那样的，提点小的建议。或者是拍完了以后，我觉得昨天那个戏，要是这样的话就好了，我会跟成荫导演说。我跟他没有什么忌讳，会跟他说的。

陈：副导演在外景地一天的工作日程通常是怎样的？

赵：你看，明天拍什么内容，副导演都得下通知单。比方说明天是哪一场戏，多少演员？道具有特殊的道具，你提示一下；你布景上有什么特殊的要求，或者你摄影上有什么特殊的要求，你光效上面有什么特殊的要求，他们要带特殊的设备啊什么的，这张通知单就是拿去给各个部门的部门长签字。每天都得要这样，每个摄制组都这么做的。签字完了以后，就是执行。

陈：那不是归道具组管吗？

赵：道具管。可是你通知单上开了没有啊？马上说：道具，怎么没有放大镜啊？道具说，看看通知单上写了没有？通知单上没写的话，那就是你的问题了。你导演没提出要求来。类似这样的，挺琐碎的，副导演。还有镜头的顺序，先拍什么地方，后拍什么地方，都是在拍摄前你要做的工作，你要叫全组人员都了解今天要拍什么东西。到现场，你就要检查各个部门、各方面。开拍了，各个部门都准备了嘛，是吧？镜头顺序不都有了嘛？演员都准备好了，化好妆了，那就第一个镜头，主机已经都放好了，那就开拍。开拍的时候，你就从头贯彻到尾啊，你就看，这个镜头开始到结束，一个一个镜头（盯着）。除非你有特殊的任务，要没有任务，你就得盯着。转下一场的时候，您又得检查。比方说，我在这个棚里拍这个，下一场在另外一个棚里拍那个，你要提前布置下去，美工师也早就布置下去了，他已经在那里搭景了，那你就有一个验景的过程。

陈：验景是归谁管？归副导演管？

影片《停战以后》剧组合影

赵： 归导演、摄影啊，去验景去啊、检查啊，副导演也可以进去，但是点头签字要（导演和摄影）。以前都还要签字的呢，经常要打架的——（导演或摄影说）这不对啊？！这怎么回事啊？（美工说）那个你图纸上没有这么写啊！碰到问题的时候就较真了，你晓得吧？就这样的，特具体。

在中央电视台《流金岁月》中谈《停战以后》

我记得《停战以后》拍得挺顺的，审查也特别顺，没有多少问题。最后是周总理、罗瑞卿他们这些大人物来审查的时候，就提了一个建议，好像罗瑞卿提的修改一个字，当时不是那么称呼的，要抠掉一个字，在录音上抠这个字，再补一个字进去就行了。就那么简单，挺愉快的。我现在认为，这个片子还是个好片子。

陈：《停战以后》以及别的影片，外景补助每天多少钱？

赵： 外景补助？忘了每天多少钱，我不记得了。如果是集体给你解决吃饭了，大概没有钱了，我印象里。每一个阶段、每一个时期的补助费，可能要根据物价什么的，要变的。买点土特产啊什么的，那当然会有的了。

我再补充一点吧，我怎么到《停战以后》去的？我记得是高洪涛跟成荫推荐的。因为成荫跟高洪涛是密切合作嘛。高洪涛跟我以前（合作过）那个纪录片嘛，他拍完了以后，回到成荫那，大概他谈过我。完了成荫叫我去。成荫跟我也不生疏，以前在《上海姑娘》就已经见过了嘛，我还到他家去过的。

《烈火中永生》的创作过程

陈： 接下来是《烈火中永生》？[①]

赵：《停战以后》已经成立创作集体了。[②]——对了，这个可以补充一下：就是成立四个创作集体。我的编制在一集体，挂帅的有张水华，还有欧阳红樱，有史平，有我，美工是池宁。成荫是四集体，四集体那个时候叫青年摄制组、青年集体，因为都是比较年轻一拨的，成荫也不大嘛，还有魏荣、董克娜。《停战》还没有结束，张水华这里要搞《烈火中的永生》了，他让我回去，本来我是想留在四集体的——它不是青年集体嘛，重点培养年轻一点的嘛。成荫跟水华这两个导演我都特别喜欢，我觉得我很幸运，我转行碰到这两个导演——这两个导师——如果我碰到一个修养不是太好的，或者是脾气很暴躁的，一触即发对我发火的话，我绝对受不了，我肯定就坚持不了，又要哭鼻子，我就要不干了。

陈： 您回一集体，《烈火中永生》还在筹备吧？

赵： 是筹备阶段。《红岩》小说多感动人啊，这么好的一个作品，当然都是很喜欢的了。跟张水华导演呢，走了很多很多的地方。水华导演，他跟其他创作者不一样，你想人家这么厚的一本小说在这里呢，几十万字的小说，他拿来以后，也非常喜欢，非常感动，但是怎么样去组织一个剧本，这又是一个艰巨的创作过程，他要重新构思。他要经过很多思索。他不马上就着小说来考虑，他要深入生活。所有当时能够找到的健在的人，[③] 在什么地方，都得要到那去找到他，这样的。我就跟他一块走过。

陈： 去寻找当年渣滓洞、白公馆的那些幸存者？

赵： 有啊，你看，韩子栋在贵阳——韩子栋就是华子良的原型我们专门从重庆坐汽车到贵阳去找他的。

就从这说起吧，就说先把作家请过来，三个作家呢，一个罗广斌，一

---

①《烈火中永生》，故事片，北京电影制片厂 1965 年出品。编剧：周皓（根据罗广斌、杨益言的长篇小说《红岩》改编，周皓是罗广斌、水华、夏衍等人共用的一个的笔名）；导演：水华；主演：赵丹、于蓝、李健、张平、蔡安安、林盈等。

② 1959 年 9 月，北京电影制片厂成立了以导演为中心的四个创作集体，第一集体由水华等人组成，第二集体由崔嵬等人组成，第三集体由凌子风等人组成，第四集体由成荫等人组成。

③ 指的是《红岩》中所描写的那段历史的亲历者、见证人、知情人。

个杨益言，还有一个刘德彬——其实他提供的材料很多，但是他没有上名。[①] 为什么呢？因为他在反右的时候表现有问题，所以上边不准给他上名。他为什么提供的东西最多呢？当年渣滓洞，敌人最后要逃跑的时候，（使用）火焰喷射器扫射，他就在那死尸里头，等他苏醒过来，一摸自己身上有血，他以为是自己的血呢，结果不是的，是战友的血，这样他才从死尸里头爬起来。这个人是很好的一个人，他跟江姐在川东也有一段（共同经历）。那个杨益言呢，他曾经在渣滓洞里头待过，抗日战争胜利有个国共谈判，共产党要求国民党释放政治犯，他是释放政治犯的时候放出来的。

赵：三个作者，天天跟我们谈。有于蓝，有我，有张水华，主要是我们。

陈：那时候就已经确定于蓝演江姐了？

赵：于蓝那时候还没有确定她演江姐。

陈：那她来参加座谈会？

赵：于蓝先看到《红岩》，她推荐给张水华的，她愿意跟他学导演，问他愿意不愿意，水华当然欢迎了。水华看了小说，也特别感动，所以于蓝一直参与了改编工作，后来叫夏衍改剧本，都是于蓝一块去的。还有一个责编，[②] 责编是宋曰勋，我们几个人天天在一起。罗广斌他们三个人来，每天张水华就让他们谈，每个人谈原始材料，谈了好几天了。后来我都开玩笑，每天一来我就说开机器，要榨油，就是水华同志把人家榨干了。罗广斌最后说，我没得说的了，我都交代完了。就是说水华同志在挖啊，他老跟我讲创作上的愿望，特别讲托尔斯泰写《战争与和平》修改多少稿，一个作品必须要精益求精，必须要一层一层地挖掘，就像剥笋一样的，一层一层一层剥，他给我很多这方面的教导。

陈：那时候跟作者谈话的时候，记录方式是什么呢？

赵：有记录，我们都做记录嘛，一边听一边记嘛。

陈：一边听一边做笔录？水华导演呢？

赵：他不记，他自己思考，他不做原始记录的。原始记录是我们几个人，于蓝记录记得快，于蓝、宋曰勋——文学部的嘛，我，我们三个人都做记录呢。

陈：每句话都能记下来吗？

---

① 没有上名，指刘德彬因在1957年反右运动中被认为犯有“严重错误”，被剥夺了《红岩》作者署名权。

② 责编，指的是策划中的电影剧本的责任编辑，不是指小说《红岩》的责任编辑。

赵：基本上这样子的，原始的。

陈：跟作者谈完以后，马上就出差了？

赵：不。没有马上动身呢。我们又到了北戴河，跟作者，一方面让他们去北戴河休养，更重要的就是搞剧本。那时候好像剧本已经有了一两稿了，有剧本了，主要是罗广斌执笔，小说也是罗广斌执笔为主。北戴河完了以后，大家才（意识到）这个里头的一个大问题，就是到底抓哪条主线的问题。因为《红岩》的素材太多了，都是精彩的，是吧？江姐跟许云峰是主要的，还有刘思扬跟孙明霞那一段，也挺精彩的，是吧？还有成岗、小萝卜头，在小说都特别感动人的。你要在一部戏里头把他们都包进去，又包不进去。开始的时候还有刘思扬嘛，还是八一厂的大主角王心刚来演嘛，后来戏改了，刘思扬没有了，等于是监狱里头一个群众了。不改的话，戏不集中，容易散。后来拿这个剧本呢，去找夏衍，因为水华同志的东西吧，总是要请夏衍来把关、再主刀嘛。我记得夏衍那时候在广州，是于蓝跟宋曰勋一块去找他的，夏衍建议江姐为主，她又是母亲，又是战士，她这个人物可以拉开，面可以带得广一点。夏衍给水华同志通气，他同意。最后是夏衍统了一稿。所以后来作者也不是张水华，也不是夏衍，用了另外一个名字，一个笔名。[①] 谁都不肯上名。

陈：什么时候出去采访其他当事人的？

赵：我记得我们采访了好多好多人，一个一个采访。小萝卜头的姐姐，还有影片中华子良，就是那个韩子栋；还有沈醉我见过他两次呢。第一次，他已经释放了嘛，在文史馆工作，张水华、于蓝都去了。那个时候正好是十年大庆，[②] 释放了一批人。我们在秦城监狱已经提审过徐远举——徐鹏飞的原型——那个时候在秦城监狱，我们就到秦城监狱去提审他，他那时候正在劳动呢，穿一件棉袄，身上系了一条大粗的草绳子，他属国民党少壮派，高高大大的。水华同志、罗广斌、我们都去了，脑袋挺清楚的。[③] 我们把各方面的采访材料统统都整理了，打印，有几十份呢。供演员、摄影、美工参考，这是很宝贵的资料嘛。

陈：您还采访过哪些人？访问过程当中还有哪些故事？

赵：采访的故事很多。何妮妮，你知道这个人吗？何妮妮的丈夫叫仲

---

①《烈火中永生》编剧署名为周皓。《北京电一制品厂编年纪事》（1965 年 5 月）记载："由于文化部整风对夏衍的错误批判，影响到编剧的署名，影片放映时编剧改写笔名：周皓。"陈播主编：《中国电影编年纪事》（制片卷）第 114 页，北京：中央文献出版社，2006 年版。

② 指的是中华人民共和国建国十周年大庆。

③ 脑袋挺清楚的，是指徐远举当时的情况。

秋元，何妮妮跟江姐是非常好的好朋友，她们在那个时期是一块并肩作战的。有一个非常好的、动人的情节，我们没敢用。就是江姐到川东，知道老彭——她的丈夫——被敌人杀害了，而且还把他的头悬在（城头）梁上嘛。① 江姐知道后悲痛之极，当时她没有在同志们面前流泪，她在被窝里头流泪了。她不是有孩子嘛，给另外一个妇女带养，正好那天她回重庆，顺便去看孩子，不巧那个妇女不在房间里，孩子独自坐在那里哭。江姐看见儿子在那里哭，没有人管他，她就扑到孩子身上大哭一通。在哭的过程里，这个妇女回来了，一看江姐这么大哭，妇女很奇怪，以为是不是嫌我带得不好啊？她就有疑心了。晚上回到何妮妮家，因为这个妇女已跟何妮妮反映了江姐的表现。这个妇女，是何妮妮给介绍的，何妮妮就对江姐生气，没理她。两个人默默地待那么一晚上。第二天天还没亮，江姐要回川东了，她起来写了个条。这里头还有一个细节，就是何妮妮感觉到有一滴泪掉到她的脸颊上。江姐起来看她，想跟她说，没说，一滴眼泪掉到她脸上。江姐写了条告诉她，老彭牺牲了，他已经走了。我就觉得这个情节特别感动人，晓得吧？江姐，应该跟儿子有那么一场戏，应该用上这个材料的，可是水华同志没敢用，怕人议论啊。研讨会的时候，② 水华还在呢，于蓝也参加了，我就说了这一段。我说当时害怕啊，怕人性论的帽子这一扣，我说水华同志没采纳，我觉得挺可惜的。这个是很动人的事情，何妮妮跟我们讲的。

与《烈火中永生》的主演于蓝、责任编辑宋曰勋等合影

陈：《烈火中永生》摄制组，有哪些故事？

---

① 是指江姐的丈夫彭咏梧烈士被国民党杀害，头颅被割下，挂在城门上示众。

② 是指 1986 年水华创作研讨会。

赵： 成立摄制组了。赵丹是于蓝给推荐的，于蓝给他写的信。赵丹就不用介绍，水华也了解他。那个甫志高，也是于蓝给推荐的，甫志高应该说是我的老战友了，[①] 这个稽启明啊，我们一块到演剧队的，我很熟悉他。于蓝跟他认识，是在专家训练班，[②] 他也到那去学习了。要说我看演员，找小萝卜头是一个事，因为小萝卜头是戏里头的特殊角色，是吧？

陈： 您上次提到，是那个音乐老师推荐的？

1965年，在山西省曲沃县杨谈大队听烈士后代李新爱讲家史

赵： 对，就是（中央）音乐学院附中的俞校长。因为我们的场记小钮，他已经找了1000多个学校，都找不到符合要求的那样一个特殊的（演员）。他来跟我诉苦，说没办法，找不着。我对他还有点不大满意。我说你别不耐烦，找演员是导演很重要的一课，演员怎么样去物色，是一个很大的学问，我说它不是一个事务工作，我还打通他的思想呢。后来我呢，就又去找了俞校长，我就跟他形容，我要这么一个孩子，我说要一个非常可爱的、脑袋大大的、五六岁的、还不懂事的孩子，他很瘦，脖子长长的，眼睛大大的，眼睛非常漂亮，但是有哀怨，我说让人看到他就有一种怜爱。我就给他形容，我说这孩子在监狱里头，他发育不好，营养不良，所以畸形，但是畸形又要可爱，也不要怪。她就动脑筋，帮我想了想，她说我们的一个老师有一个孩子，是一个女孩，她说这个孩子我觉得不错。她把那个孩子带来，我看特别好，她一双眼睛特别能吸引人，而且她是瘦瘦的、脖子长长的、大脑袋，我就太满意了！但她是女孩，我又有点拿不准，我怕水华一听女孩不行啊。我拿到她的照片，我就跟于蓝说，于蓝也看了她，也觉得好。后来我说，是女孩，怎么办呢？一说女孩，水华他又该摇头了吧？水华同志那个时候在医院里生病呢，每天有低烧，没

---

① 意思是说在《烈火中永生》中扮演叛徒甫志高的演员稽启明，是口述人的老战友。下同。
② 指的是1954年苏联专家列斯里在中央戏剧学院主持的导演训练班。

有出院呢。于蓝就给我出主意说，咱们给她做个头套。叫王希钟——化妆师——给她做头套，咱们给她拍个照，好不好？我说好啊。我们就把方舒[1]给找来了，王希钟给做的头套，拍了两张照片。我觉得形象很好，我们两个人兴冲冲地就上了医院，去给水华同志看了。水华那个人，真是慢慢地看，闭着眼睛想，看了一眼，觉得有那个意思了。等他点了头以后，我们才告诉他，是女孩。就这么一个故事。

陈：水华导演后来也没说话，女孩就女孩？

赵：他后来出医院了，我们把方舒就找到剧组来，给他看了。他就认可了。后来拍监狱戏的时候，方舒小嘛，她也不懂，怕生。因为我第一个认识她，她就跟我熟，后来水华跟她玩。那几场戏，都是那样拍出来的，她真的演得挺好的！她就那么自然地出来了，就跟她说戏，放蝴蝶啊，我是老监狱犯啊，教一句，说一句，通过她的嘴巴，就那么动人。所以演员的电影形象，极为重要。

陈：其他演员呢？还有故事没有？

赵：赵丹呢，有一点故事，有一点误会他了。就是我们都到渣滓洞去参观，让我们有一种感性认识，是吧？开始让赵丹去的时候，他还有点不大愿意去。有误会呢，就是因为他不太积极到渣滓洞去，我们就觉得他好像是要大牌似的——你是大演员，你就有经验了？心里头有点（想法），但是没说，晓得吧？后来他还是去了。他的思想呢，我们当时没有领会，就是人家是从监狱出来，坐过监狱，人家不愿意去接触监狱，怕那种刺激。所以我就说，对他有个误会。他拍戏倒蛮好的，挺上心的，人家对自己的形象要负责任嘛，对自己的创作那是一丝不苟的嘛。

陈：在《烈火中永生》中，赵丹的表演有点舞台痕迹，有那种感觉吗？

赵：好像没有人给他提过。他跟于蓝的戏，都是很明朗的；他跟项坤的戏，舌战，是吧？要谈具体的，也是水华跟他悄悄咬咬耳朵。我们对他这方面没用更多的意见，因为他表演就是这样子的，也认可他念台词就是这样子的，他的国语也不是太好的，他不是 zi、ci 不分嘛。只要他情绪对头就行了，我觉得他演许云峰还可以。你说的可能是跟徐鹏飞对话，但是他的情绪在那个地方，也还是可以吧。也没有觉得他（表演过火）。

陈：摄制组还有哪些事？

赵：我记得，拍内景的时候，于蓝饰演的江姐跟双枪老太婆见面，不是彼此都抑制着自己（的痛苦）嘛，有一场戏她要流泪的，等了她两个钟

---

① 方舒在影片《烈火中永生》中饰演小萝卜头。

头，于蓝情绪一时出不来。等于蓝，大家都安静地等着，好久好久。大家都很谅解的，要保护演员的情绪嘛，那时是1964年吧，摄制组里还有青年监督岗组织。比方我今天计划完成十个镜头，到了四五点钟你才拍了五六个镜头，那青年监督马上就来一篇大字报，敦促导演快马加鞭。

这中间，有一次我跟水华有一个矛盾。是拍徐鹏飞（项堃）跟许云峰（赵丹）的戏，慢得不得了，因为他们两个人的戏，我们也没有什么事情可做，就是两个主要的演员，导演跟他们谈戏就行了，我们副导演就不用在那里掺和了，是吧？觉得进展慢得不得了，我就给他写了一张大字报，现在也不记得具体内容了，反正就说他慢。水华看到了，气得要命，他不让我去贴。说你这个小鬼，你干吗这样子？！有什么意见，你提好了，你贴什么大字报啊！？我就没贴出来，他不让我贴。

在中央电视台《流金岁月》中谈《烈火中永生》

陈：您写他的大字报，还请他过目？

赵：我不知道他怎么看见的。在小关拍内景，我就有这么一个印象。我对他是很尊敬的，就那一次没怎么尊敬他，我觉得我要站在青年监督岗这一边。

“假整风”后去曲沃杨谈大队

陈： 1964年，文艺界开始整风了，后来叫“假整风”，您还记得吗？

赵： 我记得，“假整风”的时候，我就做过一桩事情，我去发过一个言。这个发言呢，也是上面提供给我的材料，我后来觉得很荒唐，就是批判谢添。谢添在中电三厂啊，得到过蒋介石的什么嘉奖令还是奖状，有那么一个东西，还给我看过。（上面）告诉我，要批判他，材料给我看，看完了以后准备一个发言，我还在组里头念给大家听了一下，说挺好。完了就在小关的摄影棚批判谢添，我就抛了这么一个材料，振振有词地发了言，以后也就没有什么印象了。我就记得我做过这么一个事儿，后来我想想，总觉得，对谢添同志很抱歉！

陈： 让您批判谢添，您当时有心里有压力吗？

赵： 我没有压力，因为他是中电三厂的，我又不是中电三厂的。内心就是，我以前可不知道他有这么多的事儿啊！在抗日战争以后的中电三厂，国民党时代，那我们就更不知道了。对了，可能他是一集体的人，叫我批判他，我还是有一点负担的，因为我跟他熟嘛。好像我去批判他，有点别扭，可是给你的任务，我又得去批判他，就是硬着头皮去批判嘛。

陈： 您去曲沃是干吗？是不是“四清”？

赵： 不是“四清”。就是同吃同住同劳动，我们《烈火中永生》拍完了，领导上就叫我们去下乡。跟这个“假整风”有关系，“假整风”告一段落，有一批人要下乡去劳动嘛，思想改造嘛。一批人呢，可以再去工作。这么一个大前提底下，叫我们去下乡的，是厂里决定我们去的。第三次（全国）人代会上，（山西）曲沃县的杨谈大队队长，叫王德合，[①] 他在会上作了一个报告，就是丘陵旱地的高产丰收的报告。周总理觉得这报告非常好，丘陵旱地能够丰收，很好的。还有一个就是（新绛县）南柳（大队的）周明山，[②] 也是全国劳模，他在那个会上作汇报，也是属于这一方面的。他们都属于山西，晋西南那边，周总理非常重视这两个地方，厂里就

---

① 王德合是山西省曲沃县杨谈村第一个合作社社长，中共杨谈大队党支部书记，全国劳动模范。

② 周明山是山西省新绛县，中共南柳大队党支部书记，全国劳动模范。

决定派两个组到那里去，深入生活。于蓝带队到南柳，我带队到杨谈。

陈： 您带队，是带第一集体，还是整个北影厂组织的一个队？

赵： 不是一集体，是整个北影厂。你看，我那个队里头女同志有董国瑛，有白如锦——她现在还在，叫她谈谈，可以谈得更丰富些——有李宝蓝。男的呢，有梅熹，王彬——就是制片主任，还有王大录，反正有这些人吧。还有谁啊？差不多，我带了七八个人吧。后来又来了，张尔瓒啊，又带了袁思达。他们去了没几个月，我们去的时间长。主要就是去劳动，去改造思想，去体验农民怎么样生活的，我们没有工作任务。

陈： 这七个月，您比较深的记忆是什么？

赵： 这个地方的印象可深了。那个时候不是用粮票的嘛，我们就交粮票，吃派饭，派在谁家就在谁家里吃。我们女的，老乡最喜欢我们了，我们吃得少，小伙子吃的多得要命，一斤粮票根本都不够他们吃的。好在杨谈大队粮食还好一点，是派饭的，今天你在这家吃，明天你在那家吃。

陈： 卫生条件呢？习惯吗？

赵： 卫生条件？不习惯也得习惯，不习惯就咬着牙习惯。

陈： 洗澡水呢？

赵： 哪有什么洗澡水啊？连我到后来到陕北拍戏都没洗澡水。一说我们用水，用水是井里头打水上来的，用轱辘，好深好深，队长都不让我们女同志去打。我们都是好胜啊，后来学的，也能够打上来了，好像万丈深

与杨谈大队的姑娘们合影

渊似的，轱辘下去以后，再摇上来。没有洗澡一说。烧水是用煤吧，有煤。新儿——我们的民兵队长——女孩，她叫李新爱，村里人都叫她新儿，昵称吧，我们也就喊她新儿。因为她是孤儿，她的父母怎么去世的，她都搞不清楚了。她是烈士子弟，队里分给她一个小院落，她一个人住嘛，我们女同志派在她那里挺合适嘛。男同志是在另外一个院落里。

我对杨谈大队特别有感情。我后来到科影厂了——已经“文化大革命”中间了——我到大寨去采访回来，我就特地转弯到了杨谈大队。那时候完全不一样了，我认识的小姑娘们，全都变成是蓬头垢面的妇女。我的那个队长——我们住在生产二队——叫王德海，是王德合的弟弟，这个人真有本事，我那次没有找到他，他家里我去了，他们说他到内蒙古去不晓得做生意是干吗去了，找活去了。我们去杨谈大队生活，感到那里真是先进，我在那里受很多的教育。

陈：比如说呢？

赵：我可以给你讲很多的故事。你想，王德合是全国劳动模范嘛，他有肺病，我们去的时候，是六月份，正好是割麦子的时候。我们一去，生产队就分配我们割麦子。我从来没有割过麦子，生产队长王德海就给我们镰刀，让我们跟着去割麦子。怎么学割的？我们割得慢嘛，队长也不要你速度，你去割就行了。那天我记得，我们跟妇女们一块在那里割麦子，割完回来以后，在回家的路上，天已经黑了，有一个妇女说：“听，哪还有声音呢？”听见还有人在那里割，那是要争上游的呀，多快好省争上游啊！就是人家赶先进啊，我们不是已经下工了嘛，但是地里头还有人在割呢。

我就觉得这里的农民吧，她先进思想嘛。不是去叫我们思想改造吗？我们处处都要对照自己的小资产阶级思想来改造，他们是我们改造的标本，毛主席延安文艺座谈会也讲了嘛，农民你别看他有泥巴的，他们特干净，是吧？我们就是要发现农民的闪光点嘛，用他们的闪光来照亮我们嘛。我们的任务是改造啊。

陈：您刚才说有好几个先进事迹，具体是指什么？

赵：顺序就不管它了。就是这几个事，你比方说割麦子的时候，一天早上起来，天不亮就要去麦场割，完了以后呢，到中午还在那里工作，是吧？王德合也在那里干活，他的眼睛真是熬着血丝一样的，他是高高大大的，瘦瘦的。中午我们回家来吃饭嘛，我就问王德合，我说德合同志啊，你歇晌午吗？他回答我说：“歇晌？我不知道歇晌是什么意思，我们从来没有歇晌过！”我说就是休息，中午休息，他说他从来没有。给我的又是一个震撼。我就觉得，你看，人家那么辛苦，他不知道睡午觉是什么意思，他从来没有休息过，没有歇晌过。

陈：这有误会吧？他可能没有睡过午觉，不可能没有歇过晌吧？

赵：歇晌，就是睡午觉，他在中间要歇晌嘛。中间呢，慢慢长了呢，他是这样的，他是像上班一样的，早上七点钟上工，到了十点钟的时候，在地头读报。妇女们就纳鞋底，喂奶的孩子也带在地头；还有就是吃东西，他们粮食多啊，我们城里有定量的，他们那里，家家都有粮食。

陈：那时候粮食不成问题？你们到哪家吃饭都不会是负担？

赵：我们要交粮票的呀，人家喜欢我们，我们吃得少啊。男同志吃得多，但人家没说不喜欢。

陈：你们七八个人是在一起吃吗？

赵：不。全都分开。人家一家人家，哪能管你八个人啊？只能管你一两个人。

陈：您还有当地农民的先进事迹要说吗？

赵：先进的事情多的着呢，真的好多好多。

陈：您是带着一种向他们学习的心态去？

赵：对。

陈：您对农村不好的印象是什么？

赵：我在杨谈大队，我的印象都是好的。真的，我还是怀念他们。要不然我怎么会在"文化大革命"时还专门去看他们呢？我专门去看他们，我自觉自愿地去看他们的，他们这家拉，那家拉，拉我去家里。

再一个最大的印象是什么呢？毛主席《组织起来》这篇文章，《毛选》里头也有的，组织起来就是有力量嘛。每年这一篇文章发表的日子，[①] 就是他们的大庆的日子，他们就是按照毛主席的教导，组织起来，才有了杨谈的今天。这是大庆，要唱大戏，要组织大家去玩去，放三天假。我们还给他们排了戏，他们要唱戏，他们女孩子会唱会跳的很多。这一天就像是杨谈大队的生日，王德合把村子里的大娘大爷——爷爷奶奶辈的，平常不大能够出村子的人——把他们统统都组织起来，叫他们上车——大队有三辆大卡车——接大娘大爷到县里头去周游一圈，玩。[②]

老太太、老头是这样子的（进城）。我们呢？虽然也不算小姑娘吧，我们还愿意跟年轻妇女在一块活动，年轻妇女又唱啊、跳啊，我们就给她们排戏啊、弄节目啊、唱啊，我们还帮她们搭了台子。那时候张尔瓒他们

---

①《组织起来》发表于 1943 年 11 月 29 日，是毛泽东在陕甘宁边区劳动模范招待会上的讲话。

② 这一小段的语序有所调整。

都来了，我们还给他们排戏，编一个民兵怎么保护自己家乡的故事，台上有枪声，有月光、有星星什么的，我们都弄出来了，跟他们一块玩嘛。他们还写文章，不像后来"文化大革命"诗歌什么的，个个都写文章，挂在队部里头，杨谈大队第二队里头。

村民的生活各个方面确实是好了，住得也很好，穿得也很好。又有一件事，听到内蒙古有灾，要求捐献寒衣，人家好到什么地步？人家是把新棉袄拿出来捐去，自己穿旧棉袄。人家把打下来的新粮食上交，旧粮食自己吃，这多先进啊！这先进思想，都是教育我的，我觉得他们先进，他们真的是这样的先进。他们对我们也好得不得了，天还没有冷呢，人家大娘就来看你的脚，说"我给你们做棉鞋"，真的，对我们特别好，我觉得特别温暖。我没觉得苦，有什么苦？我真的说不出来，我对生活上面好像不在乎的，怎么苦都能过。

陈：后人可能要问：为什么要改造呢？

赵：我们是小资产阶级出身嘛，我们要有工农兵一样的感情啊。我们跟人家感情不一样啊，这不是思想感情有问题嘛，没有跟工农兵一条心！我老在检查自己这个问题，到现在我觉得也没改造好啊。

我在杨谈大队，确实觉得他们这些人真是先进。有一个细节，"四清"的时候，给我震动很大的是什么事呢？就是八月十五，要是我在家里的话，都要吃月饼，是吧？有一些老乡呢，就做了一些个饼，给我吃，看着好看，黄澄澄的，但是一吃上去，真叫难吃！有霉味。但是呢，老乡已经觉得这是上等品了。我吃到嘴巴里，觉得难吃，又觉得老乡太难了，太不得了，太高大了，这真是我当时的思想——他们把好粮食拿给国家了，自己吃这个发霉的粮食啊，这不高大吗？我还把这一段告诉我的孩子，写信告诉他们，人家是怎么艰难的。我经常给他们进行这方面的教育。

总而言之，杨谈大队给我非常好的印象。杨谈大队七个月，回来后，我们又到邢台"四清"去了。

“四清”遭遇邢台地震

陈：“四清”[1] 是不是到河北省的邢台？

赵：我们是 1965 年 6 月到杨谈，到过年的时候我们回来。过完年，我们又去农村。转“四清”了，就不是到杨谈了，我们到邢台，我分在路家庄。2 月底左右去的，因为 3 月 8 号是地震，我们在邢台。

邢台“四清”是这样的组合，不是我们管一个队，是我们跟地方上的工作组在一起，他当正，我们当副。[2] 我没当什么头，我组里有梅丽，谢添。我们就下去了，就了解村里“四清”的情况，农村干部，你知道那种作风，都是比较大大咧咧，自以为是革命派的那样，反正我也看不惯。

陈：您看不惯“四清”工作队干部，还是被“四清”对象？

赵：还没有开始整呢，是“四清”干部，“四清”干部就是革命者自居，一天到晚领导我们，老是批评我右倾。

陈：您右倾？您在曲沃的表现可不右倾啊？

赵：在这里，我右倾。我右倾的例子很多的，我讲给你听。到曲沃，我们是改造思想的，不是去改造别人的，是改造自己。到邢台是“四清”，清经济、清政治，清政治就清阶级队伍了。我跟农民能够打成一片，我跟他们下地的时候，有好几个地方很刺激我的。

陈：比如说？

赵：我跟他们一块清经济，就是割资本主义的尾巴，哪儿有自留地，哪儿有什么，都得报上来，不准农民种。我接受不了这思想，为什么呢？农民在自己地的边边沟沟，或者是自己房前房后开一点地，靠自己的劳动开的地，你也要把它弄掉，说这是资本主义的尾巴，这是要割掉的，我真的从思想上接受不了。一个男同志，有 30 多岁了，长得也不错，1944 年的时候在太行山下，他是农民支前模范。现在当农民嘛，农民也没有革命工龄。我说感动我的，给我考住的，就是那个男同志，他就说：“老赵，你说我们种地，我们自己开发一点东西，自己勤劳来改善自己的生活，有

---

① “四清”：是中共中央发动的一次社会主义教育运动，四清是指“清政治、清经济、清思想、清组织”，运动时间 1963 年至 1965 年 5 月，主要针对全国大部分农村和小部分城市工矿企业和学校。一开始在农村，“四清”主要是指“清账目、清工分、清仓库、清财物”等。

② 意思是，在“四清”工作组里，当地干部当组长，北影下去的干部当副组长。

什么不好？当然了，你们不愁吃不愁穿，你们吃国家的公粮，你们到时候就拿薪金，你们不用去愁这个问题，你说（我们该）怎么办？”我答不出。我就觉得，这不就是一个很大的一个反差？那思想上就有抵触，但我也没说，也不能说我不赞成，我也没有那个勇气。但是我思想上是右倾的，在这个问题上，不是积极表态的。

陈：这是一个例子，还有例子吗？

赵：就是同情他们，这些——有的人家会缝纫，弄一点缝纫的东西，也不行！我觉得特别的接受不了。感情上我对他们挺好的，老乡对我们好着呢。

我记得我们“四清”工作队，也是住在一个大炕上，我、梅丽，还有地方“四清”队的一个女孩子。（1966 年）3 月 8 号地震时，天还没亮呢，老房顶上突然哗啦啦地滚动——什么呀？我以为是猫。后来门外传来呼叫：“地震了！”赶紧爬起来。地震，我们不在中心区，邢台（地震）的中心区在隆尧，村子跟村子不是太远，我们这儿有震动。上级就传达指示下来，第一个工作就是动员老乡离开自己的家。你知道那个家——你去过农村吗？你去过山沟吗？那个房子，是没有规则的，一个山洞洞里，不是土的，它是石头，挖一个空间，搭几间房，东一个，西一个，就那样，散得很，走一家蛮远的，就是动员他们下山。住到哪儿呢？住到河滩上，那条河已经干涸了，都是石头，县里头就给我们发席子，篾席，搭一个棚。我跟梅丽睡在河滩上 3 个月，就在（席棚）里头。

陈：“四清”后来就变救灾了？

赵：地震来了，就是要把农民的生活安排好，先让人离开。因为还在震，在河滩上不就震不了吗？大部分人下来了，我们就在河滩上，那个时候的重点，就是在那里安置生活，也没有什么学习。

陈：然后呢？“四清”工作呢？

赵：“四清”工作，我怎么就想不起来多少工作了。开始的时候，就是自留地。阶级队伍、人怎么样？我还没接触到。我接触到的，都是 1942、1943 年支援抗日战争的，运输粮食的农民，我觉得人家有贡献，但是人家什么也没有得到。我们那个时候还没说离休不离休，反正我们是有（生活保障）的，他们不会有。

陈：您从曲沃回家，过个年又去邢台，想孩子吗？最小的孩子才六七岁？

赵：（最小的）才四五岁吧，他“文化大革命”时还在幼儿园呢，还没上小学呢。我 3 个孩子，（最小的孩子是）1959 年 12 月生的，等于是 1960 年了，1960 年到 1966 年，是 5 岁半，反正他还在幼儿园。

陈：在邢台，衣食住行方面有什么特别的记忆吗？

赵：没有，没有什么特别的。我老鼓励梅丽，她没有我锻炼得多，她大概是解放以后才参加革命嘛，是上海人，这个人挺好的。为什么她去？要是查账的话，她内行，她是会计。我老表扬她，我说梅丽你真不简单！住在河滩上，人家一点怨言也没有。

陈：为什么她没有怨言，就要表扬呢？

赵：她大概是资产阶级小姐出身，我觉得她自我改造的要求很强，觉得她挺好的，我老表扬她。

陈：在邢台还有哪些记忆？

赵： 邢台没有什么大的事情，就是（评选）学习毛主席著作积极分子。我们也没有去开会议。在杨谈还开过好几等干部会。[①] 因为我跟于蓝在一个地方，去开会，开会实际上就是改善生活，那吃得好。县里有这个供应、那个供应，到那儿就去改善生活去了。

陈：在邢台，学习毛主席著作，您是真学吗？

赵：学的。学毛主席著作，就是结合你的工作来学，不像"文化大革命"那样，叫死记硬背，完全是你自己（学）。我自己，就是看一看《为人民服务》《改造我们的学习》这些文章，当年真学了。

陈：每天都要看？

赵：不每天，就是你抽空的时候，碰到什么问题，就着毛主席著作，你去对照一下。那个时候老叫你对照，基本上都是找差距，看你结合得好不好，体会得深不深。

---

① 好几等干部会，是指县里召开的"三级干部会"，即公社、大队、生产小队三级干部会。

孩子们的遭遇

陈： 您的小孩子上幼儿园，老大爷的三轮车都不带他？

赵： 老大爷三轮车是接好多孩子的，这一片里头的孩子。等到“文化大革命”来了以后呢，“牛鬼蛇神”的“狗崽子”，老大爷也不拉他了，幼儿园也去不了。

陈： 您说贴大字报贴到孩子学校门口，是怎么回事？

赵： 孩子学校的门口，那是后来嘛。后来他上了小学了，他上学就在我们前面大七条，是板桥头条斜对面。大字报就贴在通往学校门的墙上，大字报就这么贴着，连我都觉得抬不起头来。小孩当然更觉得抬不起头来了嘛，他有压抑。

有一孩子得了猩红热，不能上学了，家里又没有人管他，我天天从干校回来。什么时候回来？我下了工，晚上了，我坐最后的车回来。我一个人不敢骑那么远，扒公共汽车到永定门，再坐公共汽车回家管他。第二天早上天不亮，又从家里走。那是冬天，下着雪，从汽车站下来，到黄村还有好几里地呢。我就下着雪这么样走，内心读的是“下定决心，不怕困难”[①]！就是这么样的走。有的时候，好强也是没有必要的，你请假，组织也不会不批，我就不愿意请假。

陈： 为什么不请假照顾孩子呢？

赵： 不愿意示弱。我就是这样子回去，他们还没起床呢，我已经到了。等于我没请假，这样的。

陈： 1968 年知青下乡，您家老大、老二都下乡吗？

赵： 老大、老二都下乡，差不多的时间，都是老三届，老大是高中，老二是初中。

陈： 朱晓明下放到哪儿？

赵： 陕北延长，我女儿是在延安，都在陕北，都是学校规定的地方。

陈： 朱晓明是哪个学校的？

赵： 男四中。

---

① 此处表述有误，这是一段毛泽东语录，即“下定决心，不怕牺牲，排除万难，去争取胜利！”

陈：那朱加加呢？

赵：朱加加是女十中，就是新街口的那个女十中，她下的是延安县冯庄坨连沟生产队。

陈：除了准备东西，还送到车站吗？

赵：我送到车站。车站可轰轰烈烈呢，没有哭成一片。朱加加我送了没有，我都不记得了。送朱晓明，我是非常记得的，他们男四中的学生还蛮革命，都是带着毛主席像，捧在身上，革命去了。他们带的东西，除了日常用品以外，他们带的是钢板、蜡纸、剃头刀这些东西，没有带别的东西，这样去的。他们是满腔热血，是奔赴战场那种心情，没有哭的。

陈：所以您送他，也没有哭？

赵：我送他也没有哭。他还不要我送的，人家都是（自己）到那里去的。

陈：送儿女插队，没什么特别的故事？

赵：没有，我觉得去插队，我没有觉得有多大恐怖。他们两个人表现也不太一样，朱晓明呢，男孩，他是蛮革命的。朱加加去的时候，她们并没有做充分的思想准备，到那儿才接触了苦难，好像有一点受骗的感觉。朱晓明不是这样的感觉，他比她大嘛，他也比她成熟一点。两个人不一样。朱晓明插队四年半才回来过一次，朱加加呢，每次都回来。

陈：您是说每年都回来？

赵：每年都回来。回来一次，回去就得闹三个月情绪。有一段呢，是我们的问题，父母的问题都没有解决，她闹情绪更大。那时候——是一年以后，招工了，一会儿又参军了，一会儿什么了，没他们的份。所以她就说，干吗我们的问题要她来承担？干吗历史的问题要她来承担？想不通。他们两个人在乡下，都很有故事。我的女儿是在乡下受了重伤。她是推双轮木头车，她跟社员两个人抢这个车推，掉下山崖，摔下来以后，车又压下来了。所以呢，她当场就不行了，就送到公社医院，公社医院很蹩脚的，看不出什么来，说没什么问题。他们到延安的学生呢，有干部管的，就是北京派的人去管他们，一个点有一个干部。干部不放心，就让她到延安去看，村子里到延安还有一大段路，要坐毛驴车，毛驴拉的板车，在路上截到一个卡车，就弄上去。她到延安呢，一看就是骨折了，胫骨跟腓骨粉碎性骨折，就给她留下来打了石膏。打了石膏以后呢，又坐小驴车回来，回来以后呢，不能下地了，生活都不能自理，干部就派同学轮流照顾她，在炕上一个月。那时候朱晓明不是在延长嘛，我让他去看他的妹妹，他都不去。

陈：为什么不去呢？

赵： 他积极。他说你放心好了，延安也有医生。过了一个月，她的石膏已经拆下来了，我让她到北京来休养。朱晓明就那次回来了一次，带着她回来。我女儿那时候双拐，在西安电影制片厂，丁惟敏是我的好朋友，[①] 在她家待了一下，又给她护送过来，在家里养病。一回来，我就把片子给我们的王大夫看 [②] ——王大夫现在住在我们楼下——王大夫说骨头没有长好。他说为什么没长好呢？因为接是接了，打了石膏了，可是错位了。我又带她到积水潭（医院）去看，积水潭的医生倒蛮好的，说没关系，她年轻，不会有太大的影响，会长好的。以后她也就没事了。那么就在家里养病，双拐。

朱加加摔伤腿回来以后，我还真是到知青办去了好几趟呢，就是要求把这个孩子调回来，不是已经残疾了嘛。知青办的人才逗呢，说："不行，我这娃娃好好的，跑到那儿去，在他们那儿受的伤，他们管！"两边都不管。就这么一个情况。没调回来。还是北京去的干部，给我递的话，就说现在要招生考试，让她现在复习功课去考试，后来她才考上来的。

陈： 考大学是 1973 年，还是 1978 年？

赵： 不是 1978 年，是 1973 年考上来的，要不然的话，她上不来了。

---

① 丁惟敏（1921—），生于山东省济南市，1949 年 11 月入上海电影制片厂，1955 年调到北京电影制片厂，1958 年调到西安电影制片厂，在《扑不灭的火焰》《祝福》《第十个弹孔》《默默的小理河》《老井》《大红灯笼高高挂》等 16 部电影中出演角色。

② 我们的王大夫，指的是北京电影制片厂医务室的王大夫。

在黄村干校

陈：1970 年 1 月，下放到黄村干校，[1]劳动什么的，您习惯吗？

赵：劳动有什么可怕的？我也没什么习惯不习惯，插秧没插过，人家曲沃是割麦子。我们都是插秧，黄村你去过吗？这边公路，我们这个地就在公路旁边。（干校军宣队）给我们讲话，就是我们要干得好，这是个门面田，人家走过来都看的。原来是劳教农场，拨给我们了。我们去的时候，集体宿舍，对我来讲没有什么问题，大铺板，大家一块睡着。

陈：您下黄村的时候，朱今明老师在哪？

赵：他也下放。也在黄村，他是二连，我们是四连，是按照原来的单位分的。

陈：您和他能常常见面吗？

赵：不见面。也可能劳动时远远看过一眼，不见面，不讲话，不来往。

陈：也不递个小条子，劳动之余，约个会什么的？

赵：没有！没有！最不希望人家来注意我们了。还约个会呢！（我们）没那个浪漫劲。没有。就是安静最好，谁也不要干扰谁，少找麻烦。从来他没有找过我，我也从来没有找过他。我们还挺合拍的。

① 黄村干校，在北京郊区大兴县黄村原劳教农场，离北京城区不算太远。

被分到科教电影厂

陈：1973年3月，黄村干校人员陆续回厂，您当时为什么没有回到北影厂，去了科影厂？

赵：我是被动的。我怎么能知道为什么？

陈：宣布您到科影厂，您当时的心理反应是什么？

赵：我一点都不接受。我特别惊愕！一下调到科影厂，我从来没认可这个。是个别谈话时告诉我的，是谁告诉我，现在忘了。我记得我找了丁峤，找了汪洋，找了周啸邦，反正干校里头我能够谈的人吧，我都去问他们，我怎么办？要我做决定，有的人就说（应该）去，有的人说不去。

陈：您自己的决策过程是什么？

赵：决策过程？就是没有得出一个明确的结论来。不去，你就在干校。（去呢）比上不足比下有余，我出去了，不比干校要好点嘛？！人的思想患得患失，就这么样。

陈：最后还是答应去？

赵：还是答应去了。我总觉得好像牵线似的，又把我牵到那去了。不是我自觉自愿要去的，我又没有那种勇气说我坚决不去。（如果不去的话）以后日子是什么样？不知道。我从来就没想过会去那里。

陈：您去科影去报到，当时科影是什么情况？

赵：科影就在（新街口）32号，离我们家很近。去跟谁报到的，我也不记得了。何文今已经回来了，当厂长了，挺简单的，好像没那么复杂，就报到了。就告诉我在哪个办公室。

陈：您到科影多长时间接到拍摄《计划生育》任务？

赵：好像很快。因为去的时候，他们在搞地震的科教片，张清是艺术指导，她挺有水平的。曹秀如好像是直接的编导，我去了以后，就叫我去扫扫尾，是《地震》的尾巴，去弄两个镜头，到石家庄什么科研所去拍一个分析矿石的镜头，地貌、地壳的变化，就那么一点点。因为曹秀如大肚子，不能去，我去了石家庄，完事就回来了。整个的合成也不是我弄的，后来就派我接《计划生育》了。

陈：您从来没在科影干过，怎么会派您独立编导一部片子呢？

赵：还有司徒新蕾跟我一块的，两个人联合的。但是好像我做得比较多，提纲是我写的，我跟她一块研究，跟她一块讨论吧，还挺顺的，不太麻烦。这个过程当中，没有什么特别的故事，就是那时候厂里要得很紧，也是上面交下来的任务，要配合国策。又学文件，又采访，弄出来，他们通过了，就去拍。要得很快。我还有点顾虑，到底用演员，还是用什么？后来没有用演员，用当地的农民，拍出来以后，厂里还认可。

陈： 拍科教片的工作程序是什么？

赵： 先给你一个题材，比方说计划生育，这个主题给你了，那么你就要去问：计划生育，北京市是谁管的？单位在哪里？你先找人家去，把这意图讲给人家听了以后，人家就把政策、现在执行计划生育的状况、现在碰到的问题、工作重点在什么地方（告诉你），让你看材料。你的目的不就是要宣传计划生育嘛？计划生育怎么好，不计划生育怎么不好法，尤其是妇女等等，你了解了以后呢，那你就写一个提纲，你怎么表现这个？几个步骤？第一个步骤反映什么？第二个步骤反映什么？第三个步骤、第四个步骤，达到一个目的，就是计划生育好。计划生育对孩子好、对家庭好、对国家好，是国策。这个你要去采访了，他们的俗语是去找人家对号入座去，找到你，你给我讲一通；找到他，他给我讲一通。然后你就根据电影的需要，两本片子，你分几个章节给它表现出来。这个提纲弄下来，就交给编辑部审稿，审核完了以后，觉得可以了——或者给你提提意见——可以了，那你就可以组织摄制组了，也就是给你一个摄影。

1975年，在科影担任科教片编导

陈：摄制组一般有几个人？

赵：三两个人。编导是合一的，就我跟司徒新蕾，我们两个人，配备摄影，摄影有的时候一个，有的时候两个；配备助手，再一个制片，没有别的。我觉得还好是什么呢，我们到（河北）乐亭，那地方真好。人家是计划生育的典范，我说的好，是当时的感觉真好，村子里头干干净净的，每家人家一早上都锁着门，孩子都是到托儿所去，家里人都是下地去了。一家人家最多只有两个孩子，这样就身心愉快，我觉得很好的。县里头的卫生局长，一个正、一个副，从头陪到我们拍完，把他们累的。生产大队真好，跟我们配合。我们是管拍，组织工作都得人家做，都得人家操心，就等于当副导演一样的。副导演辛苦得很，大大小小的事都得安排，到哪一家，要用哪些人，要用什么器具，他都得安排。我们还请了一个顾问，北京妇产科医院的主任医师，叫龚学华，有经验，我们跟她生活了几个月，非常好，结下了很好的友谊。

陈：您跟司徒新蕾合作，有分工吗？

赵：好像没什么分工。她是科影厂的人。我们两个人，好像是以我为主，我弄剧本，我记得到乐亭还改剧本呢。我们集体住在一个大房子里头，后来给招待所要了一个小房间，叫我去改剧本去，司徒新蕾跟我配合蛮好的。我们没有矛盾。

陈：跟制片的关系呢？

赵：好像没有制片。好像是司徒新蕾干（制片）这些事。她挺好的，干活也挺麻利的。

陈：您是摄制组组长，还是党小组组长？

赵：就是这个片子的负责人，自然就形成了。我觉得那次还挺愉快的，我第一部片在那里，那个工作给我的感觉，还不是太为难我。

陈：下一部戏，《胰岛素》呢？难吗？

赵：《胰岛素》就难极了。高分子化学，我根本都不懂，我没学过。

陈：如果不懂，怎么敢接受这个任务呢？

赵：我不知道，领导给我派的任务。还有曹秀如，是（联合）编导，她比我懂得多，她跟我一块到上海去采访的，就叫我们两个人去的。她独立编导已经很多次了，《地震》不也是她的嘛。我不知道为什么给我编到那儿去的，我也不敢多问，我也不知道。反正我知道我自己，我说我干不了，我不懂，没法接。

陈：然后呢？

赵：到上海去采访，采访以后强调了这个。后来钱筱璋又来当厂长了，我是在党小组会里头谈思想，我说我有困难，我说深入浅出，你自己懂了你才能深入进去，才能把最简单、能够让人家明白的东西拿出来。专家说，如果不懂这行的人来拍科教片，你给内行的人看，人家不满意；你给外行的人看，人家看不懂。因为它都是用图表来示意，挺难的。

陈：要做好科教片，确实非常难——结果呢？

赵：结果好像我胜利了吧，派我别的任务了。

陈：《胰岛素》这个组，您没坚持到底？

赵：我没坚持到底。我实在是干不了。我要干得了的话，我一定克服困难。我实在是干不了，高分子化学我怎么懂？我怎么去弄？专家一跟你谈话，十句里头八句英语。曹秀如也不懂，但她是大学毕业生，她学的大概是这方面的东西，比我要强得多。我就只好坦白，我不懂，我学不了，我进不去。

陈：离开《胰岛素》组，您去了哪个组？

赵：又接一个主题，叫《植物园》。我跟那个摄影师还一块到云南，弄了一个提纲出来，我自己觉得蛮好的。那个时候石梅做总编，[①]她就说，这个要好胶片才能拍得出来，那时候伊斯曼片子[②]多难！代代红[③]可能就反映不出植物（的色彩和质感）。后来就说，还是搁一搁，对这个主题也没有反感，也还觉得不错，都是他们给拿下来的。后来我们就没拍成，我们去西双版纳采访，写出拍摄提纲，没有成立摄制组，就是一个插曲了——后来可能是《小水轮发电机》，还有《爆炸成型》。在科影厂，不会让你闲着，这个主题完了以后，马上就派你到另外一个主题去。你再去摸底，摸了以后，好就上，不好就换题，换来换去。

陈：换《小水轮发电机》，是一个什么情况？

赵：《小水轮发电机》，没有太大的矛盾，也没有太大的困难。反正做这些事情吧，对于我来讲，是枯燥的，是硬着头皮，不懂得要去装懂。就是硬着头皮去弄。《小水轮发电机》呢，比《胰岛素》要容易得多了，它起码是个机器，它还有水进来，水出来。《小水轮发电机》，反正还行。已经叫我到这个地方来了，我就硬着头皮去硬碰吧，就是死记硬背吧。就这么样做，没有什么太大的困难。在蓟县拍的农村水电，了解机器搁在什么地方，找水的落差，多少瓦，有什么好处，小水轮机的优越性，怎么能够在山村小岗上起作用，为劳动人民服务。

---

① 此处表述有误，石梅是北京科教电影厂的主编，不是总编辑。

②“伊斯曼”彩色胶片，以其发明人——美国发明家，柯达公司创办人伊斯曼命名。

③ 国产“代代红”胶片，为化学工业部第一胶片长生产，是国内最早的彩色胶片品牌。

陈： 这也是和曹秀如一起拍的？

赵： 不，这是我一个人的。摄影是一个女同志，她叫曹秀玲，她也是电影学院摄影系毕业的。

陈： 下面说《爆炸成型》，是一个什么情况？

赵：《爆炸成型》这个任务，也是不懂啊，这都是新的技术嘛。我理念上抓住一点，就是炸药原来都好像是破坏性的，战争里头用的，不懂得炸药还能够在工业上有作用，炸药还能够为这些服务。这是我自己的思想，好像解说词就是用这种开头的，就是：炸药嘛，你听起来挺可怕的，好像跟我们日常生活没有什么关系，但是它有关系，爆炸成型，就是用炸药爆炸的工艺来使不同的金属能够连接在一起，而且还是没有缝的，因为它高温高速。它的工艺，其实那个时候也挺苦的，我不知道现在发展到什么样了，（当时）就是把那个药量都算好，这个药搁在什么地方，它要有一个媒介的东西才能够爆炸，它的借力的就是水，它必须要放到井里头，做一个模子放在水里头，药定量了，定位了，放进去以后，再就是控制，要爆炸什么东西，它要做个模型，你要长的它就是长模型，圆的有圆形，椭圆的就椭圆形，这样子。

我也不懂，反正硬着头皮去学吧，我们都是这样子，去找专家给我们讲嘛，是吧？专家呢，觉得我挺有意思的。有意思在哪里呢？我老问问题，这个问题、那个问题。他说："老赵啊，你这个问题，问得我都答不出来了。"就是说，你还不懂？你问得还多，一会这个怎么回事？这是怎么的呢？我现在也不记得我问了哪些东西了，反正他给我开玩笑。那两个工程师对我们都挺好的，一个是南方人，一个是东北人，都是七机部的。[①] 我就说，在科影厂吧，也见识了不少东西，也是有长进的。很多东西不知道的，没有接触过的，比方拍摄炸药爆炸的过程，它也有蘑菇云，但是很小量，那怎么拍呢？不是拿我们普通机器拍的，高速摄影，高速摄影我以前也没见过，后来就跟科学院联系了高速摄影机，到他们那去拍。好像在颐和园那边，我们去了，很有意思，那个摄影机是扁的、一个弧形的，它只能装一米长的底片，机器拍一次就是一米。这一米对我来讲是不行的，放映机转不了啊，他们告诉我，拿这个去找洗印部门，去给我变格。我就拿这个底片，一个底片，一个里头分四格。

陈： 一格变四格？

---

① 七机部，即中华人民共和国第七机械工业部，主管洲际导弹、航天工业，后改为航天工业部。

赵： 一格变四格。后来我找到张尔瓒同志，[①] 让他帮我，他就叫他们车间同志，他们给我弄的。

陈： 还是回北影厂来寻求帮助？

赵： 我私下里找帮助的，挺好，这样一弄呢，就一格里有四格了嘛，片子就够了嘛。这么一下子，这个镜头就完成了。片子里的空镜头啊、日出啊，日落啊，我私下里跟他们要的。我还特别得意，我说你看，我到北影厂去拿东西，也不要钱，就这么来了。这个我觉得挺得意，因为很新鲜嘛。而且呢，它的作用还特别大，那些工程人员参与这个工作，他知道这个原理，但是并没有看到原理的过程，我们拍了这个片子，看到炸药怎么炸的，蘑菇云怎么起来的，里头起变化，都能看得见，他们很高兴。

陈： 这部片子是一本还是两本？

赵： 两本，科教片都是两本片子。我后来听他们说，社会上对这个不一定有什么兴趣，跟老百姓的距离太太远了。科学院什么的，他们还挺有兴趣的，觉得他们弄了半天，还不知道里头变化是怎么样的呢，（通过高速摄影）能够看到细微的过程，挺好的。我也觉得很好。

陈： 您去大寨，是准备拍什么？

赵： 也是领导说的，不是要抓题材嘛。科影厂拍大寨，原来拍了两个片子，都挺棒的，赵莹编导的。大寨那时候很红嘛，就叫我们去大寨看看，有什么挖头。我们住在什么地方呢？住在大寨的山坡坡上面，是国际旅行社，它有运动室啊、换衣室啊什么的。每天都是人，四面八方的人，络绎不绝的来参观啊。都是打着旗子，带着干粮，这样子来上山，全国学大寨嘛，轰轰烈烈。可是有一个问题我就不能理解了，大寨农民的家里啊，住宅那个地方，不让人家进去。我们这些人呢，我们好像特别要看看他们的生活是怎么样的，他们家里是怎么样的，这才是我们的真正要了解的。不给我们看，就算你打公家的旗子也是进不去的。村民每天都到山里头去种地嘛，我们就悄悄地摸到他们的生活区里头，在窗子外面看一看，倒是都挺好的，非常干净、安静、整洁，家家户户都关着门呢。

我们就自己瞎转了，就这么样的。在那里想弄点题材嘛，也没有弄出什么题材。虽然没有弄成什么东西吧，对我来讲，见识了不少。

陈： 还有一个《长毛兔》，是什么时候拍的？

赵：《长毛兔》是我最后一部了。《长毛兔》是怎么来的？我都不太记得了，反正是编辑部给我这么一个任务，我就去了。

---

① 张尔瓒，北京电影制片厂特技摄影师，担任过北影副厂长、总工程师。

我找的是上海畜牧业进出口公司，到上海去跟他们谈的，这叫协作单位，你必须有协作单位。（编导）也不见得什么都能够懂啊，都得找协作单位，找专家顾问跟你谈。谈好了，你要弄提纲的话，都请他来指导嘛。业务上的东西，技术上的东西，怎么个提法，人家来给你把关，这样的。那个《长毛兔》也是这样过来的。那还没搞剧本呢，正好是山东，离孔夫子那个地方[①]不太远的那个县里头，开一个全国性的养兔会议，就是由这个畜牧业进出口分公司来组织的。我就从北京出发了。

科教片《长毛兔》摄制组合影

那个养兔会议，我有很大的收获。各个方面都来谈，他们怎么发展的？他们怎么养兔的？我知道了一些东西，又看一些材料，我们这提纲都是从各种材料里头扒过来的嘛，组织一下，就变成拍摄提纲，这么样形成的。拍摄提纲呢，首先要认可的不是咱们的编辑部，是协作单位。你不是专业的嘛，首先给你看，你认可了，我就可以拿到厂里去了。因为协作单位都认可了，说明技术上没有问题了，那就是咱们看这个上不上的问题了，一般的都通过了。

陈：《长毛兔》拍的是发展养兔事业吗？

赵：对，发展养兔事业。目的就是要用它的毛来增进收入。过去这个毛没有去重视它，现在就是毛也是宝，就这么一个情况。这个《长毛兔》呢，我拍得还有点兴味，因为它是动物嘛，也不太可怕。我是挺怕动物的，但长毛兔我不怕，它挺温柔的，样子也蛮好看的，也是两本片子。《长毛兔》快要完的时候，我已经要回北影了，已经讲好了，要回来了，就这么个情况。

① 指曲阜。

难忘的1976年

陈：1976 年 1 月 8 号，周总理去世，您还记得哪些？

赵：周总理（去世）是我的小儿子晚上他告诉我们的。他一冲进门来："我告诉你们，周总理去世了！"我们都惊愕了，一下子就停了好几秒钟，然后再安定下来，再了解情况。那第二天才有（正式消息）。

陈：演剧队是什么时候平反的？是周总理去世前就平反了吗？

赵：周总理是 1976 年（去世），我们 1972 年就平反了呀。

陈：当时电影界的人对周总理的感情非常深，是吧？

赵：那是一致的。因为周总理处处都是为老百姓考虑问题，处处为文艺界来考虑问题，文艺界多少问题都是他在那里解决的嘛。包括我们张水华导演，他不是说嘛，[①]水华导演的特点就是水磨工，允许他有这样的特点嘛，他是为出精品、考究的片子嘛。他的话都特别暖人心。

陈：当时您跟朱老师议论时政吗？

赵：我跟他没有议论，我跟他议论最少了。我跟别的人议论，多得要死，我唯独跟他议论少。

陈：为什么会这样呢？

赵：不知道。我们好像就没有在一块议论什么这个那个，一本正经，我跟别人可以吵得一塌糊涂。好像我们都不在一块似的，好像我们是各过各的，已经形成了那样的状态了，好像在家里就是吃饭睡觉。

陈：朱老师他也不跟您说这些？

赵：没说。那个时候，你看，我在科影厂上班，他在哪啊？也不在家，（打倒）"四人帮"的时候在家，周总理去世的时候在家。没有深一步地交流，国家的命运如何？没有这个（交流），没有。

陈：那一年 7 月 28 号，是唐山大地震。

赵：唐山大地震，我们在北京啊。有影响的，但是我呢，我又与众不同的，我还是个胆大的。地震是晚上嘛，深夜。我记得是这样的，我先生不在家，在海南岛，我们院子里有成德新、凌元、刘文森、肖宏、王永仁，就这几个人吧。地震了嘛，大家都出来了嘛，都在院子里头，平房嘛，四

① 他，是指周恩来总理。

合院嘛，我那小儿子吓得要死，他披着毛巾毯就往院子里头走，我呢还在那里睡觉呢，他就在外面跳脚，说你看我妈，怎么还在那里不出来？！我就是不害怕。完了以后呢，大家都回去了。我就一个人走到后边去，后边一个厨房里头有个后门，后门有个后墙，我就前头看看、后头看看。我一看，后面的墙倒了一块，我就告诉他们后山墙倒了，他们才知道嘛。那一会又来地震，好几次余震呢。①

陈：余震过程中，有特别的经历吗？

赵：后来不是防余震了嘛，我在科影厂，科影厂离我们很近嘛，科影厂成立了一个指挥部，我每天就是了解情况，今天有没有余震预报？今天什么情况？完了就通知人家。通知出外景职工的家属，人家家里人出去工作了，你就在这里告诉他们，好几个人一块去，到这家，到那家，了解了解他们的情况，在楼上有没有搬下来等等。

地震对我生活上没有太影响，精神上也没（觉得）什么很危险。但是唐山地震里头，我们科影厂有一个女编导，她自己的家是在北京，她母亲的家在唐山，暑假嘛，她把女儿送到唐山老家去了，唐山老家的姐姐妹妹的里头有一个孩子到北京来玩，碰到了唐山的地震。怎么碰到的呢？她正好出差到东北去，在火车上就碰到地震了，她说幸亏那个火车司机紧急刹车了，这个车上的人没有死，铁轨都拧弯了。她一下车，唐山已经一塌糊涂了，地震不是几秒钟的事情嘛，她打听她家里头，都已经都找不着了。后来就找到一个地方，她挖，又没有工具啊，来不及，她的女儿死了，她（家）死了六口人。这个同志呢，她那个时候要求入党，她没有留在唐山，又还是到她工作地去了。回来汇报这个情况，党支部当然觉得她挺好的，要吸收她入党了，就让我跟石梅一块到唐山去了解她家的伤亡情况。我们就到唐山去了，我们到唐山去的时候呢，还是有余震的，都是一片废墟啊，有的地方还有点烟，没有地方住的，我们到那个搪瓷厂，住在那个工厂。房子都没有了，都搭的席棚。我们就了解她的家里情况，也了解不出来了，都找不着人了，人都没有了。我们就在那个地方了解了一下，老百姓呢真的没有怨言，还说这是天灾，没办法的，你看现在政府还给我们送了空运来的粮食，现在还吃不完呢。他还不哭哭啼啼，家家都有死亡的人，但是没有感觉到他们在哭哭啼啼，他反而感谢党，感谢政府，普遍是这样的。晚上我们找地方啊，没有地方收留我们，帐篷都满了，你从大街上——有的大街地面没有坏——走过去，那房子一栋一栋的，看着挺好的，再走过

① 编纂时，这一段语序有所调整。

去一看，另一边全都像刀削一样地被削掉了，冲击波一下削掉的。这就是地震的特点嘛，不是像大轰炸，一下子瓦砾了。所以，我经历了两个地震嘛，邢台地震，唐山地震。唐山地震我感受更多一点，因为我们有震感嘛。

陈：而且后来又到唐山地震现场去了。后来住在哪？

赵：好像是一个席棚里头，待了一夜吧。

陈：那外调的结果是什么？没找到知情人？

赵：没有找到人。没有找到派出所，好像找到了一些人，证实他们家死那么多人。各种机构都已经停摆了嘛，只能个别活着的人，找一找，人家救灾是第一嘛，你耽误人家事情干什么？我们一路上都是在地震中间，在火车站等车，也是有余震，在什么地方都有余震。

陈：那时候害怕吗？

赵：不怕。我们两个人都不怕。好像就没怕过。

陈：您去唐山外调的时候，死难者的遗体处理好了？

赵：处理了。没有看到遗体，但是残疾的很多。

陈：1976 年 9 月 9 日，毛主席逝世，您还记得吗？

赵：毛主席逝世怎么得到消息的，我都想不出来了。可能也是听到广播，集体悼念嘛，厂里有组织的，这个我们都参加了。我没有去广场。

陈：毛主席去世，您心理感受是什么？

赵：很难过，很迷茫。周总理去世了，毛主席去世了，这个国家怎么办呢？党由谁来领导呢？就是这样的一个担忧，好像不知道未来是什么样的。不知道了，有这个担忧。我记得毛主席逝世的时候，我儿子在北京，他是北大的嘛，他们要毕业了，他们要走了。

陈：您是说朱晓明，当时在北大，是吧？

赵：嗯，毕业了，他们要走。他们决定到西藏，要支援西藏。我那时候还不太赞成。就因为毛主席逝世，他们又留了几天，过了毛主席追悼会再走的。从我的感情上来讲，作为一名文艺工作者，好像周总理的去世更让人难忘。

调回北影厂拍《报童》

陈： 1978 年，您从科影厂调回北影厂，机缘是什么？

赵： 是我自己要求的。“四人帮”不是倒了吗？我呢，觉得我不适合搞科教片。你要在科教片能搞出名堂来，出点高精尖的东西（可能性不大），是吧？你都是大路货的，怎么种豆啊，怎么插秧啊，这有什么拍头？我的思想就是这样的，好像很枯燥。所以我就跟何文今说，我说我想要回去，他不同意。后来有一天，我碰见丁峤了。丁峤跟我很熟的，（他那时是在）电影局还是文化部，[①] 反我就问他，我说丁峤同志，我想要归队，我应不应该回去？他跟我说应该。我说那我怎么回啊？我说何文今厂长他不让我回。他说你打个报告给我，我给你批。我就打报告给他了，他批的，就这么回的，很简单。

陈： 他批了，是直接批到北影吗？还是要您自己找北影？

赵： 好像我自己去找北影，（找）史平，史平听了以后呢，愿意我回来啊，她就叫我报到去。其他人我没有接触，也没跟汪洋说。

陈： 史平老师那时候的职务是什么？

赵： 史平那个时候好像是厂领导吧，是副厂长还是什么，我不知道。反正她当过一段领导。

陈： 您回北影厂工作，朱老师和家人都支持吧？

赵： 这些事我好像没有跟他们研究过，我没有跟他们谈过，我走的时候也没征求他的意见

陈： 您回北影，过了多长时间开始拍《报童》？[②]

赵： 我还没有来，已经叫我去《报童》组了。王传绪也是在科影厂的，他有一次给我带信，说史平叫你跟她联系一下——史平就是钱江的夫人，又是厂领导之一——跟我讲这个，就是要我去跟钱江一块搞《报童》。我那个时候不管是什么职务，只要叫我去工作，我就很高兴了。就像从上海到北京，你不用坐在冷板凳上就行了，有活就先干着活再说，这样子。

---

① 1978 年，丁峤是在文化部电影局任副局长，1982 年被任命为文化部主管电影的副部长。

②《报童》，故事片，北京电影制片厂 1979 年出品。剧本改编：钱江（根据同名话剧改编）；导演：钱江、赵元；主演：王铁成、李若君、覃琨、方掬芬、徐天侠、薛白、卢桂兰等。

陈：《报童》摄制组，跟"文化大革命"前比，有变化吗？

赵：组成没有变化，称谓有变化。人家喊钱江，喊"钱师傅"，那时候"师傅"又吃香了，工人阶级领导一切吧。师傅吃香，喊他都是喊钱师傅，我就喊不出来，我这个人怪得很。

陈：您喊他什么呢？

赵：我就喊钱江同志。

陈：拍《报童》，您和钱江联合导演？

赵：开始的时候，并没有明确说联合导演。就叫我去《报童》剧组，去搞导演工作，是副导演啊，还是联合导演啊？没有明确。我也没有谈这个问题，因为我觉得首先是工作，工作完了以后，他爱给我安什么名字就什么名。但是很多同志来关心我，像高娃，[①] 也是女导演嘛，她就说：赵元啊，这次你该跟钱师傅联合导演了吧？我说不知道啊，他也没说啊。

陈："他也没说"指的是谁没说？

赵：我说钱江也没说。他也没明确说，我请你来跟我联合导演，也没有说我请你来当我的副导演。反正管它联合导演、副导演，反正就是这么一个角色，你晓得吧？有钱江在那里，（我）总归是第二位就是了，我位置摆得很清楚。但是呢，工作我很认真的。

与钱江导演在拍摄现场

陈：您和钱江具体工作，是怎么分工的？

赵：分工。剧本啊，那时候是话剧剧本，钱江同志拼拼凑凑的，就给它弄成一个电影剧本，实际上呢，也就是在场景上拼盘一下吧，谈不出多少创作来。真的，《报童》的话剧演得还是不错的嘛，主要就是你搬上银幕，怎么在场景上给它集中一点啊，在银幕上怎么样在一小时四十分钟里头去解决问题嘛。不是太难的。难的呢，就是周总理的人选，那个时候是

① 即琪琴高娃，北京电影制片厂导演。

定了王铁成，他在戏里头就演总理，[①]他们演得也蛮好的。第一个难题就是演员问题，因为儿童艺术剧院他们演戏演得很好，都是表演艺术家，但是在银幕上演儿童，有的时候年龄就（显）大了。像连德芝，就是一个老演员，演技很好的，演女报童，就是薛白演的那个，[②]我们要换人，他们就不高兴了。连德芝你可以说年龄的关系，镜头的特殊性问题，就没有跟她明确（说），她脑子里头有这个（不高兴）。后来周来过来看我们——因为我在《团结起来到明天》的时候就跟周来认识了嘛，他演解放区来的一个政委[③]——就在放映室，周来说，赵元，我带你去见一个人，他就把我带到中央戏剧学院，他们一个代培生，就是薛白，叫我看薛白。我觉得薛白特别好，我非常满意，但是还有钱江呢，甭管怎么的，钱江是一把手啊，得要他点头啊。我就把薛白带回来，他也很满意，也就敲定了。敲定了以后，我们就出外景了，出外景没有薛白，有方掬芬跟那个覃琨，出外景回来以后呢，不是那个女教师还没定下来嘛，我们就去问了。这个女演员呢，她想演这个角色，想上银幕，她知道自己形象不是太理想，她自己去挖酒窝去了，[④]挖了一个酒窝，挖的又不对头，反正很不好，是不是垫鼻子了，我不知道。酒窝是肯定的。那正好，我们借这个理由就换掉了。她也没跟我们见面。后来临时找，本来找俞平，俞平演《李四光》去了；找卢桂兰，卢桂兰那时候刚从长影过来，还没有地方，在电影局住着，通过丁峤的关系给她弄过来的。就这么样的。这个阵容定了以后呢，我们就进行拍摄了。拍摄的时候，分工也没有那么明确，就是自然形成的，分镜头，我们是摄影、导演一块分的。定下来以后，现场的调度啊、戏啊，大的位置，都是钱江定的，因为他这一方面在行嘛。戏的内部，表演啊，人跟人的关系啊，都是我来。后来我跟他拍戏是这样的，这组镜头拍完了，换一组镜头，他来看位置，看好了以后，演员就进来走位了，这都是我，我弄完了以后，我就说钱江同志你来看一下吧，他看了，OK，就可以拍了，就这样的。

陈：当时为什么不选小孩演报童，要让大人演？

赵：一个是时间上来不及，另一个是儿童演员也不那么好培养啊，人家都是儿童艺术剧院的专家啊，你要是换的话，他们也肯定不会同意了，人家这是牌子啊，方掬芬啊，覃琨啊，那都是。

陈：《报童》摄制组，您有哪些记忆？

---

① 戏里头，是指在话剧《报童》里的表演。

② 薛白在电影《报童》中扮演小报童腊月。

③ 周来在电影《团结起来到明天》中扮演的是工委。

④ 挖酒窝，指的是原来演李大姐的演员，自作主张去整容。

赵：我在《报童》组里跟大家合作还是不错的。

陈：在摄制组，不说您到底是联合导演还是副导演吗？

赵：没有明确过，从来没有谈过。后来字幕上写的是联合导演。之前我从来不去问。

陈：对王铁成的表演，印象怎么样？

赵：王铁成表演还是不错的，他很努力。

陈：当时的演员，要付报酬给他们吧？

赵：对，那肯定的了。拍《报童》我没有什么（别的印象），我就是对再去重庆有感情。拍《烈火中永生》去了一次，这一次又去了。（以前）曾家岩我们没去过啊，周总理工作过的地方啊。（《报童》）作曲是杜鸣心，杜鸣心过去是育才学校的，[①] 我当时还写过一篇稿子，一篇小通讯吧，就是由他想起来的感悟，发表了，我现在都不记得写的什么了。

陈：写的是摄制组的报道吗？还是写杜鸣心？

赵：重庆之行，我们到曾家岩来的感受。我跟杜鸣心聊过，我跟他挺聊得来，因为大家过去的（经历相似），他小时候是上育才。印象里头，上育才学校的都是天才儿童。

---

① 重庆育才学校，是由教育家陶行知于 1939 年 7 月在重庆合川草街镇古圣寺创办的，招收抗战难童就学，音乐家杜鸣心，就是 1939 年被招入育才学校学音乐的。

《他们在相爱》剧组

陈：《报童》以后，您跟钱江又联合导演了《他们在相爱》？[①]

赵：《报童》在做后期的时候，(《他们在相爱》) 剧本就已经拿来了，是文学部拿来的，是外稿，广西艺术剧院的两个同志写的剧本。文学部让我们看的。

陈：一般情况下，联合导演一次，然后各自单飞，都希望独立执导，您想过这个吗？为什么跟钱江一直联合导演？

赵：我没有申请要独立执导，我也没有申请过要联合指导，都没有，领导分配的。

陈：做导演都想独立执导，您没想过吗？

赵：我们走的道路是这样的，你想要独立的话，首先你自己要去弄一个剧本，你看中了以后，要向编辑部提出申请，厂领导批准了，觉得这个剧本不错，批准之后，再派一个人跟你一块（导演）。你想要自己单挑的话，你必须得有你自己的东西。我认为，还没有到独立执导的时候，你要自己去创造条件独立去。

陈：您为什么没创造条件，自己独立呢？

赵：你说我刚回北影，怎么可能马上就创造（独立）呢？

陈：您不是拍过一个片子了吗？

赵：《报童》啊？那还没来得及呢，当时《报童》在做后期，在录音的时候，钱江同志就跟我谈了这个《他们在相爱》了。他这个人呢，有了想法马上要落实，下一部我们怎么样。下一部他就说要到广州去，就弄这个。

陈：您接着说《他们在相爱》的创作过程。

赵：这个剧本就这么来的。我们看了以后呢，也觉得还不错，剧本有它的新鲜感。因为刚刚"文化大革命"结束嘛，是吧？写老干部家庭里头的变迁嘛，而且也跟现实有联系的，老三[②]的作风、做派，他的想法、他

---

①《他们在相爱》，故事片，北京电影制片厂 1980 年出品。编剧：杨令燕、王琦；导演：钱江、赵元；主演：张平、徐玉顺、达式常、裘弋、萧雄、梅海莲、郭旭新等。

② 指电影中老干部陈浩的三儿子陈平。

与青年观众谈影片《他们在相爱》

的（行为）。那就要跟作者联系，要修改剧本，好像是要修改几个地方吧。作者也跟我们联系了。（最终）也没请他来修改，后来是我们自己给它修改了一下。在这中间呢，就要成立摄制组了，分镜头什么的了，这个时间里头，钱江同志要出国，到法国去，有出国这个差事，他也没说他不要去出国，他又要拍这个戏，他出国还得照出。所以汪洋厂长就说："要培养年轻人了！"要培养年轻人，意思就是指我了。我心想我还年轻啊？我50多岁了，大概。

陈：1979年，那时候您有50多岁了。

赵：50多岁了，我自己都觉得黯然，但我也没吭声。钱江走的那一阶段呢，就是我在那里负责，主持分镜头——他走的时候镜头还没分呢——分镜头都是跟摄影师一块分的。定演员，他走的时候，（有些）演员还没有敲定呢——那个时候达式常已经定下来了，肖雄也定下来了。达式常找肖雄还有故事，那待会再说。定下来以后呢，我动员杨海莲——杨海莲也是我们北影的演员，演了不少的戏呢，是跟李秀明她们一波的——我要她演老三的爱人，就是那个时尚的角色。她没有演过，我说你得改路子。我说在造型上重新给你设计一个现代派的形象，她演了。老二呢，就是那个郭旭新，原来是空政的。那个时候厂里头对这个戏还挺重视的呢，还要试镜头呢，我把濮存昕跟郭旭新两个人都找来，他们都是空政的，[1] 我倾向

① 濮存昕1977年考入空政话剧团，1987年调入北京人民艺术剧院。

于濮存昕，但是看试镜头的镜头啊，汪洋他们喜欢郭旭新。还有老二的爱人，就在二炮文工团找的。还有一个老太太，是在海政文工团找的。

陈：海陆空军全有了？

赵：嗯，这都是我主持下搞的，定下来。定下来以后就分镜头，钱江还没回来，他去一个多月呢，大概。这中间呢，还有意见，钱江的爱人，就是史平，她不是领导嘛，她就不同意杨海莲演这个角色，我就没听她的，我觉得杨海莲能演戏，后来她也就没坚持，也就定下来了。

完了到外景，拍了几场戏。拍了一个饭店门口的，裘弋[①]开汽车进来，还拍了一个公园里头，杨海莲跟裘弋谈恋爱的，还有一些个小场戏吧，我觉得还可以。摄影也是两个，一个孙昌一，一个是汝水仁——汝水仁算是副摄影吧，还没算联合，还有几个助手。那时候孙昌一不在，是不是送片子回来了？不记得了。反正我跟汝水仁合作特别愉快。影片中杨海莲跟裘弋谈恋爱，在公园里头实景拍嘛，两人谈谈，就倒在草地上，我就设计一个镜头，我说倒在草地上，你们这机器就升上去，机器随着演员的动作倒下去。汝水仁没有小型升降机，我们也没有那个移动轨道，但他挺配合我的，他拿着机器，由两个助手扶着他两个臂膀——不然就坚持不住嘛，拍下来。看了样片挺好的，我心里很得意，我没有失败。就这样，拍几场小戏吧。后来钱江同志回来了，回来后提出要换演员呢，他们都去找演员，我说广东话剧团都已经找遍了，没有什么合适的人选。

陈：换演员？是换杨海莲吗？

赵：就是杨海莲。后来没有换，没换成。就是一时半会找不来，除非停拍。钱江同志来了以后，又恢复到原来那种工作方法，他是第一把手嘛，是吧？

陈：您刚才说找肖雄还有故事，是什么？

赵：肖雄是这样，我找演员，找了很多个地方，到上海人艺去，我演剧队时期的老战友都在那里。上海人艺罗毅之跟我说，有一个演员挺好的，叫肖雄。他说她本来是在上海工人文化宫里头参加活动，文艺演出蛮出色的，好多文艺单位都想要她，但是政审没通过，因为她爸爸不在中国，在泰国，就不敢用。"四人帮"倒了以后呢，空政文工团，第一个去把她抢来了，乘飞机、带着军服去的，到上海找她，宣布我们吸收你了，这样的。罗毅之叫我去找肖雄的时候，一了解，肖雄已经到北京的空政了，所以我们从空政把她借来的，就这么一个故事。找来以后，我们还不放心呢，

① 裘弋在电影中饰演老三。

还让她做一个小品，做得特别好。肖雄一试镜头，我们就喜欢她。我挺喜欢肖雄的。

陈：《他们在相爱》的创作，还有别的记忆吗？

赵：找那个老大，就是达式常演的那个角色，也有故事。先找了好多人，也找了许还山，他那个时候刚从新疆回来，我们就找到他了。我们（影片的）老大不也是发落下去，跟爱人分开的嘛，就找他，他跟我们谈了一次，挺好的，可就是觉得他年纪大了一点。他就跟我们谈他怎么打成右派，怎么到新疆，特别让我们感动。我们就问你怎么会跑到新疆去呢？他说他爸爸是老革命，他说我离我爸越远越好，哪里的黄土不埋人啊？越远越好，我不给他们找麻烦。他就去了，在新疆受了好多苦，什么工作都做了。反正我那个时候听着，觉得特别动人，特别同情他，一个年轻人，搞成这样子。以后呢，就考虑到他年纪大了嘛（不合适演这个角色），觉得挺可惜的。后来找达式常嘛。

陈：嗯，达式常是一个好演员。

赵：我觉得演我们的戏还可以。我们还是用了他，他还是有知名度的演员嘛。因为我带队出去的，他也去了嘛，钱江还没回来呢，他还说我胆子够大的，意思就是摄制组各方面准备还没怎么成熟的时候，你就敢带队出来，还敢拍，他说你胆子够大的啊！

陈：您确实胆大，一般人肯定是要等钱江回来，商量以后才开拍。

赵：那不是我要带的，是厂里要我带的呀！我不会说我要带队出去啊。（厂里下了）生产命令了，汪洋不是说这次要培养年轻人嘛，不是我要带队的，是组织上决定的嘛，我哪有这种勇气啊？

关于《印有金锚的飘带》

陈：您和钱江导演合作的第三个片子，是《印有金锚的飘带》？①

赵：噢，《印有金锚的飘带》，我还印象很深。《印有金锚的飘带》这个剧本，我还蛮喜欢的呢，因为是叶楠写的，叶楠的东西不是很漂亮嘛，有抒情的东西。这个，写越南姑娘跟中国海军的友谊嘛，当时我们就觉得挺好的，挺新鲜的。我们拍得还可以吧，都是在海南岛拍的，在海南岛待了三个月呢，那个时候海南岛苦得不得了！

陈：连续第三次合作是自然形成了习惯，仍没考虑要独立执导？

赵：我自己倒是有所考虑，可是没有这个空挡啊，我也没有自己成熟的东西嘛，晓得吧？没有找到合适的东西。你自己要搞的话，你必须自己拿出东西来，你得去寻找东西去。你寻找了（合适的剧本），领导要不要你弄出来，还是个问题呢。

陈：《印有金锚的飘带》的摄制组，有什么变化？

赵：也是跟《报童》一样的组合，这个组就是这么下来了嘛，也是这些人。《印有金锚的飘带》从剧本到摄制组啊，没有太大的难度，因为叶楠就在北京，随时都可以跟我们沟通，剧本我们也觉得挺好，起码有特色嘛，是吧？写越南姑娘跟中国海军的故事嘛，我们觉得挺好的。就出外景了，在海南岛拍戏的时候，我跟钱江同志呢，有不同的意见。因为这个主要是在海上的戏，海军的那个小艇上拍戏很危险，我们又不是海军，是吧？摄影机架在上面，那要找到合适的地方才能够拍。尤其这个女主角——谁找来的我忘了——找的时候问她会不会游泳？她说她会游泳，结果来了发现她根本不会游泳。她是个舞蹈演员，样子挺好的，像个越南人，高高的，她到了海里头，吓得要死。我跟赵玉荣两个人都是女同志，赵玉荣那时候是场记，后来也当导演了，她比我年轻，我们两个人呢，都穿了游泳衣在水里头帮她。我们两个人游泳技术也不灵的，但是我们都是大胆。她吓得简直是（不行），② 我说没有多深，就一点点。我们要拍海上小艇，三个海

---

①《印有金锚的飘带》，故事片，北京电影制片厂 1982 年摄制。编剧：叶楠；导演；钱江、赵元；影片制作完成后，因中国与越南关系变化，没有公映。

② 她，是指电影女主角。

军在里头的，海中间一点嘛，你不能老在海边，没意思，钱江不敢去，不敢到那拍，他怕危险，怕出事，我就坚持要到那里去，我们就去了。我们在海里头搭个 6 米左右的高台，摄影机都架在高台上，孙昌一站在高台上，我跟赵玉荣都抱着那个台的腿，身子都在水里头，就在那里拍。最终我们拍成了，当然他（钱江）也挺高兴的。

赵：可是最后《印有金锚的飘带》没通过嘛，它没发行啊。

陈：没通过的原因是什么？

赵：没通过，就是跟越南的关系问题嘛。

陈：电影受外交形势影响，也不稀奇。

赵：嗯，后来成志谷来了，我还给他建议呢，我说成厂长啊，你是不是可以把这个片子调出来看一看？我说这个片子主题还是很好的，我说都拍完了，起码也可以给我们厂里挣 70 万块钱回来吧，[①] 捞本吧！他后来说，他调过了，不行，他说从艺术上来讲，手法太老了。

陈：这部电影投资是多少？

赵：我不知道投资多少，我以前从来不管投资。我只管我的，你叫拍戏我就弄剧本。

陈：《印有金锚的飘带》还有什么要补充的吗？

赵：我补充一点这个吧，你不是老问我，怎么没有独立（执导的）想法啊？我这中间就有想法了，我又抓了好几个东西，但是都没有定型，都没有拍板啊。那时候成荫拍《西安事变》，他就在招待所住着，有一天我碰见他，我就跟他说，我说我想单挑，我说想从钱江同志那里出来。他就问我，你手上有没有剧本啊？我说还没有成熟的。他叫我骑马找马，意思就是，你还没东西呢，你就跑出来？骑马找马。他给我的是这个步骤。那个时候我也很苦闷，非常苦闷，就是想跳出来，觉得不满足嘛。但是呢，我又没有拿到自己的好东西，我怎么办？我就跟潘文展说，他的答复又跟成荫不一样："赵元，你真是身在福中不知福啊！钱师傅这个组合多好啊！你还不满意啊？你还不知足啊！"他来这一套。完了史平还跟我谈话，听说你要单独搞啊？好像有点不满意似的。我说钱江同志也支持我单独搞啊，他很理解我，他愿意（我）单独导演。我就跟她这么顶着回去了。你说我为什么没有这个想法？因为我有自己（的剧本），所以没有搞成。

---

① 70 万块钱，是指当时影片送交中国电影发行放映公司发行，电影厂可得 70 万元。

《扶我上战马的人》①

陈:《印有金锚的飘带》以后不再合作，跟两个人意见不一致有关吗?

赵: 不是。有故事。《金锚飘带》以后呢，我就有点不满足我这个状态了。我觉得跟钱江同志在一块工作吧，有个好处，我倒是发挥作用大了，因为他呢，也不那么去管戏细的，我给弄好了，“钱江同志你来看一看”，OK，就拍了。但是我又不满足我这样的状况了，我想跳出来一点，所以我就自己在那里找剧本。中间找过好多剧本呢。我看到报上有一篇东西，作家韶华写的，题目是《上面下面》，他在沈阳，我就跟他联系了，就到他那里去了，我说他写的这篇文章，是讽刺性的东西，好像你从上面看，你是到下面去了；下面（看），你还在上面，写得挺风趣的。后来跟他谈了一谈，也没搞成。大概又是我有任务去了吧。后来我又找，我还在《北京文艺》上看了张洁的那个《从森林里来的孩子》，我很喜欢，她写那个孩子学长笛的，是农村的，天然的那种音乐感特别强，我觉得特别好看，特别喜欢。这个在大东北的森林里头的孩子，他有乐感，他听到什么东西，在他的脑子里头是一种旋律，然后“文化大革命”快要结束的时候，他来北京考音乐学院，考试中间一个教授对他的关爱啊什么的，这一段情况。我跟张洁联系了，张洁就改了电影剧本，我就给厂里报了，他们也挺喜欢的。

执导影片《扶我上战马的人》

① 《扶我上战马的人》，故事片，北京儿童电影制片厂 1983 年出品。编剧：张映文；导演：赵元、郑健民；主演：雷飞、张卫民、周海滨、薛俊杰、崔彤等。

但是胡海珠那个时候是编辑部主任，他说跟上海厂的那个《琴童》重了，这是一个孩子的音乐片嘛，儿童片嘛，他说重了，上不了马了。那会张瑞芳在北京，在招待所，我给她看了。她也说，你让我掉了半天眼泪，她说她也觉得挺感动人的。我把这个剧本给钱江看，在《印有金锚的飘带》的时候，我给他看的，他也挺喜欢的，从这一点我感觉他特别好，他说你这个要找一个很好的摄影，他说："我跟你拍！"——他跟我拍，那我是受宠若惊啊！多好啊！

陈：钱江说给您当摄影？

赵：嗯，他说我跟你拍。他还把它录下来给他女儿听。他讲过这样的话，所以我很感动，我觉得挺好。但是后来呢，就是上不了马嘛，再说电视台也要搞《从森林里来的孩子》，那个时候成荫还在拍韦拔群（《拔哥的故事》）呢。潘霞，电视剧导演，她在成荫那里当助手，她说你跟电视台合作吧，他们也要搞这个。我没去。我不敢跟不认识的人合作，不认识，又谈不拢，我就没介入。这就吹了。

吹了以后呢，我又发现了《扶我上战马的人》这个小说，是散文体的一个东西，我挺喜欢的，我觉得很有特色。"八大金刚"嘛，那个有一种情怀，就是怀念彭大帅（关心儿童），这样一个情怀。所以我就想弄这个，就跟作者联系了，作者是搞考古的，不是搞文学的，也不是搞电影的。我给汪洋看，那个时候儿影厂还没有单独成立呢，但是分出了儿童电影于蓝来管，汪洋就说，赵元，我告诉你，好消息，于蓝对你这个剧本有兴趣，你找她去。我就找她去了，就说找作者改剧本的问题，我说汪天云想改，于蓝说，他不行，他也没有生活，怎么改得出来？还是让原作者改，原作者有生活，她说，起码他是陕西人啊。

陈：后来找小说作者改的？

赵：原作者改的。完了我们自己又讨论，又加加工，这样子，剧本就通过了。

陈：为什么您要找郑健民老师联合导演呢？

赵：郑健民老师不是我要找的，是于蓝提的。那个时候（剧本）讨论通过了，我记得那次好像马德波、马林他们都参加了，他们还说这个戏并不好拍，因为它有点抒情的味道的嘛，又是孩子戏，并不好拍。

陈：马的戏也不好拍。

赵：（于蓝）说，赵元，你是不是跟郑健民联合导演啊？我就没表态，你晓得吧？我不想联合导演。但是呢，我没表态。于蓝后来还批评我，你干吗不表态啊？联合导演对你没有什么坏处，也不影响你什么。

陈：郑健民老师他原来是做什么的？

赵：他最早也是华东文工团的，后来也当过演员剧团的演员，再后来是导演室的组长还是导演室主任吧。

陈：后来合作过程怎么样？

赵：合作的过程，实际上就像钱江跟我一样的。以我为主。

陈：过去是钱江、赵元，现在是赵元、郑健民，是吧？

赵：对，以我为主。谁也不喜欢联合导演，都是组织上派的。

陈：拍摄过程顺利吗？

赵：拍摄过程还可以，但是很艰苦，很难。真的去陕北啊，那个时候我们摄制组的人还都不错，大家都还挺自豪，说我们厂里的那些人那时都喜欢到香港，到上海，到大城市去拍戏，我们就到山沟里来。厂里对我们也很好，去的时候还给我们配备了洗澡的设备，有热水器啊、喷头啊，什么都有，都带去了。我们坐火车到西安，再坐长途公共汽车到陕北嘛，那里是干旱，（洗澡设备）带也白带。干旱，还停电，招待所只有一个发电机在那里发电，那个灯就像个小鬼火似的，从来就没洗过澡，那些东西原封不动带回来。我到了陕北，大热天呢，一路上黄沙披头盖脚的，我们一个场记是儿艺的一个男孩，挺好的，但是他没到过农村嘛，想洗一洗嘛，田里头不是有垄沟嘛，我说就在这里头洗洗就行了。他说："这怎么洗啊？这不行！"我说不行你们就甭洗，你就这样待着吧。就这样。

在延安没待几天，延安没有拍戏的点。我们在山沟里头拍。生活呢是蛮苦的，住在招待所里头，是在榆林。招待所里头，就是吃饭还挺苦的，制片主任想要大家吃得好一点，他们都是开汽车到西安去拉东西回来吃，一个礼拜去两趟，还想了不少办法，自己开伙。

陈：《扶我上战马的人》，导演思路是什么？目的达到了吗？

赵：这部片子是想通过"八大金刚"这几个陕北山沟里的孩子跟彭老总的关系，表现领袖与人民之间的鱼水深情，也通过孩子们的世界表现革命的浪漫主义精神。孩子们的向往，就是想骑上彭老总的大白马奔驰一下，这么样的一个孩子的心理嘛，这是他们的梦嘛，这些孩子做的梦就是这个，在梦里头飞起来了，我觉得很有味道的。可是拍摄条件很困难，我的拍摄手段也很贫乏，所以我觉得没有达到我所要达到那样的目的。

陈：是技术达不到吗？还是想象力不够？

赵：想象力也不够，技术也达不到。都有。你看，技术达不到，是没有机位，我想拍在崖边上飞奔，你机位搁哪啊？你这个机器在崖边上，远的地方又够不着，没有地方，很难，有的还有危险性。有一场戏，要讲出来蛮有味道的，但是拍出来并没有达到我想要的那个味道，那些孩子们不是想马吗？得不到马，家家都有驴，就把驴来当马骑，不是挺好嘛？一个一个都把驴弄出来了，就骑在驴上，打着驴，要快！快！快！驴又走不快是吧？这场戏，我很紧张，因为在崖边上跑，驴呢，它再快也没有马那么快啊，但是你要尽量的快吧？老乡是非常好的，老乡就说让我们的娃娃骑吧，我们的娃娃骑得熟练嘛。我说哪边的娃娃都一样，我都怕，害怕他们摔下来。我害怕啊，怕得很啊，拍这个，真是心吊在嗓子眼上的，但是你又不能舍弃这个东西，你必须得拍，就这么拍下来的。

陈：最后是小演员拍的，还是老乡孩子拍的？

赵：好像是老乡孩子拍的，保险一点嘛，上驴当然是小演员了，远景的跑呢，是老乡孩子。

陈：为什么没达到您希望的目标呢？

赵：就是景别不是很那个（满意），并不是看得那样让人振奋。我觉得这是我的功力不够，我没有达到。有的地方我有一点想法，就是想挖掘这些孩子们的童趣嘛，是吧？打啊闹啊什么的，看外景看到延安的那个大

影片《扶我上战马的人》剧组合影

坡，我说这个大坡挺好的，我说让孩子滑下来，城里的孩子不是滑滑板吗？他们哪看过那个滑滑板啊？我就要一个孩子试一下，能滑的，这就是拍外景的时候我灵机一动出来的，那几个都是北京带去的孩子。有一个孩子是

农村的，他特别会演戏，他小，我就没让他滑，他就在底下哭。他要上去（滑下来），我怕他出危险啊，那个倒比骑驴子要好一点，因为你可以看到他滑下来啊。我就说这样的东西少了，要多一点就好了。但是呢，你想不出来还有什么类似这样的行为可表现的呀，那么最好在马上面做文章了，是吧？马多难拍啊？我们那个时候还看过美国拍的一部马片，它是由三匹马来完成一个马角色的，人家多有条件啊。我到了陕北，第一要找马，我跟儿影厂说，马的问题是很大的问题，因为扶我上战马的马，是一个很重要的角色。于蓝厂长给我回话说，马不重要，还是人重要，你还是先把人抓好，马你不要（太费心思）。我心里就特别的别扭，我觉得马是重要的，你又说马不重要，我怎么做文章啊？我有这个想法，还是儿艺的这个男孩子，当场记的，他给我到内蒙古去走了一趟，把内蒙古一个杂技团的一匹白马给运过来了。那困难得很，条件很多，他们饲养员跟着一块来的，到了陕北，就这样维持下来。但是呢，我也没本事啊，弄人你弄来弄去还可以，马你怎么弄它呢？我看外国片子拍动物，它都特别人性化，我们拍不出来，没这个本事，干着急。

陈：国外拍动物，一是动物有三四个替身，二是肯花时间培训和等待。

赵：他有那么多条件呢，你捕捉它最好的（表现）良机啊，是吧？我们就不行啊，我们拍动物，也是正常的拍摄要求啊。那个时候才有意思呢，分镜头分完了，第二天要拍，我总归要调整一下嘛，有的增加了，又有意见了："导演又下蛋了！"就这么来的。

陈："导演又下蛋"是什么意思？

赵：就是你又多出镜头来了。多出镜头来，不是进度又慢了嘛。"导演又下蛋了"，就是不满意你多变。其实呢，变，在创作中才有进展，不变你就枯竭了嘛，是吧？

陈：这个片子算得上是儿影厂的开山之作吗？

赵：不能算吧，好像这前面还有吧？我不知道《应声阿哥》是不是在前头。

陈：您为儿影厂拍《扶我上战马的人》，应该有报酬吧？

赵：没有报酬。我没有拿过报酬。我拍《十四五岁》也没有拿过报酬，就拿过奖金，没有报酬啊。

陈：《扶我上战马的人》还有要补充的吗？

赵：有两个补充。《扶我上战马的人》出来以后呢，于蓝同志他们看了，也还是觉得不错的，但是还不满足吧？我怎么知道她说还不错？她把它推荐给邓大姐看去了，[1] 我这个片子到邓大姐那放过，我也去了，有陈锦俶，有于蓝，我们三个人，还有赵炜，是邓大姐的秘书。邓大姐看得还特别入迷，老跟赵炜说："那个时候就这样的！"还问我——我坐在旁边——小演员你怎么指导他们演戏啊？他们是怎么样的？我有自知之明，邓大姐有兴趣，那是你的环境给她带到那个年代里去了，并不是说你的片子有多么打动了她，陕北嘛，她在陕北战斗过，所以她就回到那个（年代）。这是给我的一个欣慰吧，是吧？

完了以后，伊文思来了，于蓝还放给伊文思[2]看呢。伊文思看了以后呢，就有批评了。伊文思就肯定了某些个童趣的地方，就是孩子们活动，或者坡上滑下来啊，或者河里头那个什么，他觉得这个都非常好。但是整个的来讲呢，还是拘泥了，死板了，没有挖出孩子童心的东西来。就讲了这些，再讲什么，我就不知道了。他有这么个反应，他就说还可以再生动一些，但是那个时候各方面的条件跟本人的水平，都挖不出来。

---

① 邓大姐，指邓颖超，周恩来夫人，曾任全国政协主席。

② 尤里斯·伊文思（1898—1989），荷兰电影导演。1927 年创办荷兰第一个电影俱乐部，后拍摄多部纪录片，在电影史上享有盛誉。曾多次应邀访华，和中国电影工作者结下深厚友谊。

独立执导《十四五岁》

陈:《十四五岁》[①]，请您先说创作过程。

赵:《十四五岁》的创作过程，剧本的来源，是儿影厂林阿棉[②] 给推荐来的。作者是他认识的，是个中学老师。他推荐给我，我觉得也还蛮有味道的，味道在哪里呢？就是十四五岁这个年龄段，是又懂事又不懂事，成熟跟发育到特殊的阶段嘛，一个关键的阶段，我觉得这个题材挺好。

陈： 接到的是剧本还是小说？

赵： 小说，后来跟作者一块改成电影剧本。

陈： 这回是您独立指导的？

赵： 独立指导。没有叫我联合了。

陈:《十四五岁》，还是儿影厂投资，是吧？

赵： 这是儿影厂出品的。整个的还挺顺畅的。改完剧本，就成立摄制组了。改剧本中间，总归要请一些个专家来提意见什么的。摄制组呢，拍得也还顺利，就利用暑假时间在学校拍，因为学校的场景多嘛，学校不可能停下来给你拍片子啊，我们也没有条件去搭学校那景。后来选的青岛那个学校，就是在暑假期间拍的。拍的时候，孩子们也还不错。

陈： 演员是在哪选的？

赵： 北京的、青岛的、上海的，都有。北京的有几个，有一个是上海的，但是不管他是上海的、是北京的、是青岛的，都要跟摄制组订合同的，就是要保证他们的学习，要保证他们的考试，要保证他们的生活，不生病什么的。学习、生活，有专职老师管，这个专职老师跟了好多儿童片了，姓于，叫于琦。她是中学老师，管孩子演员，前面儿影的戏，好多都找他。她特别好，管孩子管得服服帖帖的，学习、工作、生活他都管，挺辛苦的，她亲自管孩子嘛。这个中间还有一次考试呢，我们在暑假里头，怎么会有考试？我也不懂了。

陈： 暑假当中还有考试？

---

①《十四五岁》，故事片，中国儿童电影制片厂 1984 年出品。编剧：罗辰生、赵元；导演：赵元；主演：徐虎、曾伟、刘铁蕾、袁园、夏桐等。

② 林阿棉，笔名辛纯、闽声，1962 年毕业于北京大学中文系，曾任中央人民广播电台少儿部编剧，后调至中国儿童电影制片厂文学部任编辑、主编、编审。

赵：对啊，在暑假里头，但是考卷寄来了，密封的考试卷。寄来以后，于老师监督他们作题，考完以后密封了再寄回去。就是要他们的功课不能够降格，他们的身体不能够生病，电影还要保证拍好，就是这三方面互相保证。专职老师很辛苦啊，从头跟到尾，她跟我们都好。

拍摄影片《十四五岁》时，在青岛与儿影副厂长陈锦俶、摄影师孙永田、儿艺副院长方掬芬等合影

陈：她的名字应该记下来，她也为电影做了贡献。

赵：对啊，儿影厂出了一本影集[①]，上面有好多她参与的片子。我说于老师，你留着做纪念吧。

陈：《十四五岁》，您做过哪些功课？有哪些创作构想？

赵：就是我要着力把十四五岁这个花季年龄，他们的心灵，他们的向往，他们的爱好，把它挖出来。这个过程里头，有各种不同的表现嘛，是吧？在戏里，有一个叫杨德志的孩子，他不是好好学习的孩子，他的家庭也有困难的，对这样的孩子怎么样帮助他？不是教条地来帮助他、扶助他。是要抓住这个年龄段的（特点），来表现他们在各个方面，同学之间啊，怎么样正确对待男女同学的交往啊，怎么样正确对待功课啊。戏的矛盾焦点在班长和女生身上嘛，就是在这个年龄才会产生这样的思想活动，还有那恶作剧啊什么的，这方面。

陈：您觉得拍摄目的达到了吗？

赵：基本上达到了。但是你说怎么个好法呢，也谈不上。

陈：它最后得了童牛奖啊！[②]

---

① 是指儿童电影厂厂庆纪念册。

② 中国电影童牛奖，是 1985 年，中国儿童少年电影学会受国家广电部、教育部、文化部、全国妇联、共青团中央委托创办，专为奖励优秀儿童少年影片、表彰取得优秀成绩的儿童少年电影工作者而设立的，是全国电影四大奖之一。《十四五岁》获第一届童牛奖优秀故事片奖。

赵：童牛奖呢，那个时候好像这种片子少嘛。我拍的时候，于老师跟我在一块嘛，她老跟我开玩笑："我告诉你，这片子肯定得奖！"我说肯定得不了奖。她就说，你写，如果这片子得奖了，你请客。我真的写了。她还保留着呢，那天还跟我算账呢，"得奖你要请客！"我说我不是请你们吃烤鸭了嘛，我把小朋友都请来我们家里吃烤鸭。

执导的影片《十四五岁》获得首届儿童电影"童牛奖"

陈：送奖的程序和评奖、领奖的过程是什么？

赵：评奖过程，我是不知道的。送奖我也不太清楚。

陈：为什么不太清楚？您是导演，怎么不太清楚？

赵：申报什么的我不知道。我只听王君正在讲，我昨天累死了，给你们争这个奖，把我喉咙都弄哑了！

陈：王君正导演是评委？

赵：她是评委啊。评委讲话嘛，当然她要为儿影厂争取奖嘛。反正是她，这个奖是她争来了嘛。就这么一回事。

陈：您说您没有酬金，只有奖金，奖金是多少？

赵：我都记不得了。反正有一笔奖金，拿来以后呢，我们要分的，主创人员、各部门分多少，好像一般的到底下就不分了。但是我好几部片子都分的，主创，摄、录、美啊，由制片主任来分嘛。我就记得制片主任说，导演，这个奖啊，钱不够分了。我说不够分，导演头上挖下去。我头上的奖金就挖下去，给大家都分一点，就这样子的。具体的我都记不得，数字我是最记不住的。

陈：《十四五岁》是您第一次独立执导，有特别开心的体验吗？

赵：没有特别开心的，我觉得这个《十四五岁》呢，还有一点欣慰吧。欣慰的第一个，就是这个片子需要。我在做后期的时候，中央电视台的人就来找于蓝厂长，于蓝厂长叫他来找我，他们要买。这片子没有做拷贝，因为中央台买去做电视放了，他们给的价是70万，按照你电影的价码给的。他们需要，那个时候缺这样的题材。我现在想起来，正好我那个片子同时呢，又出了一个跟我竞争的，它竞争过我了。那个叫《街上流行红裙子》，是叫这个名字吧？陆小雅的吧？[①] 这片子得奖了嘛，金鸡奖嘛，要是没有她的片子，我们这个片子可能还好一点，她那个也是写这个年龄段的嘛，她的这个有特色啊。我心里明白的，我心里很清楚的，人家就是比我好嘛——你提示我一下，我这样讲行不行？琐碎不琐碎啊？

陈：不琐碎。我们不怕长，就是怕漏——请吃烤鸭是谁出的钱？是您自己的钱还是集体奖金？

赵：当然是我自己的钱。几个月来我和孩子们一起工作、生活，他们是我的小朋友。片子拍完了，各人回到自己学校，临别前聚一下，很高兴！

---

① 记忆有误，陆小雅导演的影片是《红衣少女》，由峨眉电影制片厂 1985 年 3 月出品，而《街上流行红裙子》是由齐兴家导演，长春电影制片厂 1984 年出品。从上下文看，应该是说《红衣少女》。

突如其来的退休通知

陈： 说说您离休前后的情况？

赵： 离休呢，我是毫无思想准备。因为我们都在拍戏呢，在青岛呢，九月、十月份回来的吧，哪会想到这个？

陈： 是拍《十四五岁》的时候？

赵： 对。回来的时候，迎接你的就是一张退休通知单，还有热水瓶，还有什么。

陈： 离休之前，没人找您谈话？

赵： 我在拍戏呢，哪有人找我谈话？没有找我谈话。根本毫无思想准备。朱老头也收到了这么一个单子。

陪同埃及电影代表团参观北影

陈： 朱老师也是 1984 年离休的？

赵： 对啊，他也毫无准备。等我回来以后呢，这个（退休通知）单子已经在我们家了，热水瓶也在我们家了，好像还有点钱。当然我心里有点不舒服，就是觉得，我还在工作呢，你怎么就这么样了呢？同时再给了你一张通知，返聘单，就是返聘一年还是半年。先说我的，我呢，你叫我退，这就算是手续了，也不跟你谈什么，我心里挺不高兴的。然后呢，我们还是在工作嘛，要搞后期了嘛，我也就按时完成了——我在 1984 年底就完成了。完成了以后呢，我就去把那张返聘单退给他们了，他说不是返聘你吗？[①] 我说我已经完成任务了，我不需要这个了。反正我又来劲了，我就有这个（脾气）。

就这么退下来了，失落感嘛，总归是有的，尤其像我这样的状况，都那么大把岁数了，还刚刚跨进门槛吧，是吧？还没跨稳了，就下台了，是吧？那也没办法。你怎么办？我们这一辈子就这样了，就奉献了，有多大能力奉献多大嘛。我反正也出了力了，也没有太大的抵触。有点不愉快，就是没跟我们打招呼，就让我们下来了。

陈：离休的时候，工资有变化吗？

赵：工资没有变化啊。

陈：离休前后，有什么补充的吗？

赵：没有。那我就把朱今明离休的事情讲一下？

陈：朱老师的事，后面有一个专题嘛，有一系列的问题。

赵：好。

---

① 他，是指北京电影制片厂人事部门的干部。

电影《红楼梦》的经历（上）

陈：您进入电影《红楼梦》① 创作班子，开始是什么情况？

赵：就是在这个中间，② 在谈，还没谈成的时候，《红楼梦》剧组给我打了一个电话——是费俊打的——说汪洋同志让你参加《红楼梦》组。

陈：是汪洋让您参加，还是谢铁骊让您参加？

赵：汪洋。肯定也是谢铁骊的意见啊。汪洋那时候好像是要退下来了吧，我也不太记得了。谢铁骊没有直接给我打过电话，是费俊打的。

陈：费俊在《红楼梦》剧组做制片？

赵：他是汪洋的秘书，他一直是搞制片的，在《红楼梦》没有冠名。是不是开始有，我不知道，我去的时候他已经不在组里。因为我没想到还叫我去拍戏啊，第一次，我说我非常感动，你们还想着我呢！可是我现在正在谈一个电视剧，还不知道成不成呢，现在我不能答应你，我得等一等。等了一个多月吧，都快 12 月了吧，1985 年，快到 12 月的时候，他们又给我打电话——好像是汪洋同志给我打的，可能是费俊拨的——说赵元，我知道你的情况了，你那个吹了是不是？好！吹得好！到我这来吧！明天就来！就这么样，那我就没有推辞了，我就去了。

陈：《红楼梦》这样的大戏，您想过要推辞吗？

赵：我没有思想准备，我也不敢去，那个戏太大了嘛，害怕嘛！戏太大了，自己没有思想准备嘛。但是也很高兴，他们能想到我，我已经是入另册 ③ 的嘛。我就按时报到去了，报到呢，就谢铁骊在那里，王云霞在上海，我都不知道这个组的情况怎么样。实际上他们已经准备了很长时间了，我进组的时候剧本已经都成型了，服装设计师、美工师都介入了，都进入设计阶段了。我第一天去见谢导的时候，我就跟他说我没有思想准备，我说《红楼梦》我也就看过一次小说，还是老早在上海的时候，年轻的时候看的。我说你给我一个礼拜怎么样？我先看剧本，看小说，我做点准备工作，垫

---

① 电影《红楼梦》拍摄于 1986—1988 年，历时三年，北京电影制片厂摄制，于 1989 年上映。导演：谢铁骊、赵元；编剧：谢铁骊、谢蓬松；摄影：邹积勋；主演：夏菁、陶慧敏、傅艺伟、刘晓庆等。谢铁骊、赵元因此片荣获 1990 年第 10 届中国电影金鸡奖最佳导演奖。

② 在“这个中间”，指的是还在与贵州电视台洽谈有关电视剧创作的过程中间。

③ 指受访者当时已离退休。

垫底啊——不行，你得半天来“门诊”——就告诉我，半天必须到组里头来应付一切的问题，“门诊”。那好吧，我只能听他的。没两天呢，王云霞从上海回来了，谢导就告诉她赵元来了。王云霞是演员组组长，我呢，就是在导演组工作。

陈： 当时没有明确您是执行导演吗？

赵： 后来工作里头都是明确的。我不会去问这个问题。谢导呢，就安排我工作吧。王云霞他们已经找了一年多的演员了，在他们拍上部戏《清水湾，淡水湾》的时候，谢铁骊已经派王云霞到处物色演员。谢铁骊早想拍《红楼梦》了，他早就已经酝酿了，跟谢蓬松他们什么时候酝酿的，我也不知道。反正王云霞他们那个时候已经撒出网去了，就是说找了这么多的演员，照片很多，有的根本不行的，但是全国撒网吧。那个时候没讲海选呢，他们就自己跑出去，但是好多演员都没有定下来，总的方针也还举棋不定。方针是什么呢？就是到底是用有经验的演员呢？还是用年轻的一拨？那时候电视剧不是已经开始了嘛，电视剧都是用年轻的一拨嘛，这是在那里摆来摆去吧。[1] 没两天，王云霞回来了，回来以后说上海有一个演员在西安，就是夏菁，[2] 香港的导演要去了。谢导演就叫我跟王云霞马上到西安去，看看夏菁到底是什么情况？把夏菁给搞下来。我们第二天就上了西安了，见着夏菁了。

与影片《红楼梦》总导演谢铁骊、制片主任林永刚勘察外景地

陈： 当时就决定女演员演贾宝玉吗？

赵： 女孩演男孩，这个方针已经定下来了。到了那里，人家夏菁是香港的一个导演的演员叫张鑫什么来着？

---

① 这，是指电影《红楼梦》剧组，摆来摆去，是指还不确定用年轻演员还是用有经验而年龄较大的演员。

② 夏菁因为演《红楼梦》而改名夏钦。

陈： 张鑫炎？

赵： 张鑫炎是吧？三个金字的那个鑫。夏菁是他的演员，当时还没拍呢，就跟他磨咕，磨咕来磨咕去，最后我们这边厉害啊，又给汪洋打电话，告诉他，人家不放。后来达成协议了，让张导演放弃夏菁。让王云霞再找一个合适的演员给他，就这么一个情节。我们就回来了，觉得夏菁还可以吧，后来谢导演要看一眼嘛，这么重要的角色不给他看？我们看了说行，他也不放心啊。最后是定了她，就是这么一个过程。

陈： 夏菁自己愿意吗？

赵： 她当然愿意了。她愿意。当然有负担，也害怕嘛。

第二桩事情呢，我到谢铁骊组（以前），没有跟他工作过，就是在《林家铺子》那个时候见过面，是吧？后来他是大导演了嘛，我没有跟他在一起合作过，我觉得有点不适应。第一个不适应的是，我进组的时候啊，服装设计师、美工设计师都介入了，唯独没有摄影。在我的脑子里头，摄影是最需要进入的，这些东西都要跟摄影一块研究才能够定盘的嘛。可是他没有定摄影，我就很纳闷。我就问他。他呢，那时候要求很高，还想到国外去找个摄影指导来，反正他有这个想法。但是好像也没有具体对象还是怎么的，还没具体的行动吧。要是外面的不来的话，又想要朱老头来当摄影指导，[①] 有这个想法，都没定下来。我就跟他说——我当然不能问你怎么不找摄影啊——我就问摄影师是谁啊？我说怎么还没定呢？他说那你帮我想想，是谁（合适）？我给他推荐邹积勋，邹积勋是年轻摄影里比较棒的了，是吧？他也同意。他说那你去问问他，他怎么样？我就受令，去找邹积勋，（说）谢导演请他当这部戏的摄影师，问问他有什么意见？我和他谈得挺好的。第一呢，他觉得现在的这个状况底下，好像还不适宜拍《红楼梦》。

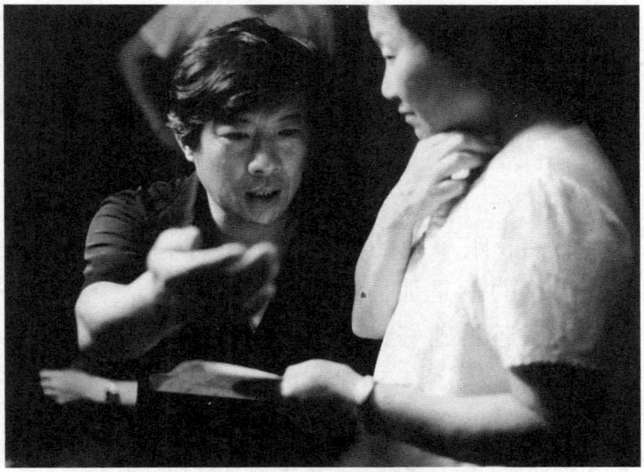

与摄影师邹积勋谈拍摄方案。

---

① 朱老头，指的是口述人的丈夫即摄影师朱今明。

《红楼梦》太庞大了嘛，大家对《红楼梦》都是很敬仰的，怕弄不好。（邹说）“谢导演的人品跟他的艺德，他的各方面，我都是敬仰的。我愿意跟他合作，但就是这客观原因，我有担忧。”他又提了三个条件，其中有一个条件，要保证照明器材啊、照明师傅啊等等，还有两个条件是什么来着？反正是都是创作上的问题。他说如果谢导对我的要求没有意见的话呢，我邀请他明天到我家来，小饮一杯——他喜欢喝点酒嘛——这就八字有了一撇了嘛。我就跟谢导说邹积勋的意见，谢导第二天就去了，他们两个就谈成了，他们俩就很好啊。这个摄影师才定下来。录音呢，更放在旁边了，他就没有去考虑，那是后来的事了，准备过程没有录音，就动起来了。动起来呢，演员陆陆续续的就要过来了。中间还有王熙凤到底找谁啊？这里头就有两个趋向了，到底找年轻的还是找年老的？最后呢，还是定了刘晓庆。汪洋他们来了，还是要保戏嘛，年轻的好像怕撑不住。晓庆呢，也不太容易找，她那个时候拍《芙蓉镇》呢，好多戏呢，是吧？她也不太想演，真的，她不太想演。

陈：刘晓庆不想演王熙凤？

赵：不想。她跟我说过，她说她不太想演，她说我要是演好的话，人家说她本来就应该演好的，好像她这个人（天生就该）演王熙凤；演不好呢，那就是一通砸了。她就这个思想。汪洋给她做工作了，死活让她（演），就来了。还有个傅艺伟，那个宝钗，我去的时候都没有定的，也是到处找，找不着。后来汪洋看了《末代皇帝》吧——不是《末代皇帝》。

陈：《末代皇后》[①]

赵：汪洋看了，觉得傅艺伟还不错，就请傅艺伟。可是傅艺伟从外表来讲的话，跟小说的模样不太一样，因为她是长脸嘛，宝钗是面若银盘嘛，小说描绘的就是那样的一种美嘛。不太（一样），可是呢，他们也认可了，汪洋觉得还是她好，后来就请傅艺伟过来了。宝钗、黛玉、宝玉定下来了。这三个定下来了，其他就好定了，再就是贾政啊什么的，不是太难请。林默予是王云霞请的，[②]大概也不太难请，这么一个大主角，她当然很愿意。演员班子就定下来了。后来我们就在测绘学院[③]租了两大间平房，演员来集中，就叫演员在那里住。

陈：演员住大通铺啊？

---

①《末代皇后》，故事片，长春电影制片厂 1986 年出品。编剧：张笑天；导演：陈家林、孙清国；主演：潘虹、姜文、傅艺伟等。傅艺伟在片中扮演谭玉龄。

② 林默予在电影《红楼梦》中扮演贾母。

③ 原军事测绘学院是北京电影制片厂（北三环中路 77 号院）的东邻。

赵：就是那些小年轻的演员，男的还没有，就是演宝玉、宝钗、黛玉，还有史湘云的，就这几个人，晴雯什么还没有来呢。本来想得挺好的，我是想呢，这《红楼梦》是这么大的一个著作嘛，演员又是演那么样一个时代的人，演员又是这么年轻的，所以必须得要给演员有一个培训的过程。所以把她们集中在那里，让她们首先得研究小说，再研究剧本。再根据每个人的（角色去分析、理解）。我呢，就是负责她们吧，去给她们讲了一下，怎么理解《红楼梦》啊，怎么读剧本啊，怎么理解角色啊等等，这一通吧。要求她们的是，每个人从现在开始就以角色的身份在一起生活，宝哥哥就是宝哥哥，林妹妹就是林妹妹，要求她们生活里头这样子来相处。这是我的美好想法，根本也没实现我这个想法。

与饰演贾母的林默予交谈

陈：这个想法很好啊，为什么没实现呢？

赵：她们没怎么严格执行嘛。第二个呢，我就说你们每个人都设想一下——因为毕竟不是我们现在的时代，起码是二三百年以前的年代了是吧？——我说你是宝玉你就想着，宝玉他每天生活流程是怎么样的？他起来怎么穿的衣服？谁给他穿衣服的？他起来第一桩事情是什么？第二桩事情是什么？他怎么拿扇子？他怎么喝茶？他怎么逗鸟？他怎么看天？我是说先从生活着手，你琢磨这个去接近人物。我是这么样想的，我觉得我的想法还是蛮好的。那么黛玉也是这样子要求，每个人性格不一样，处境不一样，根据你自己的（角色），你把她一天的生活流程想出来，完了你再想到她昨天是怎么过的？她前天是怎么过的？她以前是怎么过的？以后她向往是什么？给她们出这些个题目吧。这是第二个案头工作。第三个题目就是说，古代书香子弟都是很有文化修养的，琴棋书画，是他们的门面，是他们内涵的东西，我们也要学。给她们备纸、备笔、备棋，就是你得生活在那个年代里头。你从开始进入（角色情境），到演戏的时候就不是演了嘛。就提了这些个要求。我们也不能一天到晚在那里待着，让她们自己去安排，有的时候去看一看她们，问问情况如何。

陈：具体的，是王云霞老师管，是吧？

赵：王云霞管演员，也就是负责找，具体的，她也没怎么太管。

陈：演员培训是您在管？

赵：培训是我提出来的。王云霞也是演员嘛，她可以一块培训嘛。

陈：培训演员延续了多长时间？

赵：没有多长时间，好像也就半个月的样子。里头还有好多事情呢，后来我们还有“红学班”呢，那是最了不起的事情了。讲习班啊，不在这里办的，在北京郊区某机关的一个招待所，专门找一个房子，演员们通通都搬到那边去，都住在那里，林默予都去了。请了好多大专家，红学会负责人胡文彬，清史专家朱家溍，红学家冯其庸、周汝昌、李希凡、蔡仪江、丁维忠，吕启祥——师范大学的女教授，有七八个人讲呢，那是很隆重的。反正是从各个方面讲的，有讲小说的主题思想的，有讲小说的老少爷们的，有讲这个主人公的，有谈《红楼梦》的建筑方面的，有谈那个服饰的，有谈礼仪，有谈贵族大家庭里头的上层人物跟下面的（关系）等等，都对创作都特别有用的。就增加大家的认识和理解嘛。对于我们来讲，是最重要的一课。讲习班的人很多，我们都去听去。我拍了一辈子的戏，也是第一次享受到这样特殊待遇。哪有什么摄制组组织班子给你学习的？那么多的名家来给你上课，受益实在是非常大。①

陈：您是什么时候重读小说和剧本的？

赵：就在这个中间抓的呀，苦极了，没有办法了。你就是重读了，以后再碰到什么问题再去查啊，还是很生疏啊，因为所有的人都把拍《红楼梦》当成一个重要任务来对待，不能怠慢，是吧？就这么一个思想。所以拍《红楼梦》真的很苦，苦得不得了。

化妆师是大范，范青山，范青山一直盯着整个戏的。王希钟可能是在造型上出了点主意吧，没怎么来。影响挣钱啊，那时候已经要挣钱的时候了。

陈：那个太太不让来的美术师呢？

赵：他来了，美术师是一直在的。有两个美术师，一个陈翼云，还有一个杨占家。

陈：办完讲习班，接下来呢？

赵：办完讲习班以后，我想想看——现在时间我搞不对头了，《红楼梦》的故事多着呢。没有一个戏是这样困难的。我1985年12月去报到的，没有过多长时间，叫停，不给拍了。

陈：我不知道。叫停？谁叫停？

赵：是胡其明厂长来传达的，说根据目前国家的状况，不适宜拍《红

---

① 编纂时，对这一段话的语序有所调整。

楼梦》，可能就是耗资大吧，还是怎么的。就停下来了，大家的情绪简直坏极了。

后来呢，就停止了。停了，《红楼梦》组的人吃不消啊，情绪上受打击啊，正在火热的时候呢，结果就不拍了，大家就灰溜溜的。

陈：您当时的反应是什么？

赵：我觉得很愕然。停拍了以后呢，就叫我们做善后工作。

陈：后来又怎么柳暗花明了呢？

赵：据了解，《红楼梦》编剧谢逢松、红学家胡文彬向上面反映了我组的实情，才解除了停止令。《红楼梦》又恢复了，通知我们可以继续了。也就停了那么几个月吧。后来就加紧筹备，又是红学班啊，又是成立演员组啊，那又准备了好几个月。好像到1986年底才开拍的，这样的。

电影《红楼梦》的经历（下）

陈：问您一个小问题，离休再去拍戏，怎么谈酬金呢？

赵：不谈酬金。

陈：是您不谈酬金？别人也不谈酬金吗？您退了，不是应该谈酬金吗？

赵：没有谈酬金。前面有王云霞，也是退的，演员大概都是拿补助的，王云霞告诉我，到了组里是每个月给你 30 块钱。

陈：除了补贴，另外还有酬金吗？

赵：没有酬金，就是 30 元，没有拿多久，也就没有了。

陈：《红楼梦》开拍之前，你还做了些什么事？

赵：开拍以前？做的就是这些个准备工作，我看，是服装的这个（事）。

陈：服装您也管吗？

赵：不是管具体的服装，管服装设计。那个时候是研究设计图，是一共多少天就送了一大批，一大批设计图都铺在地上看啊。宝玉就有好几套嘛，春夏秋冬的，一批一批来，还有头饰，头上有什么样的装饰东西，化妆配备的这个，都在图纸上提示出来。

陈：然后就开拍了是吧？

赵：开拍。好多事情呢，《红楼梦》的事儿特别多。开拍呢，先是拍内景，在厂里搭的景，在棚里搭的，就在这里拍的，拍那个碧纱橱跟绛芸轩，就是黛玉从扬州过来，跟宝钗见面什么的。

陈：开拍这几场戏，您就做执行导演吗？

赵：我一开始就做执行导演。所谓的执行导演，就是现场指挥嘛，谢导一直都在现场的。这是他的心血铸成的《红楼梦》，我们都是助手吧。

陈：您的具体工作是什么呢？

赵：我的工作就是执行啊，就是指挥拍摄啊，那样的。

陈：拍摄方案都是谢导定的？

赵：他定的。都是他定的。每天晚上，我们都要弄到很晚，都要捋镜头，谢导演没有什么分镜头剧本的，他是工作台本，每一场拍到哪、分到哪。就是明天拍，今天晚上分，就是美工、摄影在一起。

陈：也包括导演、执行导演、副导演、场记？

赵：对，都在一块，记录下来，明确，就是这样。

陈：您跟谢导有过不一致的意见吗？

赵： 那不一致的东西当然有，具体的都不记得了，都不是大的方面的。反正不一致也好，一致也好，都是听他的嘛。我后来做宣传的时候，不是主创要发言嘛，要写一段话吗？我说我在总导演的艺术构思底下，兢兢业业地完成任务。这就是我的宗旨。

陈： 您进组以前就想好了，按照这个原则办？

赵： 也不是去了以前想好了。我就这么干的。他不是每人要写一段话嘛，我就写了这段话。他们说你怎么那么谦虚啊？我说就是这样的嘛。

陈：《红楼梦》是不是分组拍？几个组来拍？

赵： 一个组拍。始终一个组拍。

陈： 为什么不分组呢？分组进度不是更快一点吗？

赵： 精力顾不过来嘛，谢导演的精力也顾不过来，两个组得要两套人马呢。我们这个戏是要精益求精，要精雕细刻，不要大跃进，两个组来拍干吗啊？就是谢导演这一个组，都辛苦得不得了，谢导演的心血都花在那里多少年了，酝酿，弄剧本，像我是1985年才进入，1983年、1984年有些主创人员就进入了，主力已经在那里了。到拍的时候，谢导也不是那么很轻松的，他也是每天都得在那里琢磨的。他眼睛不好，看剧本都这样子看的：几乎把剧本贴到眼睛上，很辛苦的。

陈：《红楼梦》的结尾，电视剧搞了新花样，电影呢？讨论过吗？

赵： 电视剧它是自己发挥的了，（电影）就是忠实原著，忠实小说。

陈： 也包括高鹗续的后四十回？

赵： 后四十回再怎么的，你也不如人家了解得多，还是忠实它吧！

陈： 当时没把这个问题作为一个问题提出来？

赵： 没有作为问题。后来我们一看电视剧，我们都惊愕了，它好大胆啊，搞了这么样的！这些人的命运他都给（改）了！作为我来讲，我觉得惊愕得很。

陈： 您能接受电视剧的改编吗？

赵： 我接受不了。我们认为我们是忠实原著的。

陈：《红楼梦》剧组的故事还有哪些？

赵： 我觉得有很多故事嘛，怎么一下子问我（就说不出来）？创作里头的故事就很多。第一，我面临资金问题。

陈：《红楼梦》也有资金问题吗？

赵： 有。开拍以前，在厂里头要搭多少景嘛，在场地外面要搭多少，到底在哪里拍荣宁二府外貌的问题，都很费脑筋。谢导看了好多地方，都没有定下来。最后呢，我记得有汪洋、胡其明、谢铁骊，我们的制片是谁啊？王学普吧？还有我，我们一块讨论。谢导就报了几个地方，可以在那里搭景，荣宁二府的景呢，想搭得相对固定一点，将来可以做一个景点，可以做一个旅游的（项目），就跟人家去协作去嘛。（上海）青浦也是一个点，北京郊区也是一个点，还有河北省那个定县。但是呢，也有缺点，要花很多的钱，你跟人家合作，到底你将来回报多少？最后考虑来考虑去呢，就决定在厂里搭景了，就是现在留下来的荣宁二府。原来荣宁二府的这个地方是一片果林，经过厂里同意呢，就把它划出来了，归《红楼梦》组了，这样才产生现在的《红楼梦》荣宁二府。

陈：这个荣宁二府旅游项目，给北影厂赚了很多钱吧？

赵：赚了多少钱那我就不知道了。那个定下来了呢，我记得汪洋已经不当厂长了，胡其明当厂长，他说：肥水不流外人田。说要给子孙后代留点东西，是这样一个愿望。那就自己厂里头解决问题了，《红楼梦》的好多场景都是在这里拍的。这样定下来了，要把桃林砍掉，也有好多人不同意、反对的啊，但是厂里已经做了决定，也就这样子了。这是一个大事。

我就说钱的问题呢，我去的时候啊，好像有很多人可以到很多方面去拉钱来的，我待着这么多年吧，那些所谓要拉钱的，一个铜板也没拉过来，所以最后还是中影公司，胡健[①]给投资的，没有中影公司就拍不成。所以后来，胡其明厂长看《红楼梦》（第一部样片）的时候，他还说了那么一句话呢："骑马找马，先把第一、二部拍下来再说，再看看后面能不能拍三四五六。"这不是一个很艰难的问题嘛。

陈：找中影公司胡健来投资，您了解内部情况吗？

赵：内部情况我不了解。他们也没有跟我谈过这些，我也不需要介入。但是我后来知道，是他们投了 1300 万元，（其中）300 万元，就投到这个荣宁二府的建筑里头去了。这么一个情况。

陈：其他外景呢？外景是哪些？

赵：外景去了上海青浦，还有就是苏州的园林，有名的网师园啊、拙政园，苏州好多园林我们都去过，都拍摄过。用苏州园林的结构，放在大观园里头。大观园就是要南北特点都有的，园林是南方建筑，这样的一个构思，这样过来的。

陈：这一共拍了多长时间？您在剧组待了多长时间？

赵：一直到完啊。1989 年就完了吧，我们 1990 年已经到武汉去拿金鸡奖，（颁奖会）是 1990 年开的吧？我们是第 11 届，的百花奖还是金鸡

---

① 胡健（1933—2009），1984—1993 年间担任中国电影发行放映公司经理。

奖啊，反正有个 11 届，[1] 我们在武汉。

陈：关于《红楼梦》，还有别的记忆吗？

赵：《红楼梦》里头的事儿特别的多。我先说一个有意思的吧。从这

与影片《红楼梦》总导演谢铁骊和女演员合影

一点，可以想到我们当时的情况。我们从苏州回来，从外景回来拍内景，哪年啊？可能是 89 年，要不就 88 年，时间我都记不住了。有一次，我们拍沁芳园那场戏，是宝玉做寿啊，还是什么，反正是人很多的，很多演员全上场了。我们每天都是按部就班，纪律性很强的。八点钟进场就是八点钟进场，八点钟以前我们工作都做好了，今天拍什么，黑板上都画好了。那天一进组，演员没到位，一进门就看到当天工作日的这个（黑板），上面有一个漫画，一个女孩流眼泪，哭鼻子，底下有一段打油诗："物价天天涨，我们吃不好，我们要求一天一张大团结。"——大团结就是 10 块钱。你看看，要求补助才 10 块钱。这才了解了，怎么回事？这帮演员通通在那罢工呢，都已经化好妆了，在招待所里待着。

---

① 此处记忆有误，《红楼梦》是在 1990 年第十届金鸡奖评选中，获得最佳导演奖（谢铁骊、赵元）、最佳女配角奖（林默予）、最佳美术奖（杨占家、陈翼云）、最佳服装奖（夏亚一、丁梅先、姜锦明、赵茹华、张璇、洪军、刘惠萍）。"金鸡百花电影节"创办于 1992 年，此前金鸡奖是单独颁奖。

陈： 要求涨工资，涨片酬？

赵： 不是片酬，涨外景补助。他们是外请演员嘛，有补助的嘛，我们到外面去有 10 块钱补助嘛，回来以后就给他们七块钱，他们就（嫌）少了吧。我是觉得他们这个要求是对的，因为外景是 10 块钱，人家在这不也等于是外景嘛——他在外景嘛。谢导演跟我的意见不一致。他说对是对，但是他们不应该用这种形式来，好像在造反，现在不能答应他们这个要求，以后可以调整，现在绝对不行。跟我说的，他说不行。谢铁骊又亲自去了，他老爷子去了以后就跟他们说，现在这些具体的事都不要说，你们现在都跟我进棚去，先拍戏，以后再说。谢导演来了，他们也就乖乖地（回来开工），也没几步路的，就这么回到摄影棚，那就开拍了，那一天就工作了。好久以后，给他们调整了（补助），这不是一桩大事吗？这事情很有意思的，他们要求是合理的，要求也不高，但方法不对头。

陈： 您当年就觉得合理，还是现在觉得合理？

赵： 我当时就觉得他们合理。我跟谢导演说，我说他们（的要求）是合理的。因为我们外景是 10 块钱，他们在这里也是外景，他们单位在上海、在东北啊，像傅艺伟在东北，陶惠敏在浙江啊。但谢导演的原则还是对的，他说现在不给她们解决，不马上解决，以后解决。

陈：《红楼梦》得金鸡奖多项奖，多少人去领奖了？

影片《红楼梦》获金鸡奖“最佳导演奖”。

赵： 领奖的人挺多的，有林默予，有服装——服装设计师倒没有去——，服装组的刘惠萍跟姜锦明两个人去的，服装得了奖。美工得了奖，美工师两个都去了，杨占家跟陈翼云，演员林默予，他们都去了嘛。道具去了，道具没有得奖，小杨子去了，道具也很精彩，也有很多故事，我又想到一个故事了。

就讲到那条船的问题，跟我还有关呢。那条船呢，道具啊，原来是请人家雕了一个木头船，那个木头也不算好，看起来表面是红色的，像红木，但是那个船很笨拙，一点都不秀气，我都看不上眼，一看我就给否了。可是呢，马上要拍了，那天已经要拍黛玉房子里的戏，机器都架上了，那时虽不拍船，但是船在橱里头，要有摆设啊。结果呢，有一个同志告诉我们一个信息，说工艺美术馆的橱窗里头有一个船，挺考究的，可以去看一看。谢导演又叫我去了，我跟道具一块去的，一看以后，真的不错，小巧精致，上面那个金属是银质的，上面还有宝石，还有帆，特别好。我一看就动了情了，我就跟人家讲，要求借给我们。人家不肯借，从来没有借过那个，后来经理又出来，我们又跟他们讲，最后是我把这个借出来了，借了一个礼拜。我觉得我特有成就感，我把这条船借来了，特得意。拿回来以后，大家都喜欢得不得了，就开拍了。一个礼拜我就要还给人家，我们的道具还不肯，不想还回去，想买下来。后来买了没有，我就不知道了。要花钱买，我就不肯。

陈：您谈好了是要租，还是借？

赵：租了——不是，是借。我写了借条，一个礼拜还给他们。人家放在外面陈设，要卖的嘛，挺好的。这条船可是立了功了。

【有关《红楼梦》的补充】①

赵：《红楼梦》拍摄周期长达三年，三下江南，除苏州园林外景外，还有一个重要的外景地——上海青浦区，那里建造了大观园。小说中大观园景色房舍都一一修齐，这给我们提供了极大的便利。贵妃省亲中的大部分戏，都是在那里完成的。还有潇湘馆、怡红院、辛芳桥等等的重要场景也是在那里拍摄的。青浦大观园给我们极大的支持，允许我们在园内各处采景，只要求我们尽量避开每日 10 点至 14 点的旅游高峰，其他时间可以任意使用。于是，省亲仪仗队开进园内，元妃的凤轿抬进园来，拍摄工作极为顺利。

《红楼梦》组的纪律特别严格，我们住在青浦疗养院（工人疗养院），每天准时出发到拍摄地，如果有人迟到也不等，宁可让车子开回来接迟到者，也不让大家等迟到者。谢导演是执行纪律的带头人，他每次集合都是最早一个坐进车内，他的以身作则组里没有人敢迟到。我们的行为和作风给当地的群众留下很好的印象。他们赞扬我们像解放军一样。

《红楼梦》漫长的拍摄周期在演员的调度上也带来诸多的困难。摄制组不可能把演员包下来，演员也不可能三年都扎在一个组里。为此，和演员订合同时，写明允许演员跨组拍摄，傅艺伟在此期间就兼拍了《风流女谍》《贞女》两片，但前提是要保证《红楼梦》的拍摄。这就要求我们的拍摄计划要十分周密，稍一不慎就会延误拍摄，造成巨大的损失。好在我

---

① 以下 5 个自然段，是受访人在审稿时补充的，由卢小飞录入电子文档。

们与兄弟剧组协调得还不错，大家都能圆满完成任务。

刘晓庆社会活动很多，国内国外，飞来飞去，有时第二天就要拍到她的戏时，还不知她在何方。那次在青浦，天都黑了，还未见她的踪影，大家万分焦急。深夜，她赶过来了。连夜看第二天的拍摄内容，还提出了自己的想法，这给我留下很好的印象。她不娇气，在摄影棚里等待拍摄时，会缩在布景片后面睡着了。有一次拍完一场宴席后，她抓起盘中的肉食往嘴里送，她的刻苦精神是很好的。

陈： 您获得最佳导演奖，当时的感受是什么？

赵： 我的感受啊？我的感受极简单，第一我是给谢铁骊来抱奖的，不是我得奖。我自己觉得我也不是得奖者，但是我的名字是在里头。

陈： 您怎么不是得奖者？您是执行导演啊。

赵： 事前是刘建中[①]告诉我的。他说赵元，我告诉你，《红楼梦》得金鸡奖了！我说是吗？他说你们厂里报来的就是两个人，谢导演跟你，你得金鸡奖了。虽然我也挂了这个名，得金鸡奖，但是内心里头，我觉得这不是我的奖，是谢铁骊的奖。我为谢铁骊高兴！

陈： 您也做了很多工作，不是吗？

赵： 但是我觉得导演还是他啊。执行导演就是执行导演，我就是我自己。我真实感受，不是我得奖，是他得奖，我拿回来，有一个周总理写的"闻鸡起舞"的复制品，还有一个金鸡。我就告诉谢导，我给他打电话，我说我把金鸡给你抱来了，我什么时候给你拿过去？他说放在你那吧。我说这你的奖，不是我的，我说我就要一个"闻鸡起舞"，总理的字，就行了。

陈： 两人获奖，只有一个金鸡啊？

赵： 就一个。还有一个奖状，写两个人名字。

陈： 奖状也交给谢导了？

赵： 交给谢导了，通通交给了他。我们摄制组服装设计的奖，他们特别觉得荣誉，他们还研究好了去复制——影协说可以复制的，有几个人的名字，就可以复制几个——他们复制了，每个人一个。我说我才不复制呢，我不要，我拿这个虚的荣誉干什么？

陈： 这是您的个性。《红楼梦》咱们就说到这？

赵：《红楼梦》的故事很多，创作里头还有一点事，但也成不了什么

---

① 刘建中（1942—），1964 年毕业于北京电影学院摄影系，曾任北京科教电影制片厂摄影、编导、副总编、副厂长，后调任中央新闻纪录电影制片厂厂长，1995—2002 任国家电影局局长。

故事。

陈：没关系，任何一个信息我们都记录。

赵：开始的时候，构思里头啊，还有曹雪芹出现的，还搭了一个曹雪芹的茅屋呢。曹雪芹在里头写作，完了用旁白介绍出来，用曹雪芹的语言把（创作过程讲出来）。那个时候呢，正好孙道临在北京，不晓得他是拍戏还是干什么，我把他请来，让他配这个旁白。那不是挺好嘛，是吧？他这个人，真是学者，我非常喜欢他，就这么一点旁白，他都特别认真。他总是带着字典，配之前，他就问我，你有什么要求？是含蓄一点的？是抒情一点的？还是奔放一点的？还是怎么样的？你要什么样的调子？我告诉他，偏重是什么方面，他就来进行准备。人家就是工作认真严肃，敬业。

陈：后来录了音了，是吧？

赵：录了。

陈：这个方案，已经拍好了？

赵：拍好了。

陈：后来为什么没用呢？

赵：后来觉得好像没必要嘛，和整个影片风格不一致，还是从太虚幻境开始好嘛。我现在觉得，也是不要好，要了好像有点做作，有点不够那个滋味了。

陈：拍下来的那个资料去哪了？

赵：那我就不知道了。那都在剪辑那里，现在谁知道它们到哪去了？

陈：那个素材，应该进博物馆——最好是进电影资料馆。

赵：对啊！不晓得，这个不在片子里头，它也许就不进资料馆了呢。那时没有那个概念啊，是吧？其实这个戏外戏的资料，更可贵啊。过去没有这个观念。

陈：《红楼梦》，还能想起来别的什么？

赵：《红楼梦》真是累死人，真累得要命啊！我个人的问题，也在《红楼梦》里头啊，我的朱先生，不是在《红楼梦》的拍摄中间去世了？也跟《红楼梦》有关的，在这说吧。我刚才讲到，摄影不是曾经要他来当指导嘛，我劝他不要来。

陈：您劝他不要来？为什么？

赵：嗯，我觉得我是对的。为什么不来呢？人家邹积勋已经是很成熟的摄影师了，邹积勋已经得过金鸡奖了。而且我了解他们，人家凡是独立的人，不要说（摄影）家了，都有独特的东西，都有自己的追求。人家讨厌"拐棍"，在旁边烦不烦啊？是吧？而且我很了解我们这位先生，他是不会要挂名的空头指导。

陈： 要来就得要真干？

赵： 要来了，他就要发表自己的看法。甭管他是对还是不对，他要说自己的想法。你的想法跟我的想法肯定会有不和谐的地方，也许你的很好，也许我的很好，但是甭管好坏，两个人合作肯定会有矛盾的，肯定会有不同的，完了再统一起来，是吧？我觉得呢，第一，要是邹积勋有一个朱老头在旁边当指导的话，邹积勋是会不舒服的。你说你是我的指导，我不问你也不合适，我问你我也不愿意，那你就别扭了，是不是？你是我的指导，你来指导我，我不爱听你的，我也得装着、得听着，你要指导得好，我当然感恩不尽了，是吧？所以我从这个角度来讲，叫他不要去。我说这个是吃力不讨好的事情。

陈： 朱老师自己呢？他也同意您的看法？

赵： 他也不去了。当然他身体，那个时候还没算不好，他真要去的话，真的会不好的。我就叫他不要去，你就是扶人家上马，上马了以后，你就让人家驰骋去，你就不要再老扶了。

公益专题片《呼唤》

陈：您拍的《呼唤》，那是一个专题片？

赵：是个专题片。是全国妇联主管的中国少年儿童基金会，那个人跟李露玲熟，怎么熟的我不知道，李露玲叫他来找我。这么样的。那时候是在《红楼梦》后了吧？——后了。我也没有事干吗，这个是公益片嘛，我就去了。找了我们几个人，有李少凡，还有一个摄影，温智贤的儿子，他也挺好的，还有一个照明，这三个人，我们一块到广西的融水县，到那个村子里去了——那个地方苦得很——就是了解了情况，我记得是拍女童，主题就是关注女童失学嘛。

我就去过那一次，不是说去了以后再来拉提纲，是去了以后，一边就拍素材一边就编了。拍完素材以后呢，要写解说词嘛，我就想请苏叔阳[①]给我写解说词，拔高一点嘛。我打电话和他联系，怕他不愿意干啊，是吧？他说好的。他说他愿意跟我合作。我就把素材给他了，把我拍好的东西给他，另外把解说词的大概意思（写）给他。他再根据我这个（意思），写了解说词。完了我们就请配音演员配的，还不错。

陈：这个作品的制作方式是什么？把一笔钱交给您，让您编导加制片吗？还是他们有制片人始终跟着你？

赵：他们有人负责管钱。一个女同志，这个女同志从头到尾跟着我。

陈：您请苏叔阳、请张桂兰，片酬是由谁来谈？

赵：他们给钱，苏叔阳才给 300 块钱呢。就那么少啊。我告诉苏叔阳，我说稿费挺少的。他当然也不好意思要多了，你给多少就是多少，给 300 块钱，人家没讲价钱。反正很少。我们也很少的钱。

陈：您的编导费是多少？

赵：也是 300 元。我拿了就捐出去了。我当场就捐给融水的那个学校了—— 300 块，我捐了 300 块，好像也就是这么多了，给我们这么多。捐的时候，我没告诉我们的人，因为我们的很多人都很需要钱的，很看重这

---

① 苏叔阳（1938—），河北保定人，当代著名诗人、剧作家、文学家，笔名舒扬。他以深厚的文化积淀、特有的历史文学视角，创作了诸多国内外广为流传的文学著作如话剧《丹心谱》《左邻右舍》、长篇小说《故土》等，作品多次获得国家图书奖、“五个一”工程奖、华表奖、文华奖、金鸡奖、人民文学奖等，2010 年获得联合国一书贡献特别奖。

个（片酬）的，尤其照明师傅，一位挺老资格的师傅，他就说，我不管，我是要钱的，给钱就干，不给钱就不干。

陈：这也公平合理，他劳动，就要有报酬。

赵：对啊。就是这样的。但是他们给得都是很少的，给我的呢，我捐了，因为那地方太苦了。山上的孩子，来到这个学校里头来上学，一个礼拜回家一次，带了粮食，带了咸菜，背着米，大家的米搁在一块烧，挺苦的。

陈：《呼唤》还有相关人或者事吗，您印象深刻的？

赵：相关的人，印象深刻？我觉得温智贤的儿子给我拍片子，这孩子以前没有露过，他拍得挺好的。

陈：《呼唤》的摄影师，是吧？

赵：嗯，摄影师。他小嘛，现在也在外面拍，大概也是北影的人。他挺不错的，他叫温德光，他现在拍过很多东西，到国外拍纪录片什么的，那孩子挺好的。

那个地方人民的生活太苦了。你想想看，住的房子是用木头和竹子搭建的楼房，楼上住人，底下就是牲口。山村里头木头多，可是运不出去啊。原木，大树，都是砍下来，有的被卡车拉走，大概走私的，卖掉了。房子都是原木搭成的。有一次老乡还请我们吃饭，算是好的东西了，给我们熬肉骨头汤，一锅粥一样的东西，黑色的，一股味，不晓得是羊（骨头）啊还是牛（骨头）。反正我是吃不了那个，我最怕那个膻味，每人盛一碗，

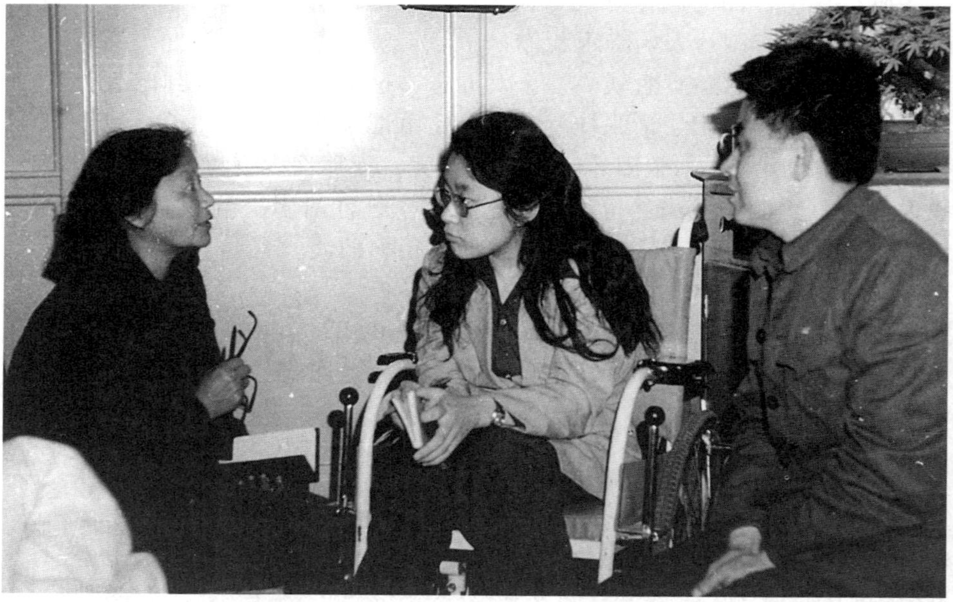

80年代中，采访张海迪

我实在是吃不消。那个灶，这么大的锅，除了煮人食，又是猪食，就是这么样烧的，我吃不消，难受极了。就这样的生活，可是老乡还要对你那么好，那个县委书记，扛着行李上最高最远的地方去，我要跟他一块去，他不让我去。他说你走不了，没有路，吉普车到山口就完了，都得走路去。完了我就说，我说你这里这么多财富，你干吗不给想办法运出去啊？他没有这种条件，大概有条件的，也是走私走出去的，我真是觉得难。那些个孩子啊，我就对这些孩子们特别的心疼，就想给他们创造一点条件。

后来联合国到山区去调查——张海迪不也是调查才出来的嘛，才知道有个张海迪嘛。[①] 张海迪原来也是受歧视啊，找工作？健全人还没工作呢，残疾人谁理你啊，没人理你。

陈： 张海迪在 80 年代就出名了，您拍这个是 90 年代啊！

赵： 对，我那是 90 年代。我是到张海迪家去的，还跟她生活了一个礼拜呢。

陈： 为什么？您准备拍她吗？

赵： 是采访她，想弄一个剧本嘛。

陈： 那是什么时候？

赵： 就是张海迪在人民大会堂做报告以后。

陈： 拍张海迪，是您个人的计划，还是有投资人来找您？

赵： 没有投资人。是儿影厂支持的。

陈： 儿影厂想拍张海迪的故事片？

赵： 对啊，它这是青少年系统的嘛。

陈： 您是受命，还是自告奋勇拍这个？

赵： 儿影也没有明确给我们任务，就派我跟郭玲玲两个人去了，就是郭维的女儿，她在儿影厂当编辑嘛。我跟她一块，两个人都在张海迪家住了一个礼拜。我们就想搞这个本子，想给儿影厂搞的，后来没搞成。

陈： 没搞成的原因是什么？

赵： 没有搞成，本子没写出来嘛。张海迪有一个朋友，是她们村子里的人，他要写剧本。我们呢，要想拍张海迪的这个材料。所以就跟他一块去深入生活去，到张海迪妈妈下放的地方，她得病的地方，我们都去过了。就是去了一趟，没弄出本子来。回来以后就接《十四五岁》的剧本。

---

① 这一段是口述人思维跳跃的原始记录，张海迪出名是否与“调查”有关，待考。

《月落玉长河》

陈： 咱们说《穆斯林的葬礼》,[①] 是谢导邀请您参加？当时是什么情况？怎么开始的？

赵：《穆斯林的葬礼》，就是《红楼梦》下来了以后，这个组的基本成员都在，要继续干下去了嘛，基本上都是这个组的人嘛。

陈： 基本都是《红楼梦》剧组的？

赵： 基本干部都是以谢导为核心的创作组了，就是干下去了。

陈： 为什么会选《穆斯林的葬礼》改编呢？

赵：《穆斯林的葬礼》怎么选上的？是他自己选的还是怎么的，我都不太记得了。但是我看过《穆斯林的葬礼》的小说，我是非常喜欢的，我觉得非常好。

陈： 拍民族题材有时候容易惹事啊，特别是拍穆斯林题材。

赵： 对啊。那个时候没有考虑，拍的时候好像没有考虑到那么多。我觉得好像这问题不大嘛，因为它是写汉文化跟穆斯林文化融合过程中的矛盾冲突，先是对立后是融合嘛，是吧？但是不知道拍出来以后，又提出那么多的问题。当时没有想到那么多。

陈： 您在《穆斯林的葬礼》剧组，还是做执行导演？

赵： 仍然是那样一个角色。反正跟谢导演在一块，就是那样的角色。习惯了。

陈：《红楼梦》您做执行导演，可以理解，这个戏太大了，一个人怕是拿不下。《穆斯林的葬礼》为什么还要这样合作呢？

赵： 他愿意要我去，我就去了呀。

陈： 影片创作过程，您有哪些记忆？

赵：《穆斯林的葬礼》，我跟他有一些看法不一致，和他争论过。这本小说,还是挺不错的,它写姐妹两个的命运,(妹妹)违反了礼教了嘛,是吧？这个妹妹爱上了姐夫，是有一个感情的过程的，她本来在学校里头跟一个

---

① 即影片《月落玉长河》，故事片，根据霍达长篇小说《穆斯林的葬礼》改编，香港康大影业公司、北京电影制片厂 1992 年出品。导演：谢铁骊、赵元；主演：王诗槐、薛淑杰、史兰芽、郑振瑶、盖丽丽、李琳主演。

男同学很好，后来在一个什么活动里头，见解不同，分开了，她后来才跟（姐夫）一块出去，她的心情不好，在她生病的时候，国外没有什么朋友的时候，姐夫对她的关爱，这样产生的感情。小说里头有一段情节，我觉得非常好的，一段情节是在地下防空洞，在躲警报的时候，姐夫呵护她的感情戏，我觉得挺好，很感动人的。我就要把那场戏端上来，加强妹妹的这条线，（增强它）的合理性，她不是说先就看上了姐夫，跟他到国外去，她也有英国的男孩子喜欢她。谢导演他不喜欢这个，他说这有什么意思？没意思。那个他就不要。我就觉得这个情节，这一块老觉得不够，缺，干，就有争论。但是没有什么大的争论，我是个别跟他谈的，大家都不知道。

陈：拍摄过程比较顺利吗？

赵：拍摄挺顺利的。

陈：但是后来就不太顺利了，是吧？

赵：后来是审查不顺利。拍摄呢，开始跟作家就不太顺利，作家霍达跟她的爱人叫王什么来着？一个画家，[①] 他们两个人挺傲慢的。我到霍达家里去过，跟张翠兰，张翠兰是责任编辑嘛。剧本是谢导改的吧，署名还是写霍达改编嘛，实际上是谢导又拿来改了嘛，是吧？改了以后，他们不满意，他们不满意也没有说出什么来，我跟张翠兰两个人去了呢，她丈夫说我们最不愿意的就是剧本交出去了以后，电影厂就说你们交了剧本就甭管了，以后的事儿就是我们的事儿了，你们就完成任务了。他们最不愿这样的事情。他们要参与，晓得吧？后来谢铁骊导演改的剧本，他就不满意："这是什么东西？"把剧本扔在那桌上。我当时就愣了，怎么这样的？我第一次见到他们，也就去那么一次。我跟张翠兰从他那里一回来，直奔谢导演家，告诉他这个情况。谢导演就说，告诉他，让他给导演一点创作空间，允许导演有创作的空间。

陈：后来审查出了什么问题？您了解吗？

赵：审查的过程，我就知道是民委吧，他们觉得有问题。一个丈夫娶两个女的，违反他们穆斯林的规矩，这样是要受罚的。

陈：这是谁说的？是民委审查人说的吗？

赵：民委的人说的。但是（我们）以前也有准备啊，我们请了很高级的阿訇，作为我们的顾问，就解释这个问题，他不是娶两个女人，北平沦陷后和家人失去联系，他是在特定的环境底下，在灾难中，他不知道家里头还有没有人活着了，又是在异国他乡，这样子形成的，情有可原嘛。男

---

① 指的是画家王为政，作家霍达的丈夫。

主人公和妻妹结合后生了女孩子，[1] 后来跟汉人的谈恋爱，未来的发展肯定是好的，要融合的，霍达的意思还是好的嘛。所以后来还是通过了，没有枪毙。

陈：您看过影片，印象怎么样？

赵：看过的。我觉得不怎么太好，不算太好。

陈：您觉得演员表演到位吗？

赵：演员，王诗槐是我们从上海拿了照片回来，（谢导演）他看上了王诗槐了，[2] 但是呢，我对王诗槐的戏不是太欣赏。我就跟他说，我说王诗槐能够完成任务，但是不会出很多彩。谢导也不认识人家，他就从外表感觉他好，我觉得他好像跟角色有一点距离，谢导愿意用他就用他了，他也是一个有名的演员嘛。我看他现在演戏倒比以前好多了，路子也开了。

陈：霍达说对演员不满意，具体是指谁？

赵：她没有具体说谁。她是不是知道是王诗槐了？除了王诗槐，还有（演）大女儿的薛淑杰，浙江话剧院的，她戏还可以，形象也不是太好，但是演姐姐还行吧。还有就是盖丽丽，按照盖丽丽的外形来讲，不够理想。盖丽丽是我选上的，因为她原来在北影的，我们拍《红楼梦》的时候我就找过她，我要她演惜春。那个时候呢，她想去考上海戏剧学院，她说我还要去读书，不能参加了，那就吹了。以后我看到她在上海戏剧学院的时候，跟尤勇还有谁，三个人演的一个电视剧，是台湾的剧本，我觉得演得挺好的，挺纯的。我说让她来演，谢导也同意了。这个盖丽丽，后来她表现不太好。他们就跟我开玩笑，我说完了，我也看错人了，盖丽丽呢，反正也就是完成任务，没有出色的（表现）。你看，那时候她正好是要出来的年龄，但是她自己没掌握好，没出来。

《穆斯林的葬礼》，还去了一趟英国，知道吗？外景在英国，在英国拍了几个镜头，拍了一下英国（伦敦）的海德公园，在泰晤士河上都拍了一些镜头。

陈：您和摄制组在英国待了多长时间？

赵：待了半个月吧。

陈：那是您第一次出国吗？

赵：好像是第一次。英国拍戏还好，我们住在大使馆的文化处，吃中国饭，大使馆给我们做的饭。

---

① 女孩子，指的是主人公韩子奇和冰玉的女儿新月，在北大与汉族青年楚雁潮相爱。

② 王诗槐在电影《穆斯林的葬礼》中饰演男主角韩子奇。

陈： 大使馆给做饭，是谢导的面子吗？

赵： 肯定是谢导的面子了。反正跟着谢导走，这方面没问题。有个参赞跟我们在一起。我们在伦敦，就拍了一个马路上（的戏），一个船上（戏），还有海德公园（的戏），海德公园就是她跟外国男孩谈恋爱的那个（地方）。①

陈： 英国男孩是在当地现找的吗？还是带去的？

赵： 在北京找到的，他就是英国人。我去英国的时候，在街上走，我觉得街上也挺脏的，不怎么干净。我跟那个外国演员，我们叫他奥利弗，② 他也会讲一点中国话，我说你们这也不怎么干净啊！他说这是他们最主要的街，好像是撒切尔夫人（住的地方），外宾来都（要经过），我说怎么就这样？

陈： 唐宁街啊？您走到唐宁街了？

赵： 不晓得是什么街。唐宁街我们好像去过，他们那天正好有一个活动，有仪式，有军乐队啊，马队啊，有那个。

陈： 军乐队、马队？那是在唐宁街，还是在白金汉宫？

赵： 那就可能是在白金汉宫。反正在广场上，我们那天好像没有拍摄任务，我不记得了。反正我们好几个人，还跟外国人在那里照相，跟他们一块照相。先在旁边看，后来去照相。在英国，说实在的，去英国拍也就是拍点外景，没有什么情节的东西，公园里头走一走啊，码头上站一站，那样子的，就是观光了一下英国吧。BBC 还采访我们，我们这个戏里头盖丽丽的角色是燕大的学生嘛，我还在北大把燕大的校歌找来了，我们还练了这个歌，BBC 给拍我们两个，还叫我跟盖丽丽两个人把那个歌给唱唱，在泰晤士河上唱歌呢。唱了这个歌，很有意思，他还录下来了，给了我们一个录音盒式带，有我们的声音。

陈： BBC 采访，是录音采访，还是录像采访？

赵： BBC 电视广播吧，是录音采访。我还留了这么一个（采访录音）带子。我们还在泰晤士河上唱歌呢，挺好玩的。参观过蜡像馆，还有战争博物馆——还坐过那里的电梯，③ 这跟我们戏里头的感觉有关，模仿他们挨轰炸的情况。那个我的感受特别大，它是模拟的，晓得吧？叫你感受伦敦挨轰炸的（情形），那个电梯，坐进去，就模拟这个声音，炸弹炸了，

---

① 说的是冰玉在英国时，英国商人亨特的儿子奥利弗爱上了冰玉。

② 奥利弗不是演员的名字，而是角色的名字。

③ 不是普通电梯，是战争博物馆里的体验战争情境的特殊电梯。

你的眼睛里头都是伦敦街道被炸（的情形），电车也倒了，铁轨给扭曲了，再一个画面就是救护队来救助了，来送食物给难民了，这些东西。过了一阵以后呢，广播又出声音了，叫大家安静，不要害怕，我们来唱个歌吧！打动我了。我说你看，他这个工作做得相当好啊！一方面叫你回忆战争年代，我们国家受过灾难，这样子的；另外呢，又是展示他的国家对灾难中人民的关怀，我觉得很好。我看过（皇家）战争博物馆，我也觉得特别好。

陈：刚才说的模拟轰炸，不是在皇家战争博物馆里头看的吗？

赵：不是，我不知道这是哪了。（在皇家战争博物馆）我看了什么？第一次世界大战，他们的人力，他们的物力，他们的兵器。第二次世界大战怎么的。我说哪个国家的人民不都要爱他祖国嘛，是吧？我觉得我们做这方面还少，我老发表这个感受，我说我们也应该有更多的（方式）来各种方面（展现）。

陈：我们也有军事博物馆、也有抗日战争纪念馆。

赵：抗日战争纪念馆我也去过了，军事博物馆也去过了，可是我们的那个（比较简单）。它就不是啊，它从第一次世界大战说起了。就是说（我们）还应该有很多的事情可以做的。我就觉得他们这方面做得蛮好的，东西也都留着呢，当年的炮都留那里，给我的感受挺大。我们也到当地老百姓家去过，就是中下层的老百姓家吧，住的房子就是楼上楼下一小栋。对于孩子的教育，我觉得也挺有启发的，中国人现在有点钱都是往孩子身上堆啊，人家不是这样子的，你看人家，有的有儿童间，有的没有儿童间，有在厨房里头小板凳、小桌子搁在那里，叫孩子们拿个红萝卜、白萝卜，叫孩子刻图案，都是自力更生的玩具。我们哪有这样的事情啊？都是买，一个孩子（的玩具）堆一间房子。他们的好的地方，我都能够看进去，都能够接受。另外城市的建筑，除了刚才说的有点脏吧，它那个雕塑啊特别多，是吧？印象特别好。

陈：英国是老牌资本主义帝国，您是老共产党员，去那里有抵触吗？

赵：没有抵触。但是我们感觉到英国，有老牛破车的感觉。我们到英国电影制片厂去过了，特别惨啊，它的电影厂就没有生产，大门也是关着的。但是人家不像中国，人家不养人，就留一个管厂子、制片的，还有一个什么人，就那两个人。你进去了，他带你看一看，介绍一下，有一个组在拍戏，就是《007》。很萧条。谢导演在那里还发了一顿感想呢，说："英国电影是我非常崇爱的，看它现在电影厂都不生产，我很难受！"大概这么一个意思吧。

陈：在英国还有哪些故事？

赵：讲群众演员吧，英国我们还找群众演员呢。我们不是拍街上戏嘛，

（邮差）在英国街上送一封信来给家里头，送信的是英国的邮差了，这不是也要在英国找嘛？这也没问题，跟邮差联系好了。路上还不能空空荡荡的，（要）有人啊，在街上总得要有人啊，是吧？那群众怎么找呢？在北京你可以抓一个人来。在那里，我抓了一个老太太，我跟她说。（她）说不行，有事情。（我说就）10 分钟。不行。后来（说）5 分钟，人家也答应了，人家给你干了，挺好。咱们的人还有点不习惯，好像抓了群众演员不给人家经费也不好，死活要送人家东西。送什么呢？就带点清凉油，给人送一盒，人家还特别高兴。

陈：预算中没有外国群众演员开支这一项？

赵：没有的。我们就把国内带去的清凉油作小礼品，送给她，老太太很喜欢中国的小礼品。我们到人家家里去找外景，也有故事啊。我们不到人家家里去，但是我们要拍人家的门啊，是吧？邮差来送信，要有门啊，那怎么办呢？就到处去看房子。很奇怪的，礼拜天，人家家里灯都开着的。一打听啊，都到郊外去旅游去了，灯开着，不晓得为什么。好不容易找到一家，有人了，到人家家门口来拍，不是要人家允许的嘛。这个外景就是这样找到的，就拍了十几个镜头，实际上就是不去，也没什么了不起的。去了就更真实嘛，但是出国要花钱嘛，来回路费。

陈：这是投资方的事情了。

赵：就这样的。

陈：《穆斯林的葬礼》您还有要说的吗？

赵：没有什么了，没有什么太精彩的故事了。

在伦敦拍摄影片《月落玉长河》时，请外国友人协助拍摄

8集电视连续剧《盐丁儿》

陈： 咱们说说《盐丁儿》？[①]

赵：《盐丁儿》这个剧本，是颜一烟写的嘛，颜一烟是我们厂的编剧，就住我们八号楼的中门。她的小说，已经出了好多年了，很多人都想弄，也没弄好，也都没有上马。大概是钱的问题吧。因为这个跨度挺长的，到儿影厂成立了，于蓝也要把它弄上来，大概我想要（拍），就给我的。可能是儿影厂也愿意要这个，我自己愿意要这个题材，那么颜一烟就给我拍了。

陈： 是儿影厂投资的？

赵： 投资是两个地方投的，儿影厂跟东北（辽宁鞍山）的岫岩县，这是于蓝的出生地，于蓝是岫岩人。她跟市领导打了招呼要求支援，市领导研究后同意投资，给拨了50万元，这个片子预算要100万元啊。本来是要拍10集的，后来删掉两集。先跟中央电视台联系的，中央电视台愿意拍，后来他们投资一半，50万元，岫岩投资50万元。

陈： 中央电视台投50万元，岫岩50万元，儿影厂没投钱？

赵： 儿影厂没有投钱。

陈： 它的著作权属于谁呢？属于中央电视台和岫岩县？

赵： 好像属于儿影的吧。

陈： 儿影不投钱，却享有著作权？

赵： 电视著作权，我也不知道属哪的。拍摄过程挺艰巨的。首先是剧本，剧本呢，它这个跨度太长了，从她生出来一直到参加革命；（经历的）地方嘛也太多，所以我头疼就头疼在这个地方，你想，一个戏最好是地方不要太多，是吧？场景不要太分散，能够拍足了，它就好办。它是这个地方一点戏，那个地方一点戏，难弄得不得了。又是中国的，还有日本的，（时代方面）有大清朝末年的、有民国的、抗日战争的，所以很头疼，很难弄。

陈： 这个是您独立导演的，是吧？

---

①《盐丁儿》，8集电视连续剧，根据颜一烟同名小说改编，1995年出品。编剧：颜一烟；导演：赵元；主演：关垚森、丁一、李雪健、周杰等。鞍山市人民政府、中国少儿电影制片厂、中央电视台影视剧部联合出品。

赵：嗯，独立导演。很难弄的。剧本呢，老是觉得太散了，太包罗万象，太难了，可是你又不好砍，因为它要写这个孩子的成长过程嘛。但人物的性格很单一，觉得好像有点一生下来就有反骨一样，一直到参加革命，就是这几个难题吧，解决不了。让颜一烟再改吧，她也改不了，作者她就不太容易再提高了。找别人来改吧，也没有什么人来改，只好自己动手吧，好像又突破不了。后来找张震钦，让她来加工，不是让她来改，她也介入了一下，也没有全部（改写），只做了些修改调整，这么样的，不是太成熟，就那么搬上来了，电视台也通过了，那么就进入拍摄了。

参加第一届上海国际电影节。

拍摄困难重重。一个是钱（紧张），景太散了，钱要很多啊，不可能有那么多的钱啊，是吧？所以就精打细算，真是一个铜板要分两个铜板用。儿影出一个制片主任，实际上管事的是于振羽。于振羽是摄影师，他又管钱，大小开支，都要他来弄，他呢抠得不得了，抠得我都不能容忍了，你想想。

我们第一场戏是在北戴河拍的。到北戴河去，拍日本的环境，北戴河不是还有点日式的建筑嘛。就找了日式的建筑，就假设它是日本海边的某某地方。在那拍了两场戏，我们是拍海边夜景，人家白天不是还要营业嘛，我们利用晚上拍。夜景拍完了以后，不是很晚了嘛，应该给摄制组的人备夜点，我们制片主任连夜点都不给。买了一些方便面，放到房子里头。有一次特别逗，我们在晚上拍戏，在林子里头嘛，我的小青年——现在还挺有名的演员呢，当过我的场记，里头也有点戏，他叫潘粤明，他是演员——他演盐丁儿的弟弟——又兼场记，（当时）十八九岁，拍着拍着，要打板了，[①] 打板的人找不着了。打光的时候不是很慢嘛，这个小少爷跑走了！开拍了，打板，找不着他了。到处找，找不着，结果他到哪去了？他回宿舍去了，回那里去吃夜点去了，饿了，在制片那里吃方便面了，把我气的，就 K 了他一顿。

① 要打板了，指的是电影或电视剧拍摄中，每个镜头开拍之前，需要有人打板提示。

陈： 您不是说制片不准备夜点吗？他吃什么夜点？

赵： 我是说他不给大家夜点，备了一点方便面什么的，泡的，他去那里去吃方便面去了。我就说穷啊。

【关于《盐丁儿》的补充】①

《盐丁儿》是我厂老编剧颜一烟自传体小说改编的，描述出生在清末贵族家庭的一个女孩的坎坷命运。因其是女孩，遭到祖母的百般凌辱，她幼年丧母，后又遭后妈的虐待，她以猫食充饥，与乞儿蜷缩在街角度夜。尽管如此，她也从未放弃求知求学的可能。她在进步师长的帮助下，东渡日本，考上早稻田大学，临近毕业时，七七事变爆发，她毅然放弃即将到手的毕业证书，返回祖国，投身火热的抗日战争中。

我很喜欢这部小说，它新颖独特，不是通常的"苦儿努力记"。她是大格格，她有家不能归，有父不能认，是出身贵族的流浪儿——"盐丁儿"三字是祖母对她的贬称，祖母嫌弃她，嫌的同音是咸，故称她为盐丁儿，盐是生命中不可缺少的元素，一粒盐能给生命带来希望——我想反映这点作用。

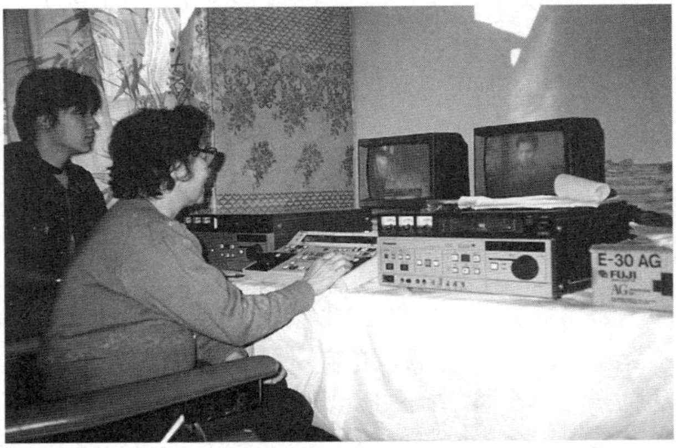

电视剧《盐丁儿》初剪

晚年的颜一烟最大的希望就是让下一代了解昨天，珍惜今天，建设明天。她渴望能将它拍成电视剧。表演艺术家于蓝——当年人中国儿童电影厂厂长，为《盐丁儿》搬上银屏亲自与中央电视台联系，获得央视50万元投资，《盐丁儿》是满族题材，又得到鞍山市政府的支持帮助，投资50万元，终于把《盐丁儿》扶上马。《盐丁儿》是中央电视台、儿童电影制片厂和鞍山市政府三家合拍，儿影出工作人员和器材。

这部片子的时代背景复杂，跨度大，不仅有晚清末年及20年代老北京的景象，还要出现日本东京银座和早稻田大学等等。好在北影有西式一

① 以下几段，是受访人审稿时补充的，由卢小飞录入电子文档。

条街和荣宁二府，我们充分运用这两地进行加工改造，老北京的绝大部分戏都是在那里完成的

我头疼的是日本方面的景象，我写信给日本朋友，请她协助帮我们拍回早稻田大学的外貌，又在日本当年的杂志中找依据，寻感觉。樱花是日本的国花，我安排了一场盐丁儿到日本后与友人共赏樱花的戏，为了抢季节，我的外景地第一站就在北戴河，那里有日本人留下的房舍和庭院。作为盐丁儿到日本的第一个落脚处，并在那里等待樱花的盛开。我还采用了海军餐厅，布置为日式的咖啡馆，盐丁儿和少年时的男友在那里重逢。我选择二楼临窗的座位，设想通过主人翁的谈话，背景可看到海滨游客的活动景象。但光线和距离都限制了我，未能达到理想的效果。银座的拍摄地，是借用北大平庄马甸旁的双秀公园完成的，那里有日式的亭台、长廊，挂上大大小小的红灯笼和各色布幌子，到有些日式气氛。餐厅内是借用王府井的一家西餐馆，为了不影响店主的营业，都是在停业后我们才开始工作，联系两个晚上拍完盐丁儿与已是伪满洲国外交大臣的父亲强邀见面的戏

电视剧《盐丁儿》获“飞天奖”二等奖、“骏马奖”最佳电视片、最佳导演奖

环境气氛的营造，还可以渐渐完善，唯有人物不够丰满，少年时还有些动人的细节，成人后的进展很粗，比较概念化，这虽是原作带来的先天不足，也是我的功力问题。《盐丁儿》虽于1995年获得16届全国电视剧“飞天”奖二等奖，及国家民委颁发的“骏马奖”优秀导演奖，也难以掩盖片子本身的缺陷。

关于电影《有钱的感觉》[1]

《有钱的感觉》是谢铁骊导演根据徐贵祥的同名小说改编的。主要描绘一个编辑得知自己即将得到一笔比他薪金高几倍的稿费，喜出望外，兴冲冲地奔回家，与妻子商讨如何改善生活水平的设想，但钱还未到，意外的花钱却不断而来，弄得他挺苦恼。

我对这篇小说兴趣不大。我喜欢另一篇《青衣》，但谢导演认为不好表现。《有钱的感觉》太平淡，本来设想采用一点喜剧元素，丰富一点男主人翁的自我嘲讽，但与整个影片的风格也不搭调，故而放弃。

这部片子拍摄很简单，整个戏就在我厂周边解决，可以说就是一部小片子，小成本。摄制组跟厂里定的是承包制，所以组内各方面摄制成本都尽量压缩，因为是表现普通公务员的生活，服装道具都容易解决，好些东西都是从大伙儿的家里拿去的，如盖菜饭的纱罩就是谢导演从自己家里拿去的。我也提供了皮鞋及各种陈设道具。

说实话，我很不愿意参加这部戏，因为没有我多少事情可做，很郁闷。常常会对谢导说，你要我来做什么？我净让你生气。但他总是眯着眼睛一笑了之。好在拍摄很短，两个多月就完了。这是我参加的最后一部片子。

《有钱的感觉》拍完后，没有听到任何反响。有人说，一个拷贝也没印。究竟如何，不得而知。

① 这一小节，是受访人应采访人的请求，在审稿时补充的。由卢小飞录入电子文档。

谈朱今明的电影创作

陈：下面说朱今明老师。您作为同行，对朱老师的摄影和导演怎么看？

赵：我觉得，从摄影来讲的话，最好的作品，我认为还是早年间的《万家灯火》。[①] 那种情调，那种气氛，那种现实主义的创作风格，我觉得把自己想要表达的通过影片完整地体现出来了，比较完整。

《一江春水》[②] 当然也不错了，但是《一江春水》好像有点花哨似的。《万家灯火》更完整，我觉得更完整，那个作品还是经得起推敲的。

解放以后拍的，应该说《上饶集中营》，[③] 在拍摄上我觉得也是不错的。因为他自己有监狱的经历，有被国民党迫害的生活经历。当时的那种激情，对那个时候的感情，还是融入这个影片里的，我觉得比较完整的。

再就是他拍战争的片子，《南征北战》，[④] 那是他跟成荫（合作），是解放以后第一次跟解放区来的、战场上来的文艺战士合作。他把自己放在这个里头，去弥补他过去没有的生活，跟他一块深入生活，[⑤] 跟他一块了解情况，倾听成荫讲的战斗故事，使思想里头有战争场景的感受。我觉得，刚刚解放以后不久，（这次拍摄）对他的思想，[⑥] 对他的作品，都有很大的帮助。《南征北战》，我觉得挺好的。再后来，在"文化大革命"以前，就是在1949到1966年的17年中间，《风暴》[⑦] 可以算是他在创作上的一个代表作。那次（跟导演金山）合作，还比较谈得来，比较投入的，他们两个人在各方面都合作得很好。《风暴》拍完以后，人们都对他作出很高的评价。

---

①《万家灯火》，故事片，昆仑影片公司1948年摄制。编剧：阳翰笙、沈浮；导演：沈浮；摄影：朱今明；主演：蓝马、齐衡、上官云珠、沈扬、吴茵、高正等。

②《一江春水》，指的是故事片《一江春水向东流》，故事片（上集《八年离乱》，下集《天亮前后》），昆仑影片公司1947年摄制。编剧及导演：蔡楚生、郑君里；摄影顾问：吴蔚云；摄影：朱今明；主演：白杨、淘金、吴茵、舒绣文、上官云珠、周伯勋等。

③《上饶集中营》，故事片，上海电影制片厂1951年摄制。编剧：冯雪峰；导演：沙蒙、张客；摄影：朱今明；主演：汤化达、林农、江俊、沈扬、卢敏、嵇启明等。

④《南征北战》，故事片，上海电影制片厂1952年摄制。编剧：沈西蒙、沈默君、顾宝璋；导演：成荫、汤晓丹；摄影：朱今明、顾温厚；主演：冯喆、张瑞芳、陈戈、汤化达、项堃等。

⑤ 这个他，是指《南征北战》的导演成荫。

⑥ 这个他，是指摄影师朱今明。

⑦《风暴》，故事片，北京电影制片厂1959年摄制。编剧兼导演：金山（根据所作话剧《红色风暴》改编）；摄影：朱今明；主演：李翔、田华、金山、路曦、吴雪、石羽、张平等。

认为他对导演有帮助，有很大的促进作用，在处理戏跟画面、镜头上面，有很大的突破，不是有一个很长很长的长镜头嘛。在他的（创作）中期，这个是一个（最高）峰值的地方。水华同志那时候跟我在一起拍《烈火中永生》，看完（《风暴》）以后，他跟我说："老朱拍的东西还是有特色，他还是很棒！"他跟我讲。后来人们对他的评价也是这样子的。以后在拍摄上，就再没有超越那个时期的水平了。

陈： 再也没有超过，您觉得原因是什么？

赵： 原因我觉得是多方面的，一个是"文化大革命"以后，他这个人组织观念特别强，对领导给的工作是不讲价钱的，你看他多少事情，我们竟擦肩而过，我跟他。我讲最早的一次，就是 1952 年吧，长影拍了影片《结婚》[①]，严恭导演的，在我们上海找了一大批人，有那么七八个女同志，我是其中的一个。到河北省邯郸涉县拍外景，我们在那里待了一个多月，后来呢，这个摄制组的成员都要换，演员也要换，我们这帮人以为，我们老远从上海到长影来拍片子，以为有点什么名堂，结果没有什么名堂，我们这些人都是当群众一样的，我们心里头也有点不大高兴，所以趁此换人机会，我们也要求退出，结果就退出来了。我们来的时候好隆重，那时候第一次到北京，我第一次带队伍到中央电影局，那时候吴永刚还在北京送审片子，看见我们好亲，当天晚上就带我们去天安门。他住在电影局招待所，我们也住在那里，住了一晚上，第二天就坐火车到那边去了。摄制组换人了，摄影也要换，（原先的摄影）跟导演合作得不太好，也要换，说救急，打电话到上面去求援，上级就派朱今明去了，他就上了火车，从郑州到邯郸。我就说跟朱今明是擦肩而过。我们在火车上，他往北京开，我们往南边开，这样擦过，没碰见。

陈： 这是一个戏剧性场景。

赵： 就是这样的。在我们那个时代，（这样的事）我们这种行当好像很正常，也不稀奇。现在回过头来，觉得有很多不能够理解的。

陈： 再回来说，您说朱老师没有超过前期高峰的原因，一是他组织观念强，派他去他就去。别的原因呢？

赵： 我就讲这组织观念特强的问题吧。刚刚"文化大革命"结束，回来了，又要拿机器了，结果拍的片子，是我都看不上的东西，我们在家里

---

①《结婚》，故事片，长春电影制片厂 1953 年出品。编剧：马烽、陈戈（根据马烽同名小说改编）；导演：严恭；摄影：朱今明、包杰；主演：张锡奇、杨静、陈强、邸力、刘儒、王健华等。

叫他不要拍，这破片子拍什么拍？

陈：您是说，拍之前您就知道片子不怎么样？

赵：他也知道。我看的剧本。我让他不拍，我看剧本不怎么样的，我说这破片子拍它干什么？有什么意思？他跟我们急了，说："我不能不工作！"他就是这个思想，好像不拍、不工作，在家待着，他待不住。他就那么一个人，就是一心要工作，一心就是扑在他的事业上，是这样的。没有超过（以前）。而且拍那些片子的时候，"文化大革命"虽然是结束了，但是留下来很多问题都没有解决，那些摄制组的支部书记等等，都是很左的，你动一动，就说你是"黑线回潮"了，就是"资产阶级创作思想又出来了"。他很痛苦，很痛苦。他这个人拍戏，从我的眼里看，他跟所有北影厂的（摄影师）不一样。像高洪涛同志吧，他也挺好的，他跟我也合作了好几次，他老跟我说，导演怎么说、我怎么拍。他就是这样的，听导演的。但是朱今明跟他不一样，朱今明他要从头贯穿，他要研究剧本，他要研究整个的戏的轻重处理，他完全是投入到这个戏里头去。要从创作方法来讲的话，他是现实主义创作方法；从技术掌握上来讲的话，他是形式为内容服务，所以他不是从外部技巧来着手，他要从内部挖掘。内部需要什么样的，把它内在精神的东西体现出来，他从他的角度，用他的（技艺）表现。这一点，我觉得他与其他人不一样，这是我自己的看法。

陈：很好，我们要记录的就是您的看法。

赵：我认为还是跟年轻的时候（的经历有关），参加左联戏剧活动，跟章泯同志他们在一起打下的基础。那个时候他们就很强调这一方面，研究人物，研究戏的主题思想，研究人物的个性，气氛、环境各个方面，烘托出完整的东西。讲的是完整的艺术品，不是单个的、分离的，这一点，我觉得在电影创作上是极为重要的。我认为他从一开始，就种下了一颗很好的种子，一直贯穿在他的创作里头，是这样贯穿下来的。所以他才能够跟金山、水华同志、成荫同志他们合作，在一起那么融洽。他们也愿意跟他在一起合作，大家共同丰富、完善，拿出好东西来。

陈：对他后来导演的作品，您有没有研究过？

赵：我还真没有去研究过。第一部是《蔡文姬》是吧？

陈：第一部是《春天》。①

---

① 采访人的说法不是十分准确，朱今明导演的第一部作品，是民间歌舞纪录片《彩蝶纷飞》，北京电影制片厂 1964 年摄制。演出：东方歌舞团、中央民族歌舞团、中国人民解放军总政治部文工团歌舞团、贵州省黔东南苗族自治州歌舞队；主要演员：阿依吐拉、崔美善、刀美兰、莫得格玛、欧米加参、左哈拉等。

赵：《春天》？[①]《春天》我可能看过，但是没太多印象。那个就是一个歌舞的形式，来反映当时人们的情绪吧，打倒“四人帮”是吧？就是一个政治性比较浓一点的东西。我没有认真地看过，那时候在科影厂，也可能出去拍电影去了，我印象不深。那个歌舞什么的，我觉得还是挺好看的。因为他跟那些同志们合作也很愉快的，把他们歌舞搬上银幕。他们也愿意看到自己。他花了很多的功夫，弄了很多造型方法来帮助演员，突出他们的精彩方面。

《蔡文姬》[②]应该说是很完整的，但是它是一个舞台戏搬上来的，只不过是把它通过电影镜头（呈现出来）。话剧要演两个半小时，是吧？电影只能一个多钟头，这个要浓缩一下，那就是删减、集中这方面工作做一下，就是在场景上的调整。在表演上面，在戏的处理上面，还是人家原来的东西。我觉得《蔡文姬》完成得还是可以的，要是说怎么成功，我也说不出来。因为它是话剧的基础好，演了一百多场了，各方面都很成熟了，我们能够把它搬到银幕上去，能够保持话剧在公众中心目中的水平，就很好了。

陈：故事片《孔雀公主》[③]呢？

赵：他从剧本开始，完全是他创作心血拍摄出来的。拍这个，他确实是费了很大心血，也着了很大的急，中间还生了一大堆的气。

陈：生气？怎么讲？

赵：生汪洋同志的气。那个时候厂里头好多部戏在拍嘛，李秀明是《孔雀公主》的女主角。王炎拍那个《许茂和她的女儿》，[④]她也是主角。结果呢，他们两个组，不知道厂里怎么协调的，他拍摄计划进行中，那边也要拍李秀明，结果把李秀明调走了，调那儿去了。等于说，没有演员，他怎么拍呢？那边，唐国强又是八一厂的，怎么也弄回去了，所以他很气。那次我看他真是气急了。本来他这个人比较识大体，不会发大脾气的，（这

---

①《春天》，音乐歌舞片，北京电影制片厂、新闻纪录电影制片厂，1977年联合摄制。导演：潘文展、谢添、朱今明、陈光忠；摄影：高洪涛、徐孝先、陈佑群、靳敬一、陈锦俶；演员：孙道临、常香玉等。

②《蔡文姬》，话剧，北京电影制片厂1978年摄制。编剧：郭沫若；导演：朱今明、陈方千；摄影：朱今明、杜煜庄；主演：朱琳、刁光覃、蓝天野、苏民、童超、董行佶等。

③《孔雀公主》，故事片，北京电影制片厂1982年摄制。编剧：白桦；导演：朱今明、苏菲、邢榕；摄影：杜煜庄；主演：李秀明、唐国强、陈强、秦文等。

④《许茂和他的女儿们》，故事片，北京电影制片厂1981年摄制。编剧：王炎（根据周克芹的同名小说改编）；导演：王炎；摄影：邹积勋；主演：李纬、卢桂兰、李秀明、张连文、杨在葆、张金玲等。同一年，八一电影制片厂也拍摄了同名电影，编剧：周克芹、萧木；导演：李俊；摄影：杨光远；主演：贾六、斯琴高娃、田华、王馥荔、冯恩鹤、徐光明等。

次）他很气，他觉得有点不讲道理了，拍得好好的，也没犯错误，你干吗把我给停掉了呢？——叫他暂停一下，所以他很生气。因为他请了特技，还请了上海的一大批人，人家都有时间安排的，他也不愿意停掉，所以他那天很生气。第二天早上，他根本不跟汪洋去谈，他跑到八一厂去找那个借唐国强的导演，叫什么我也不知道，反正原来人家也是搞摄影的。① 他一去，人家没想到他来，人家对他很尊重，老前辈，是吧？就说："没问题，朱老师，一定保证你（的拍摄）！"那样的，他就很开心了，他又可以继续拍摄了。

陈：后来李秀明撤回来了没有？

赵：李秀明撤回来了，后面（厂里）还保证了他的工作了，我记得好像是没有耽误，这样子。他到急的时候，他也会有这种方式出来的。就是说他搞这部片子吧，也挺艰辛的，但是总归是把它弄出来了。一般说呢，大家觉得还可以吧。还在国外得了两个奖，② 他自己也觉得尽力了。但是我感觉到它有不足的地方。我觉得神话的味道还不够，不够丰满。我跟他提过这个意见，但是他跟我想的不一样，他没有要求往神话方面发展，他要把这里头的东西变成现实的东西，更靠近现实生活。反正我感觉不满足，从他的影片里边，那种（神话味道）还能够再足一点，再放一点，再破一点。

陈：再破一点，是什么意思？

赵：就是说不要太拘束了，再放开一点，突破一点，我觉得更好一些。我不知道当时为什么他不往那方面去发展，他要往那方面，对他来讲不是很难的。当然那时候的技术条件、手段还没有这么丰富，他要想搞的话，还是能够搞得出来的。

陈：摄影师懂技术、懂造型，肯定能想出办法来。

赵：但是他没有从形式上去追求，他要从内涵上追，这是我对他这个作品的这么一点感觉，也不知道我的对不对。就是说他没有着力去往神话（方向走）。

陈：在《孔雀公主》开始之前，他咨询过您的意见吗？

赵：他没有什么咨询不咨询，他的作品，他的东西，我看看吧。

---

① 应该是指八一厂摄影师、导演蔡继渭，当时他正在导演《路漫漫》一片，唐国强在片中扮演程康。

②《孔雀公主》于 1983 年获第三届中国电影金鸡奖最佳特技奖（张尔瓒、邢培修等），菲律宾第二届马尼拉国际电影节特别奖；1985 年获捷克第十四届儿童电影节大奖——水晶蝴蝶杯。

陈：我的意思是，您给他提要往神话方向发展，讨论过这个吗？

赵：那时候我没有提过这个问题，因为我觉得它本身就是个神话片，我觉得他可能是朝神话方面着手的，但是我感觉到好像还不够满足吧。我喜欢白桦的剧本，我觉得他的台词吧，都是诗句，都特别有韵味。但是我感觉到影片里头的台词，不像我想象的那么有味道、那么触动心灵。我觉得这两点有些不足。

陈：写的台词到电影上没那么有味道，您觉得原因是什么？

赵：我也没有去研究。我觉得韵味差那么一点点，我感觉是这样子。

陈：差一点点，指的是氛围创造得不够好，还是演员的功力不到？

与著名导演王为一谈朱今明往事

赵：这个跟那个不一样，跟神话整体追求不一样，可能还是演员在处理台词方面（有所不足）。我真的没有研究，你这么问，我就（说）原始的思想。

陈：原始思想才是最真实的思想。

赵：我也没有去考虑，我也没有研究，就是自己的直言吧。

陈：您的直言是非常宝贵，因为您是内行。关于朱老师电影创作方面，您还有什么补充的？

赵：他那个人，搞什么都是特别投入的。

陈：所有想做成事的人都是这样，都必须是这样。

谈朱今明离休和生病

陈：朱老师办离休手续，是在什么时候？

赵：办离休？他的退休，也有一点小戏。但是这个戏呢，也是不冷不热的，就那么稀里糊涂地过了。他的离休，跟我的离休是同时期下来的。接到退休通知，他纳闷，但也无可奈何吧，心里头有点不愉快。他只能跟我说，不能跑到外面去（说），叫他离休他就离休嘛。可是不知道怎么回事儿，过了一段时间，很短的时间，厂办又来告诉他，说朱今明不离休，他这样的人不离休——有一段话的，我也记不全了。就是要他不离休。我又很死板的，我说不让你离休了，那你这些东西就退回去，[①] 我说我给你退。我就抱着东西，好像也有钱，我记得，那时候是杜丽丽管老干部，我就拿回去退给她。"哎呀，你干吗还要退回来？"我说不是不离休吗？不离休怎么好拿呢？我说拿了不合适，拿了心不安，退回去了。

不离休之后呢，也没有什么事情找他。又过了那么一两年吧，又离休，就这么的。那（第二次）离休，也没有谈话，也没有东西，什么也没有了。我们刚下来的时候，还有点东西，就这么一个（情况），就是弄得他有点七上八落的，情绪不是很好，心情不好。我们这些人，到了退休的年龄，并没觉得自己该退休了。普遍这样一种思想。让他退休，当然会有心里抵触情绪的。但是他又来了这么一个小小的波折，也没戏，也没有叫他干什么，没有。《孔雀公主》完了以后，好像就没有（具体的事）了。他是艺委会的委员，技术办公室的主任，那就是看片子。他这个人，这方面是很好的，新生的力量起来，他不认识，他看到新人拍的片子好，他就高兴得不得了，他会打听这个是谁谁拍的，告诉他拍得很好。他就有长者的那种风度吧，鼓励年轻人出好东西，他特别高兴。也是对整个电影的关怀吧，我觉得他这方面很强烈的。

陈：从 1984 年到 1986 年，朱老师身体怎么样？

赵：那时候还很好。1986 年的时候，就不太好了吧？——我想想看。反正叫他退的时候，他身体没有什么问题。我现在不记得，中间，他检查身体，我问他检查怎么样？回答：很好！能吃能干能睡，三能，就特棒。

---

① 这些东西，指的是送给离退休人员的通知单、热水瓶、退休抚慰金等。

他每次检查完了，都特别棒，所以我们也没觉得他（身体有问题）。

好像到《西沙儿女》以后，他发福了，肚子大了，后来就有高血压的问题。高血压也没太重视，再后来，就是1986年，我已经到《红楼梦》（剧组）去了，《红楼梦》是1986年开拍的，那次我讲的，本来要他当摄影指导，不是没去吗？

陈：是您没让他去。

与老伴朱今明在板桥头条（北影宿舍）家中留影

赵：我没让他去，是我私下里的事儿。但是他表态了，跟谢导表态了："你要信得过我，你拍的片子，你的样片让我看，我随叫随到。"所以我们出样片的时候，他都去看的。他看片子，是骑个女式的小自行车去。1987年有一次，他看《红楼梦》样片回来，骑自行车摔了一下，大家就说你不要去了，他还要去，他认为承诺过的事（就要做到），他下午还要骑自行车去。有一次呢，他走路，走着走着，（不由自主地）往一边拐，他自己还觉得很奇怪："我怎么搞的？要撞到树上去了！？"大家那个时候也没有重视，也没有太多的知识，我女儿是学医的，她没在北京，在西安呢。① 后来知道是脑血栓的前兆，那个时候不知道。②

陈：朱老师吃高血压药，会按时、按规矩吃吗？

赵：会按时的。

陈：没人监督、没有提醒，他也会按时吃药？

① 此处记忆有误，1986年，口述人的女儿已经调回北京。

② 编纂时，对这一段的语序做了若干调整。

赵：那可能，他会自己知道的。但是呢，后来，我不记得是第二次去苏州拍外景，还是第一次拍外景，那时他犯病了。1987年吧，我们在苏州拍片子，胡其明，还有我们的党委书记——我不认识他，刚来的，叫什么张什么才[①]——他们到苏州来看我们。我们吃饭，都在一块吃嘛，谢铁骊、邹积勋、我们这些人在一桌，他们来了就在一桌，他们嘀嘀咕咕、嘀嘀咕咕，我也没感觉到什么问题。他们老在那儿嘀咕，吃完饭，我起来要走了，他们商量了一通才告诉我，说朱今明病了，现在在医院里。

陈：他们没有在第一时间通知您？

赵：没有在第一时间通知我，我是在外地拍戏嘛。他们嘀咕，就是商量告不告诉我，最后还是决定告诉我，但是又决定，我现在不需要回去，没叫我马上回来，晓得吧？为什么呢？他们说已经给我女儿打了电话，联系上了，我女儿就请假到北京来——我女儿已经回到北京了，所以家里已经有人了，你就不要担心了。

陈：组织上决定不让您回去吗？

赵：没让我回去。好像明确叫我不回去的。说是我女儿回去了，说你不要回去了。我还是不放心，那个时候也没有什么手机，我要到外面去——我们都住在工人疗养院里面——大门口有一个电话，我就打一个长途给我女儿。她告诉我，现在稳定了，住在三院，积水潭分院在那个地方。

陈：是积水潭分院，还是北医三院？

赵：好像在北医三院。天气很热，条件不好，病房很挤。女儿就告诉我，现在已经稳定了，不用紧张了，回去好像也没有那个（必要）了。那我就（暂时）不回来了。女儿已经在家里了，是吧？他的病是怎么发现的呢？

是他们党小组在我们家里开小组会，人家都来开会，在客厅里开会，老头子在床上躺着，说不舒服。他们有人进去，说："怎么回事儿？不行，你赶紧到医院看一看吧！"就这么一看，就留在医院里了。

陈：当时是脑血栓吗？

赵：没有。

陈：就是高血压？

赵：高血压，不舒服，还没有到栓那个份呢。然后我回来，拍戏的中间回来，在8号楼住的时候，他又犯过一次病。就是突然就不行了，不能动了，那时候我女儿也在，她是心血管大夫，她懂，叫我们不要动病人。

---

① 指张志才，1986年7月至1987年间担任北京电影制片厂党委副书记。

后来陈怀皑也来了——我们都住一块，[①] 杜煜庄不是他的学生嘛——他住7号楼——都来了。来了以后呢，陈怀皑给他什么，那个什么？那个丸？

陈： 速效救心丸？

赵： 不是，是中药。什么宫丸——安宫牛黄丸——专门给他吃了一颗。当天还不能够动。第二天早晨，我们三个人——我、我女儿、杜煜庄——我们就给他送到积水潭医院去看病。积水潭的大夫，大概这种病也看了太多了，给我的印象不大好。而且挤得要死，根本就没有病房。同时，在那里碰到了张庚，戏剧家，张庚的女婿是谁呢？是钟敬之的儿子——钟大年还是钟大丰？这两个儿子，我不知道哪个了——碰见我，说赵元阿姨，您怎么在这儿呢？我说今明叔叔犯病了，在这儿等着要住院，没有床位。他说我岳父也是这样的。

我女儿那时候已经调到中日了，[②] 那个医生知道朱加加是中日的，（就说）你们中日有病房，给他们转到中日好了。朱加加马上联系中日。我女儿她是在国际医疗部，就转到国际医疗部去了，两个病人一块转过去了。[③] 幸亏转到中日了，不转到中日，在积水潭就给耽误了。到了中日以后，马上做脑电图，就断定了他是小脑出血，就住院。张庚也是脑梗类的病。（朱今明）就小脑出血压迫神经，昏迷了，那次厂里紧张了，副厂长都去了，就跟医院里交代怎么样全力抢救。抢救的状态底下，在中日住了50天，这中间有高烧、昏迷，那时候我好辛苦。我们家孩子，两个都已经在北京了，朱晓明在北京，但是他的组织关系还没有过来，在统战部。就轮流看护，他们都是要上班的，我就主动承担晚班，晚班以后，白天还要去拍片子嘛，辛苦。我就骑自行车，从这儿骑到中日。他不犯病的时候，就睡在那里，也不碍事儿，我就在病人吃饭桌子上，准备我明天拍的东西。结果那一天，我好多东西没带，我急了，又骑车回来拿东西，又回去，辛苦死了！就那么样的辛苦，完全仗着体力好，告诉你。我好像觉得——我跟朱今明有共同的（感觉），我们都没有服老。我就这样去，这样回来。白天我照样去干活，好像晚上没有那个事一样的，就这么熬了好几个礼拜。后来，他好了一点，我们就不要日夜陪了，后来就出院了，在家里静养。摆在我面前有一个大问题：我要再一次出外景了。我就跟我女儿说，我说你爸爸的病到底怎么样？我还能不能去出外景？她说爸爸半年以内不会有

---

① 住一块，指的是当时都住在8号楼里。

②“中日”，指的是北京中日友好医院。

③ 两个病人，指的是朱今明、张庚。

什么大问题，你可以去。这样我又去了。

他走的那天早晨——我记得是清晨——他说他大便不好，要服番泻叶水，要把手纸给他准备好。给他弄好了以后，我就去摄制组了，等到中午回来，我们都吃完饭了，那天我女儿也在家，她本来是不在家的，她那天是在外语学院学外语回来。今明吃完饭，就进洗手间，门没有关，我女儿还说："爸爸你干吗呢？你上厕所也不关门？我们还吃饭呢！"他"哎哟"一声。我惊问：你怎么了？你怎么了？他说大便拉不出来。我们就进去。女儿说："大便拉不出来，就别拉了！"就扶他起来，给他扶到床上。到床上后，他很难受。朱加加就说，妈妈你赶紧打电话给医务室，叫医生来！我一拿电话，一想不行，这是中午吃饭的时候嘛，吃饭的时候大夫也不在嘛。我觉得打电话是不行的，我就自己到医务室去了——8号楼到医务室很近的，我就走到医务室，正好王大夫在那里，挺好的一个男大夫，我就告诉他赶紧，他就来了。回来以后，我女儿已经给他人工呼吸了。王大夫来了，也给他人工呼吸，马上就说："不行，要到医院去！"没有车，我不是在摄制组吗？谢铁骊不是有一个专车吗？我就给谢铁骊打电话把车要来，坐他的车到了三院，马上就在急救室抢救，观看他的心电图。抢救两个小时，后来王大夫就给我说，放弃吧。我说心电图不是还在走吗？他说那是机器的作用。就这样结束了。

陈：是1989年6月10号，是吧？

赵：6月10号，他就走了。那天是个礼拜六。他走了以后，就要告诉厂里了，是吧？那时候厂长是宋崇了。厂里那时候很重视的，宋崇说，明天上班，我第一桩事情，开会，要讲朱老师的后事问题。反正我觉得宋厂长那次，对朱今明的问题，处理得相当认真。他的那个告别会吧，在八宝山，隆重极了！挽联从里头一直拉到外头，好多好多。有诗，有联，花圈很多，来的人也特别的多。厂里头老干部处他们办的，我根本都不懂，我也没有经历过这样的事情。写生平什么，都是我的孩子跟他们一起弄的，（当年演剧队）我的队长吕复，他天天来陪着我，水华也来，天天来陪着我，都特别关怀，都特别好，我特别感动。

对朱今明的评价

陈： 请您谈谈生活中的朱老师，他是怎样的一个丈夫？怎样的一个父亲？生活中他是怎样的一个人？

赵： 他是非常憨厚的一个人，他是非常憨厚、非常憨厚的人。不会有那种花里胡哨的语言什么的，都特别实实在在的那样一个人。他是一个脚踏实地的人。他不会说空话、大话，他也不太会说那种（套话），他基本上不太会说话。你要他去发言，这方面他挺费劲的。你要他弄他业务上的，他就不费劲。

他就不善于表达，这方面，嘴巴就笨拙了。但是他的心底是挺宽厚的，很厚道，对同志也好，对家人也好，都是很宽厚。没有过多苛责，没有过多要求。

你问我们40多年夫妻，生活怎么过的，我想了半天。我觉得我们看来是很平平淡淡的，也是安安静静的，没有怎么打打闹闹、吵吵闹闹。应该说，还是互相尊敬、互相爱护的，这样度过这么漫长的40多年，这样过来的。

陈： 他作为一个父亲呢？他对子女呢？

赵： 他作为父亲，还是很爱他的孩子的。对孩子们的爱，对他们的关怀，也就是在生活上、学习上的关怀。或者是带他们出去玩一玩，带他们出去，好像很少看电影。（一起）吃饭。这方面的表现，没有过多的溺爱，也没有什么拿着板子，要严格教训的，没有，我们家没有这样的。

陈： 从来不打孩子？

赵： 没有，没有！就是那一次打一巴掌，[①] 基本上没有动过手的，我们家没有开过武功。

陈： 他们父子、父女之间，关系都很好？

赵： 关系不错。

陈： 要是用一段话，来概括朱老师这个人，您怎么说？

赵： 我认为他是一个实实在在的人，是一个脚踏实地的人，是一个厚

---

① 石是指容量单位，10斗等于1石。那一次打一巴掌，据朱加加回忆，是在她没有照顾好小弟的情况下，父亲打过她一巴掌。参见后面的《朱加加访谈录》。

道的人，是一个一心一意要为他自己从事的工作献身的人。

陈：非常精彩！关于朱老师，还有什么要补充的吗？

赵：就说到这儿吧。

谈北影的一些老同事

陈：请您说说北影的老同事，您所熟悉的。

赵：我觉得水华同志我都讲了好多了。我讲讲凌元大姐吧？

陈：好，好！

赵：凌元大姐呢，她这次走得很突然，[①]她的孩子给我打电话，我也（感到）很突然。我跟她的关系，应该说还比较密切。我从上海调到北京来，就住在板桥头条，她就是住在那里的，我一来就跟她接触了。她真是一个老大姐，她非常慈爱，关心同志，热心肠。我刚来的时候，是夏天过去，秋天快要来了。到临近冬天的时候吧，她就告诉我说，北京一定要穿毛线裤，我们在上海没穿过毛裤，我们就穿一个绒裤。我说我没有穿过毛裤的。"不行！那不行！你一定要弄个毛裤！"结果她就翻我的东西，把我的一个旧毛衣拿去，给我拆了，给我重新织一条毛裤，给我织，叫我穿。我就说，她特别关心我，关心同志。不只是关心我，她还关心其他同志，我跟她以前也没有交往过，我们就（成了）很好的朋友、很好的同事。我们两家，就像一家似的，来来去去的。尤其是"文化大革命"，她遭的难特别大。她的大儿子，刚刚北京师范学院毕业，学军回来，再分配工作，这已经"文化大革命"了，老太太已经集中起来了，我们也集中起来了。这个孩子回来以后呢，就在家里，一个礼拜顶多见他妈妈一次吧，这样子。结果在这个过程里头呢，这个孩子查出脑瘤。后来就开刀了，后来就死了，开刀死了。多大的打击啊！在他开刀的时候，好像都没有让她见她的儿子吧？我就说她第一打击是这个。第二打击，是她的婆婆，那是老死了，"文化大革命"动乱老死了，那都还好一些，在心情上。第三打击，是她丈夫死，李恩杰，胃癌，在积水潭，那时候他们家轮流看护，突然有一天，中午换班的时候，就走了。她家在"文化大革命"中，一共走了三个亲人。

（她）自己身体又不好，那时候心脏病。她的大女儿，就是现在的李悦，在中影集团公司当财会的——现在退下来了，但一直在坚持工作——也是心脏病，先天性心脏病，开大刀的。很狼狈的。家里头房子也很小，那个房子里头有个洗澡间，李恩杰活着时候就把它打通了，他们老两口住在里

---

① 凌元（1917—2012），著名电影表演艺术家，于2012年1月20日逝世。

头。就这样凄凄惨惨，病病歪歪地过着。

我说她了不得，是遭遇了这么大的苦难，“文化大革命”以后，她仍然演戏，而且入党了。你看，她克服了那么大的苦难，精神又恢复起来了，后来一直都很好，到90多岁。我觉得她这方面非常了不得。在这样困难底下，对我还是有很大的帮助，我讲了，我们到干校去了，我的小儿子就归她们家的阿姨（管）。到地震的时候，我的孩子跟着她一块，（我）去地震灾区。

我们家的孩子从农村回来了，没地方住啊，我们就变成男宿舍、女宿舍，男孩子到他们家去了，女孩子到我们家。就这么样的。我觉得凌元大姐，她确实是胸怀宽大的，而且平常你看不见她，她也不会讲什么话，也不会讲什么豪言壮语。她就是默默地那么样做着，而且她在业务上，她也是非常敬业。

与参加儿童电影家协会活动的老同志、老朋友合影

我跟她在一块住的时候，她拍过《水上春秋》[①]，学游泳。还有骑自行车的那个叫什么呢，叫小广播的那个，那个叫什么片子来着？就是那个喜剧。

陈：《锦上添花》，是吗？

赵：《锦上添花》，[②]她那个时候岁数蛮大了，她不会骑自行车，现学

---

①《水上春秋》，故事片，北京电影制片厂1959年摄制。编剧：岳野、周正、谢添、徐洗繁；导演：谢添；主演：舒适、于洋、罗国梁、舒迈等。凌元在其中扮演镇龙妻。

②《锦上添花》，故事片，北京电影制片厂1962年摄制。编剧：谢添、陈方千、陈其昌、罗国梁；导演：谢添、陈方千；主演：韩非、赵子岳、田烈、陈志坚、凌元等。凌元扮演胖队长。

自行车，又胖，学骑车那会儿经常摔跤，腿上青一块紫一块的，就这么学。人家40出头学骑车，并能自如地拍摄骑车的戏，她学游泳，游得也很好。她很敬业，在这方面很有修养。“文化大革命”以后，退下来，她老有所为，她学画，从不会画开始，一直到进入师范学院研究生班学画，她的画画得很好，每年书画展，都有她的画展出。所以我由衷地敬佩她。本来要给她开追思会，[①]到现在也没有开，我也没有机会发言了。你要我说，我就把这个给你说出来，我觉得她是值得尊敬，值得怀念的，值得我们记住她的。这么一个老电影演员。

陈：非常好！还有呢？

赵：还有讲谁呢？水华导演，实在是，现在我也不接触那么多的艺术家，我觉得他真是一个非常全面的艺术家，修养，对艺术的孜孜不倦的追求，那真是，这样的人，我还没有看到很多。真是永无止境的追求，从不满足自己，他从来没有沾沾自喜过。我觉得他特别的（值得尊敬），使我从心灵上尊重他。他对我是很关心的，可惜“文化大革命”以后呢，因为我年纪也大了，他也需要更多的更年轻的新鲜血液去合作，充实他自己，所以他后来跟马秉煜合作嘛，他也挺喜欢马秉煜的。后来他也身体不好，也过早地走了吧。我很怀念他。我在干校，都40多岁了，他对我还像对孩子一样的，那么困难的日子里过中秋节，他还要给我留一个苹果，还要给我一块月饼。

陈：在干校的时候，是吗？

赵：干校，他悄悄地给我的。他家里给他带来的吧，他总是这样子的。我在他面前，好像永远也长不大似的，我虽然是已经老了，可是我还在他面前，就好像（没长大），反正我觉得他就像老父亲一样，对人都是特别关心，特别爱护。

陈：其他人呢，比如崔嵬导演？

赵：崔嵬导演，我没有跟他合作过。我觉得他特别可爱的，他就是特别热情。他虽然是大艺术家，但特别有童趣，他有童心，我觉得他的作品有激情，他的《青春之歌》，他的《红旗谱》，你就看出导演的激情，像“一二·九”[②]的那个生活，他是自己亲身经历过的，是吧？他对创作，就

---

① 指的是凌元老人逝世后，要开凌元的追思会。

②“一二·九”，是指“一二·九”抗日救亡运动。1935年12月9日，北平（北京）大中学生数千人举行了抗日救国示威游行，反对华北自治，反抗日本帝国主义，要求保全中国领土完整，掀起全国抗日救国新高潮。崔嵬是这一事件的亲历者，电影《青春之歌》中有对这一事件的历史再现。

像一团火一样的，那么火热。就是那样的投入。为什么说他有童心啊，在运动中，我就感觉他是这样。他虽然年纪比我们长，但是他在某些方面他好像很单纯似的。你看，“文化大革命”那么乱，是吧？他仍然不变他那个童心的。我记得那个时候讲活学活用毛主席著作，我们跟工人同志一块劳动，我就结合自己写了一篇心得，活学活用，他就觉得特别好，他还要去编快板。我觉得一般人都不会去动心的。说明他有天真的方面。我就跟他接触这么一段，后来他孩子去世了，我们都到他家里去看他。真的，他这个人是透明的，他的心是透明的，他要讨厌一个人，他也会透明地讨厌，他喜欢一个人，也是透明地喜欢。他不会说虚的滑的东西，他不会。我觉得他特别好，他是真挚的，艺术家最可贵的就是真挚。我觉得他在这一方面特别突出。

陈：谢添导演呢，您也比较熟悉吧？

赵：谢添我说不出来。他就是长年累月地，在舞台跟电影里头滚，他的一切，都是从他的生活里头来的。我想起来了，“文化大革命”当中，他有一阵使我佩服的。谢添平常的样子，平常生活里头吧，他跟赵丹差不多的，喜欢嘻嘻哈哈，好像没个正经似的。我不太喜欢他们嘻嘻哈哈，没个正经的，所以跟他们有点距离。他们要跟我嘻嘻哈哈，我也吃不消，我开不起这种嘻嘻哈哈的玩笑来。但是谢添，他对生活里头的各个方面，他都有兴趣，特别敏锐。他的艺术素材，都是从生活里头来的嘛，在这方面捕捉过来。但是在“文化大革命”里头，我对他另有新的认识，我从心理上觉得他很棒。棒在什么地方呢？他是一个随便说话的人，嘻嘻哈哈，可他在“文化大革命”那么样尖锐的斗争中，他没有胡说八道过，他没有做过违心的事情，没有说过什么（违心的话）。你不是要我这个吗，我就给你来，他没有。他是顶住了。所以后来他入党，[①] 我们都同意他入党。因为（“文化大革命”）这个是个大考验啊。我对他人品原来就是这样（看）的，因为我不是太了解，看个表面嘛，真正地在考验中看见人，“文化大革命”中，他能这样子，我觉得很不简单。他的苦头肯定吃得不少，因为他过去与三教九流接触地多啊。所以从这一点，我对谢添从心里佩服他了。

陈：还有凌子风导演，您熟悉吗？

赵：凌子风导演，我跟他接触不多。但是他呢，他很爽，就是很爽气。他也是一个透明的人，一个喜怒哀乐表在面上的人。后期的时候，我跟他在一个支部生活过一段时间。他写的一本书，都送给我们了，我那本书都

---

① 1979 年 6 月 30 日的《光明日报》，曾报道过谢添入党事。

不知道给谁借走了，没还给我。他写的，他个人的自传，挺好的。他是把他原原本本地说出来，让大家去剖析他吧。他虽然是有那些生活上的花花草草，但是他对党，对艺术那个热爱（是真诚的），为了艺术他什么都可以牺牲的，这一点那是非常明确的。

北影老干部合唱团在中国电影百年纪念会演唱

陈： 其他的人，例如陈燕嬉老师，能不能说一说？

赵： 陈燕嬉我说一说。陈燕嬉可是个好人啊，她的老头也特别好。我在北影厂这么多年吧，跟她没有（一起）工作过，所以也不熟悉，但是我对她的印象非常好。为什么呢？因为我本身就是女同志，出色的（女性）我都要注目，我不是告诉你吗，我小时候看书，这是女作家的，哎呀，女作家！赶紧看！（有些作家）因为她是女的，所以我才看的。丁玲是女作家，我才看的。所以女工程师、女录音师，不得了，所以我要仰视她的。但是这个人又非常平易近人，以前我看到她的时候，她都是穿一件男同志的那个皮夹克，挺帅的那样一个女同志。我没有跟（一起）她工作过，所以没有跟她有多少交往，但是我思想里头尊敬她。后来搬到北影厂来，住在 8 号楼，跟她是邻居了，她住四楼，我住一楼。生活里头就经常有交往了，尤其她的先生，郑先生，老郑，[①] 也特别好。比如我在给自行车打气

① 老郑，是录音师陈燕嬉的丈夫郑学玄，先后在北京电影制片厂、中央新闻纪录电影制片厂工作。

吧，他要下来看见了，他马上就说，我来帮你打！你要在路上拿个重东西，他总会上来帮你提。所以连我们家朱晓力，都说他们家两个是活雷锋。我跟陈燕嬉说，我说我们家的孩子——年轻人说你是活雷锋，你们这活雷锋，是真正的活雷锋。因为是年轻人嘴巴里说出来的，这评价高吧？这就代表了群众的评价，特别好。后来跟她熟了，我就跟她提意见，她也太过分为人民服务了。

陈：什么叫太过分为人民服务？

赵：有一次我们好朋友，从积水潭（医院）弄来很多包钙粉。大家不都是退下来了吗，就买了好多，集体买的，完了通知这个人来拿、通知那个人来拿，陈燕嬉她要这家送、那家送。东西都放在我们家，我说我的意见是，年纪大的、走不动的，我们给他送；年纪比我们小的，或者是身体比我们好的，我说不送，通知他来。为什么？我说有的人，你给他送了，好像你该给他送似的，好像你应该是这样。谁该谁啊？大家都退下下来了，是吧？我就给她提这个意见，我说你别老黄牛，老是这样子的。就有那么一次，有的人就来拿了。

陈：这个非常生动，您和她两个人性格都出来了。

赵：那个时候报纸还在传达室呢，不送到宿舍来。她一会儿到传达室去，拿着这个人的报纸、那个人的报纸，拿到后面，这家送、那家送。偶然地顺便送送是没有关系的，有的人就觉得你该给我送的，那我就觉得有点过分了。这就是陈燕嬉，这个人的工作是极其认真的，那我就不说了，因为我没有跟她同时工作过，她做任何事情都是这样子的，对别人也是特别的尊重，总是苦的都往自己身上拿。

陈：也是她的性格。其他人呢？比如说王紫菲老师，打交道多吗？

赵：王紫菲老师，我就是跟她在办公室待过一段嘛，那时候我还是很生疏的，刚来北影，刚从上海来。我说不出她多少来，我挺尊重她的，她本身文化就蛮高的，大学生，我就对她就挺（敬重）。我对她的工作能力，还是认可的。有的人，资格老，真没有什么水平，但是要摆老资格、老革命那个样子。

陈：您是有所指，是吗？

赵：有所指，但是我不想说。

陈：张子芳老师，您熟吗？

赵：张子芳老师？我跟她不太熟。我后来看到，也是《电影艺术》上登的，她写的一篇文章，我说这篇文章写得挺好的。我还跟她说，我说这篇文章写得挺好，我看到，才了解你的情况。她也不容易啊！

陈：她丈夫钟惦棐，过去您熟吗？

赵： 不熟。

陈： 说说您熟的，大帅、大师也好，服装、道具也行，好不好？

赵： 姜锦明，服装，好同志。姜锦明住在我楼上，这个同志是非常好的，她是吃苦耐劳，是一个老职工。她的丈夫是影协的，也是一个老同志，他是《大众电影》里头的，叫张琦，不知道做什么的，反正病得一塌糊涂，跟我一样大。姜锦明这个人非常好，她是任劳任怨的典型，什么苦、什么累都她扛着。她是实实在在的人，这样的人（很难得）。

北影离退休老同志在小区重阳节演出。

陈： 她做的行当是服装师？

赵： 服装。她跟我，是在《林家铺子》的时候就认识了。那时候她还没有入党呢，后来她入党，是我介绍她入党的，这样的一个同志。

陈： 您提到她丈夫生病，是最近这些年生病，还是一直生病？

赵： 他当然是退下来以后生的病，行动不能自理，不像我这样能够走来走去，他都要轮椅推来推去的。姜锦明她是一天到晚地（忙活），她的中心都是为人民服务。你看，现在退下来，她没有什么工作的，只要是谁有病有灾，她都关心。最近袁月华——就是何文今的爱人，她儿子是何平，何平不也是名人嘛——她是乳腺癌，她得癌，是她儿子陪她去开的刀，在同仁医院的附院，我还是在网上看到何平的一条短信，说今天很忙，开了几个小时车，陪我妈妈去开刀什么的。我才知道袁月华生病了，（此前）我们都不知道。结果她从医院回来以后，不是（身边）没有人嘛，姜锦明就自告奋勇的天天去看她。袁月华在医院，也去看她，袁月华就靠她帮了很大的忙，（姜锦明）帮她去报药费，每天给她买菜，送饭。

陈： 袁月华老师没有请护理？

赵： 没有啊！她连个小时工都没有请。

陈： 那怎么可能？照顾病人的事可不轻松啊！

赵： 到现在也没有请，还是这样子。后来我听姜锦明说，我也去关心了（指袁月华，后同）她一下，我也烧了两个菜，给她送去。她说你烧的菜，让我想我妈妈了。我烧的是什么？刚刚上市的豌豆炒肉末，还弄了一个清蒸鱼，还有排骨汤什么的，反正我送过两次菜，她感谢得要命，说千万不要我送了。因为我还比她大一岁呢，腿也不好，她说她过意不去。就是姜锦明老给她送饭，要不就给她买饭送去，给她买报啊。我就说姜锦明，她就是这样的。她也经常给我领东西。她就是特别关心别人，她有多大能力，她就要尽力关心人家。这个同志非常好。

陈：好人！您刚才提到在网上看消息，您经常上网吗？

赵：我的大儿子，给我一台旧电脑。小弟他回来，[①] 他要工作，他们可以在家里向公司作汇报，所以他没有网不行，要到姐姐那儿去上网，还要坐车到那儿，他说你学学上网嘛，就当平常弄就行，他就教我。我也没怎么学会呢，现在就会开机器，会看东西，打字我还不会呢。我想学打字，我的东西就可以打出来嘛。这几天我也没工夫去看去，有时候我看一看，看的还不少东西呢。

陈：主要浏览什么呢？

赵：浏览新闻啊。

陈：都会了，是吧？微博也看？

赵：微博我现在都搞不清楚。

陈：您刚来说何平发布的，不是一条微博？

赵：微博也看，我有这个东西。

陈：是每天都看吗，还是？

赵：我应该每天都看，每天它那个新闻，比报纸的多，还快啊。但是有时候精神不够，就不开机了。昨天就没开，我想北影的事，网上一定很多。

陈：就是打字现在还没学会？

赵：没有学会，还没学呢，等我这阵忙完了，我还想学。

陈：您有电子邮箱吗？网上邮箱？

赵：我没有建邮箱，我有个朋友，这人的父亲叫罗及之，[②] 你知道这个人吗？

---

① 小弟，是指口述人的小儿子朱晓力，长期旅居美国。回来，是指回国探亲。

② 罗及之（1907—1966），电影摄影师，江苏南通人，1926 年入（上海）明星影片公司洗印车间学洗印，1929 年入联华影业公司当摄影助理，1932 年转投大东影片公司担任摄影师，并与汪福庆合作拍摄了其摄影处女作《她的使命》，1933 年在联华拍摄《铁鸟》（袁丛美导演），1934 年在吉星公司拍摄《难姐难妹》（吴文超导演）、在文化公司拍摄《父母子女》，1937 年拍摄了纪录片《平型关大捷》被编入《抗战特辑二》。1940 年拍摄了著名抗战影片《东亚之光》（何非光导演）。1966 年自杀。

陈：我知道罗及之，电影摄影师，上海的。

赵：他好像以前受压很厉害，后来好像电影史上也有他的名字。

陈：对，他是《东亚之光》的摄影师。

赵：因为他也是南通人。（罗及之的女儿）是谁给我介绍来的呢？蓝为洁给我介绍的，① 蓝为洁到北京来，给我打电话，把他女儿介绍给我了。

陈：谁的女儿？罗及之女儿？

赵：罗及之的女儿，是外语学院的法语老师，她叫罗什么来着？她老给我讲网上的东西，后来我说我有电脑了，她说太好了！她说你去弄一个邮件箱，她说我可以把东西给你发过来。我说好、好、好。但是我不会弄，要小孩来给我弄啊。孩子们来了，我又把这事给忘了。所以我那天问加加，我说你会弄吗？她说我都是石欣帮我弄的，② 我也不会弄。所以我也就没有弄。我要弄了，她就说可以把好多东西给传过来，知道吧？

1991年11月，纪念左联成立六十周年时，今明的老战友在他的塑像前留影。坐者左起：汪洋、程漠、伊明、王为一、赵元、叶露茜、孟浪；站立者左起：吕复、宋时（宋之的女儿）、钱千里、应萱（应云卫之女）、李森林、朱铭仙

---

① 蓝为洁（1926—2014），著名电影剪辑师，在上海电影制片厂工作，代表作有《巴山夜雨》《城南旧事》等。她是名导演汤晓丹之妻。晚年写了大量电影人的历史故事。包括《罗及之》。

② 加加是口述人的女儿，石欣是口述人的外孙、朱加加的儿子。

谈女导演季文彦

陈：北影厂其他老人，您还想说说吗？

赵：我说说季文彦吧。[①]她很不简单的。她是我的好朋友，可是她现在已经是没有思维活动，不行了。[②]她也是个好人，非常好强，非常有头脑。她也很早就参加革命了，她跟杨静是一块参加革命的，她们是文工团的团友，反正四几年就参加革命的。我认识她，是她电影学院毕业以后，分到（北影）一集体来，我认识她的，我们两个人就变成很好的朋友。我觉得她是值得记的。作为电影人来讲的话呢，她是文工团的老同志，新中国成立以后她是在广东军区文工团，他们演过《曙光照耀莫斯科》，她演大主角，在军区就有名了。这是我听她说的。她个子高高的，在舞台她也站得住。她演了这个戏以后呢，她就要求去考电影学院，她是（导演系）第一学期的学员，她带薪来考试（学习）。她是从广东军区考上来的，人家是报名考到这儿来。1960 年毕业，四年，她是本科班，是跟吴贻弓一个班。

她为什么在政治运动中，头脑清醒呢？因为她有经历的，是批判胡风集团的时候，陈卓猷不是也挨批判了吗？她跟我讲过她的这一段。她好学，她也是觉得自己底子低嘛，要追嘛，所以理论学习，陈卓猷的戏剧理论，她也学。陈卓猷好像是跟胡风有什么关系，结果她也是陈卓猷这里头的了，批了她半天，批得她很厉害的。她这么跟我讲过，她就是正确对待，我不是那么回事就不是那么回事，是那么回事就那么回事。她就是因为好学，学这些个理论，接触了这些人，其实她没跟人家太密切了。但是运动来了，就把她给卷进去了。没有什么问题，不就完了嘛。后来她就考电影学院。

电影学院出来以后，分到我们北影，那个时候北影就是这样一个规矩，电影学院导演系毕业生来厂，第一（步）都是当场记。知道吧？我已经当

---

① 季文彦（1930—2013），北京电影制片厂一级导演，山东人，1946 年入伍，1952 年毕业于中南部队艺术学院戏剧系，1960 年毕业于北京电影学院导演系，进入北京电影制片厂，导演过《钟声》（合作），《血，总是热的》《高中锋与矮教练》等故事片，《少年体育》（纪录片）及《柳河人家》《小太阳的苦恼》等电视剧。

② 2012 年采访时，季文彦导演已经病重，2013 年 5 月 1 日，季文彦导演逝世。

过了，我们两个人是女同志嘛，很容易谈得拢。我们这里分三个人，一个孔咏霄，一个季文彦，一个葛文遂。

后面我就讲季文彦，她不是当场记吗，场记当一部两部，才能当副导演，这么爬上来的嘛。季文彦她好在什么地方？葛文遂当场记，谢铁骊导演《千万不要忘记》时，由季文彦任副导演，她主动让位，要葛文遂当副导演，她当场记，人家马上就对她印象很好了，是吧？后来我也体会到，当副导演名声是好一点，但真的是当场记学东西学得多。我记得你的提纲

与北影老同志欢聚，左起：袁月华、赵元、季文彦、奚姗姗、徐善娟、陈燕嬉夫妇

还说呢，你当副导演，怎么又当场记去了？其实我也没有先当副导演再当场记。当过副导演，后来上水华《革命家庭》，我是没有副导演名称。因为有欧阳（红缨），不可能上两个副导演，我的资格也比她低，我就变成个不上名的吧，是个导演助理，没有名称的那么一个角色。当时实实在在要我来讲的话——我又岔题了啊？——我就说，要学东西的话，当场记比副导演学东西学得多。副导演级别比场记高，职能也比它强，接触的面也比较多，但是副导演事杂、累，没时间去参加分镜头。我就喜欢参加分镜头。因为分镜头就能够学到东西，了解导演的思想、构思。这个为什么要这么分，（那个）为什么要那么分，咱们最想要学这个。可是副导演就捞不着这个机会，一会儿找演员去了，一会儿看外景去了，一会儿弄服装、去选料子去了，等等等等。反正是有关艺术上的东西，导演不去的都得你去，副导演杂得很。场记专一，就跟着导演走，要想学东西，搞那么几年场记，

那就是学的（比）电影学院的东西还要多。

陈： 所以季文彦老师让葛文遂老师做副导演，自己去做场记？

赵： 我觉得她是为了减轻葛文遂曾被打成右派的精神包袱。第一部是让葛文遂先上去，这是她很不简单的了，是吧？后来她一直都没有（什么机会），到1964年后，季文彦采访了有名的知青董加耕[①]这些人，走了一通，还没有弄成，后来就“文化大革命”了，（业务）一扔就扔了这么久，那就不讲了。[②]后来谢铁骊搞《海霞》，[③]不是也要人跟吗？我就说你把她给弄出来嘛。谢铁骊是把她弄出来了，弄出来当副导演，反正她跟王好为两个人，原来都是副的，[④]后来不知道季文彦怎么回事，又搞得有点不愉快了。她也有孩子，因为王杰已经死了[⑤]——季文彦的命运也是很苦的，在她的思想上呢，丈夫死了，对她是更大的一个打击。自己的事业，一直奋斗的，拍《海霞》搞得不大好，她个性也比较强。我们好多女同志到她家去，谈这个问题，我还特别给她进了一言——那时候我在科影厂，我还没有到北影厂来呢——我就是说季文彦，你现在不要去在乎那个名利的问题，我说管它是什么，给你什么角色，你努力工作就行了。她就跟我急了：“我根本没有想到这个名利的问题，我就是怎么怎么的。”当时她的言下之意，觉得人家瞧不起她，人家给她了，又不给我了；又听她的，又不听她的了。[⑥]最后她就退出来了。是谢铁骊不要她，还是她不要谢铁骊，我也搞不清楚。她还告诉我，千万不要在谢铁骊面前谈这个问题。所以我一直在谢铁骊面前没谈季文彦的问题，季文彦也没跟我谈谢铁骊的问题。谢铁骊有一次还套我谈这个问题，我也没谈，我谈不出来，我不要做强化矛盾的事情。我不做。这样。

一直到后来，到我调回北影时，好像她都没有事情做。她等到后来，到什么时候呢，就是《血，总是热的》那个小说已经发表出来了，她呢，

---

① 董加耕（1940—），1961年，董加耕放弃上大学的机会，立志提出回乡，1963年12月31日《新华日报》发表文章《走革命的道路，当革命的接班人——评知识青年董加耕建设社会主义新农村的理想和行动》，紧接着，《中国青年报》和《人民日报》先后发表有关董加耕的报道，1964年3月20日《人民日报》文章指出“董加耕所走的路，就是毛泽东时代知识青年应该走的路。”1964年8月，在共青团“九大”上，邓小平、彭真、薄一波、陆定一等都在报告中号召全国青年“向新式农民董加耕学习”。

② 受访人在审稿时，删除了谈季文彦在“文化大革命”中的一段文字。

③《海霞》，故事片，北京电影制片厂1975年摄制。编剧：谢铁骊；导演：钱江、陈怀皑、王好为；摄影：钱江、王兆麟、李晨声；主演：吴海燕、蔡明、赵联、田冲、陈强等。

④ 王好为后来是《海霞》的导演之一，见前注。

⑤ 王杰是季文彦的丈夫，新闻摄影师，“文化大革命”中生病逝世。

⑥ 这段话的意思是说，《海霞》剧组的主创人员更相信王好为、不相信季文彦。

她很喜欢这篇小说，我也觉得特别好。但是她听说陈怀皑要拍，她说她竞争不过。因为陈怀皑跟汪洋他们关系都很好，他要拍的话，当然是陈怀皑信得过了。有一天我下班回来，在那个后门那里碰见陈怀皑了，我就问他——我们都住八号楼嘛——我说你是不是要拍那个《血，总是热的》？他说没有啊。我说是吗？我说有一个人想拍。他说谁啊？我说季文彦。我说她说的，她竞争不过你，她不敢竞争。他说没关系，我不拍，让她拍。我赶紧就告诉季文彦，我说他不弄，你去竞争去。结果她就竞争去了，那天汪洋他们就要考她——所有的人从来没有考试过——有三个人竞争，就考试了。那天（考官）有汪洋，可能还有马德波吧，有没有马林我不知道。她考完马上就到我那个房间来，告诉我说："糟了，糟了！我砸了，我考砸了！"结果后来他们放弃，[①] 就给她拍了。她这个前面还有一个戏，《钟声》，[②] 是跟马尔路一块合作的。但是听她说呢，也不高兴，也不愉快。因为马尔路是苏联留学回来的，她是电影学院毕业的，可是她言下之意呢，她并不买马尔路的账。挂名当然是马尔路挂头牌，她挂二牌的，也有矛盾，这个我就没有介入，她也没给我细说。前面有那么一个（《钟声》），然后就是这个《血，总是热的》。[③] 她上去了以后，我特别为她高兴。

她就组班子，她问我摄影找谁好，我马上就想到了汝水仁，我那次跟你讲过，他是副摄影，也可以当摄影了。我就介绍他去了，结果他去了。我还介绍凌元的女儿，后来当集团公司会计的，小名叫大胖子，她那时候还没进北影呢，叫她去当场记——只要你会写字，你就可以去嘛。场记不是随便可以找一个人嘛？这不是两边都可以照顾了吗？但是呢，那个戏搞得吧，主角这些人到了一块吧，又没有搞好，弄得对她意见一大堆。那么我就觉得，她有点问题了。因为所有的人都觉得你有问题的话，你就有问题。她就是个性太强了，她这方面敏感性很强。汝水仁应该说不会欺负人的，杨在葆[④] 可能有些傲慢的劲儿，有些演员觉得你是新导演，他瞧不上你，或者你有些镜头他认为不是太合适，他会有一点说的——我这么想，这是我想——她又特别敏感，所以就产生误会跟矛盾。她弄的东西人家不

① 指的是参与考试的其他两人都放弃了竞争。

②《钟声》，故事片，北京电影制片厂 1981 年摄制。编剧：张瑶均、蒋子龙（根据蒋子龙的小说《乔厂长上任记》改编）；导演：马尔路、文彦；主演：陈颖、高放、魏坚、申良等。

③《血，总是热的》，故事片，北京电影制片厂 1983 年摄制。编剧：宗福先、贺国甫；导演：季文彦；摄影：汝水仁；主演：杨在葆、刘信义、殷新、鲁非、陈国典、金康宁等。本片于 1984 年获得第四届中国电影金鸡奖最佳男演员奖（杨在葆）、第七届电影百花奖最佳男演员奖（杨在葆），文化部 1983 年优秀影片二等奖。

④ 杨在葆在《血，总是热的》中饰演男主角罗心刚。

满意，人家弄的东西她不满意，就这么呛来呛去。好容易把这戏给拍下来了，拍下来还特别好，不是得好评了吗——得奖了没有啊？

陈：《血，总是热的》得过奖。

赵：《血，总是热的》以后，她又拍了一个。[①] 她苦巴巴地跑到上海去，非要把牛犇借来当主角，又找张瑞芳（放人），人家给她放了。下来以后，她还没有退休，她比我小五岁嘛，我退休了，她没有退。她倒是拿到了（级别待遇），她本来是（文艺）九级，拍了《血，总是热的》这么好的片子，升了一级，套了一级，（变成）七级，那她就是离休享受司局级待遇。后来过了几年，她才退下来的，这以后她就没有再拍（故事片）了。

① 又拍了一个，指的是《高中锋与矮教练》，故事片，北京电影制片厂 1985 年摄制。编剧：李延国；导演：季文彦；主演：牛犇、关杰、赵文欣等。

采访人手记

赵元老师生于1925年，1940年在广西桂林假如抗敌演剧队（二队，后改为九队），长期从事抗敌演剧工作，直至抗战结束。解放后转入电影界，先后在上海电影制片厂、北京电影制片厂工作，曾担任过电影演员、场记、副导演、导演，与钱江合作导演过《报童》《他们在相爱》《印有金锚的飘带》等片，与郑健民联合导演过儿童片《扶我上战马的人》，独立执导过电影《十四五岁》和8集电视连续剧《盐丁儿》，并与谢铁骊导演合作过6部8集长片《红楼梦》《穆斯林的葬礼》《有钱的感觉》等片（执行导演）。她的丈夫是著名摄影师朱今明。

中国电影艺术研究中心研究员戴光晰老师，一直关心我们的口述历史工作，曾向我推荐过多位受访人。2009至2010年间，戴老师就多次推荐过赵元老师，让我尽快采访她。但因一期采访工程结束，经费冻结，无法实施采访。

2011年5月31日至6月4日，我在江苏江阴参加儿童电影国际论坛期间，见到了赵元老师。当时与她约定口述历史采访事，她爽快地答应了。随着第二期采访工程的开始，采访赵元老师的事就立即提到议事日程上来。2011年底打电话相约，但赵老师说她腰疼病犯了，无法接受采访。直至2012年6月，赵老师说身体状况转好，我于6月18日对赵元老师进行了预访。其后不久，就给她送去《采访提纲征求意见稿》，但此时天气渐热，赵老师有些担心受不了，遂把正式采访时间推迟到8月下旬，等到天气转凉后进行。

赵元老师虽然仍保持了过去的价值观和部分政治意识形态，对一些政治话语有多年形成的、几乎是不自觉的选择性屏蔽习惯，虽然从少女时代起就加入集体生活，家庭与亲情方面存在一些欠缺，但革命的熔炉并没有完全熔化她的个性、情感及其人生体验。但赵老师为人善良正直，心怀磊落坦荡，言由己出，口发心声，思想单纯、性格外向、气质爽朗。就其年龄而言，赵老师的记忆力相当之好，对历史情境的形象记忆尤为精细。只是赵老师的听力稍稍下降，有时候沉湎于自己的工作而听不到电话铃声，好在当面交流时问题不大，能够保持交流顺畅。

正式采访从2012年8月27日（星期一）上午开始，27、28（2小时）、29、30、31日，9月3、4、5、6、7、10日，连续11次（周末休息），每次 3 小时左右，总共 32 小时。这样的采访密度和每次采访时长，对一个 87 岁的受访人来说，明显是超常规。之所以如此，是因为赵老师说她喜欢连续工作，不愿把一件事拖得太长。她说：不断惦记一件事，反而会耗费更多的心神。

2011 级研究生孙波担任摄影、录音工作。

附录一　朱晓明访谈录

采 访 人	陈　墨
采访时间	2015年7月3日
采访地点	北京，朱晓明、卢小飞家
摄　　像	潘笑笑
录　　音	潘笑笑

【受访人简介】

朱晓明

男，朱今明、赵元长子，1949年生于上海，1956年随父母迁往北京。毕业于北京大学中文系，历任西藏自治区党委宣传部副部长，中央统战部司长，社会主义学院常务副院长、党组副书记，中国藏学研究中心党组书记、研究员、学术委员会委员，2009年退休。现任中国无神论学会理事长、中国民族理论学会副会长、西藏文化保护发展协会副会长、北京建藏援藏协会副会长、中国西部边疆协同创新中心西藏发展平台主任、四川大学西部开发研究院教授。

谈本人的经历

陈墨（以下简称“陈”）：朱老师，谢谢您接受我们的采访。先请您做一个自我介绍，包括您上中学、下乡、上大学、工作及现在的情况。

朱晓明（以下简称“朱”）：我 1949 年 7 月出生，出生在上海，1956 年跟着父母亲调到北京来，我也跟着调到北京来。当时我来北京不是跟父母亲来的，是跟着徐韬[①]来的，徐韬那时候是上影厂导演嘛，他到北京开会，跟他一起来的，第一次坐火车嘛，也第一次出远门，那时候印象还比较深。从 1956 年到 1962 年，在新街口大三条小学上学。我呢，在学校里算是学习比较好的学生，一直是学习委员，中队、大队学习委员，1962 年以我们学校第一名的成绩考入北京四中。我们学校那一年考进了 4 个，学校历史上第一次有这么多人考进四中。

我们从小的时候，在学习这方面，家长就没操过什么心。家长也很放手，没管过，都是自己。小学的时候，有三个事印象比较深，一个是和母亲一起看国庆阅兵，不是 56 年就是 57 年，具体哪年记不清，当时下大雨，我们在公安部门口看阅兵。第二是 1957 年，十月革命四十周年，在天安门举行焰火晚会和联欢会，那时候是钟敬之[②]伯伯带着我一块去天安门观礼台看焰火晚会。钟敬之也是我们邻居，我们住在北影板桥 9 号，[③]现在叫 17 号，挨着那个小院是他们家的院。第三个事是 1959 年国庆十周年的时候，人民大会堂刚刚建成，举行中国少年先锋队建队十周年活动，第一

---

① 徐韬（1910—1966），电影导演，原名徐保斋，江苏徐州人，1930 年考入上海美术专科学校国画系，1932 年参加左翼戏剧家联盟，1938 年任抗敌演剧队一队队长。1940 年组织旅行剧团赴新疆开拓戏剧运动，遭军阀盛世才迫害，入狱 5 年。1946 年任昆仑影业公司编导，参与过《乌鸦与麻雀》剧本创作，导演《关不住的春光》。1949 年任上海军管会文艺处电影室副主任，参与上海电影制片厂筹建，后任上影厂秘书长、文化部电影局艺术委员会秘书长，并导演影片《大地重光》《草原上的人们》《搜书院》《海魂》等十余部。

② 钟敬之（1910—1998），电影事业家、教育家，浙江嵊县人，1927 年入上海劳动大学学习，1934 年参加中国左翼作家联盟和左翼戏剧家联盟。1938 年到延安，曾任延安鲁迅艺术文学院戏剧系教员，1946 年任延安电影制片厂厂务委员、美工师兼制片，后任西北电影工学队队长，东北电影制片厂艺术处副处长。1949 年到上海，任军管会文艺处副处长，后任上海电影制片厂副厂长。1953 年任文化部电影局计划室主任，1955 年筹建北京电影学院，后任常务副院长、党委书记。

③ 北影板桥 9 号，是指北京新街口板桥头条胡同 9 号，当时属北影宿舍。

次在人民大会堂的活动，彭真市长发表讲话，然后给参加活动的小孩们发面包、水果、汽水，我印象非常深，因为每个学校只有几个名额，我们班上只有一个名额来参加这样的活动。

1962年—1965年就是初中，在“文化大革命”以前，这时候最无忧无虑的日子了。在学校参加航海俱乐部，划舢板，然后到少年宫参加航模组，就是受“学好数理化，走遍天下都不怕”这种思想的影响。四中嘛，也比较强调数理化。1965年考上了四中的高一，在高一的时候加入共青团。四中有这样一种传统，好像有一种责任感、使命感，有一种集体荣誉感，有这么一种传统，所以在“文化大革命”以前应该说非常顺的，可以说是金色童年吧，没有什么风，没有什么雨，都是铺满鲜花的日子。温室里的花朵。

1964年以后，阶级斗争为纲的影响慢慢就扩大了，就开始出来了。四中的学生来自三部分家庭，一部分是干部家庭，一部分是知识分子家庭，一部分是普通市民家庭，这三部分学生也有不同的阶层倾向。干部子弟充满了优越感，知识分子子弟学习都不错，但是好像有点夹着尾巴似的，普通市民家庭的孩子随大流。当时自己感到父母都是共产党员，也感到挺光荣，但是你在填写出身的时候都要填写“自由职业者”或者是“文艺工作者”，要这么填，不像人家出身干部子弟家庭的就是革命军人、革命干部，这个就好像根红苗正似的。后来我就写了一个“革命文艺工作者”。在三年困难时期，父亲作为一个专家，他有副食本，每个月供应肉，供应糖，供应油，还有黄豆之类的，这在当时都是比较稀缺的物资。这三年自然灾害的印象就是曾经跟着邻居从农村来的一个女孩子，比我们大好多，一个大姐姐，跟着她一起到郊区去挖野菜，坐着马车去，坐着马车回来，以前没有这样的经历，就是这样。后来“文化大革命”，文艺界首当其冲，电影界就是重灾区，北影厂四大师、四大帅，“四大帅”就是四个导演崔嵬、水华、成荫、凌子风，“四大师”就是他们四个（摄影师），我父亲，钱江、聂晶、高洪涛，这都是黑线人物吧，大字报贴在家门口，板桥头条出去以后胡同外面墙上画“百丑图”，[①] 打着红叉叉——应该是电影界的。

陈：电影界的？那就有您父亲？

朱：有，有，应该有。我弟弟他那时候比较小，上小学，他一出门就

① 百丑图，最早是“批判彭（真）、罗（瑞卿）、陆（定一）、杨（尚昆）反革命修正主义集团筹备处”的宣传画，图中有近百位政治人物。受此影响，各种版本的《百丑图》《群丑图》出现。

看见这些东西，对他的成长有一定压抑。我觉得我们还是经过“文化大革命”以前那么一段比较幸福时光的，他没有开始那段幸福，出生以后没多久，不懂事的时候就碰到这种事情，家里住的房子也被收回去了将近一半吧，原来我们住中间那三间房子，还搭了一个小屋，还有一个厨房，一家五口人住，还有一个保姆住在这个地方。“文化大革命”（开始）以后院子里搬来很多人，就剩了两间房了，厨房和那个小屋，和一间房，就没有了。

陈：求证一下：您母亲说房子是您和您妹妹下乡以后才被别人占去了；您说“文化大革命”一开始以后房子就被分去了？两个时间点，具体是什么时候？

朱：这个我记不太清楚了。“文化大革命”应该说对家里是一个非常大的冲击，如果按照原来路子的话，就是上四中，然后上清华，当个工程师，走这么一个科技（路线的）理工男吧。走这么一个道路，比较看得见的。

陈：您压根就没准备去学文科？

朱：我没想，没想学这个。因为那时候清华迎新的那些站点都设在四中那儿，四中每年上清华的学生比较多，这是最自然、最可能的一条路子吧，但是“文化大革命”把这一切都打断了。学校不上课了，但是还要天天去，当红卫兵没有我们的份儿，串联也没有我们的份儿，因为我们是“黑线”的子女，不可能参加。后来我们就自己解放自己，自己组织起来，自己去串联，那是到后期了，赶了个尾巴。当时还参加了一次国庆游行，那时候我好像个子已经蹿起来了，是仪仗队大排头第一个，就是离天安门最近的这个，旁边这头是一个战士，然后就是我，然后就是这一大排。

陈：这个仪仗队，是学生仪仗队吗？

朱：学生仪仗队，不是四中的，我们这个班是仪仗队里头的一部分。

陈：国庆游行是“文化大革命”开始以后？

朱：“文化大革命”开始以后，大概是1968年，群众游行嘛，应该每年国庆都有游行吧，当然那年是有游行，但是不一定每年都有阅兵，阅兵都是逢五逢十。第一次经过天安门广场看见毛主席，虽然大排头第一个，但也看不太清楚；尽管看不清楚，反正是看见了，也是很兴奋的。1968年的12月21日，毛主席发表了“农村的广阔天地，知识青年到那里大有作为”，[①] 发表这么一个（最新指示），我们就报名下乡。那时候当兵去不了

---

① 毛泽东“12–21最新指示”的具体表述为：“知识青年到农村去，接受贫下中农的再教育，很有必要。要说服城里干部和其他人把自己初中、高中、大学毕业的子女，送到乡下去，来一个动员。各地农村的同志应当欢迎他们去。”

嘛，当工人的机会也比较少，唯一的出路就是去农村，我们就到了延安，到陕北，1969 年的 1 月至 1973 年的 8 月，在延安插队。

陈：下乡插队是 1969 年 1 月？

朱：嗯，（1968 年）12 月 21 号发表指示，然后我们就报名、组织，有一个过程。（问妻子卢小飞，以下简称“卢”）是 1 月 21 号，还是 1 月 11 号？

卢：1 月 20 多号，好多批。

朱：1 月 21 号，应该是。到那儿没多久，开始过春节，应该是春节前到那儿去的。在延长这个地方，插队三年半。去插队之前，印象最深的就是和父亲告别，父亲那时候已经被集中住在厂里边，那是 68 年底、69 年初。[①] 要插队了嘛，他们也管不了孩子们这些事了，但是总得给他们告个别。当时他们在小关嘛，去看了一下，应该属于关牛棚吧，不让回家，集中在那儿，但是条件还行。当时就两条嘛，相信群众、相信党嘛，但是离开父亲以后呢，就……

陈：“两条”是什么意思？

卢晓飞：他跟他父亲说的。

朱：就这个，《毛主席语录》嘛，相信群众、相信党。告别以后呢，就在那儿走，走，走，走了很长时间，在旷野里边，一边走一边哭，然后就觉得自己长大了。原来是一个家庭里面的孩子，从这儿以后就变成了社会上的青年，走上社会了。到了农村，可以说完成了从学生到知识青年这么一个变化，身份的转变吧。也是第一次了解中国的农村，第一次了解中国的国情，农民、农村、农业，了解中国的国情。我在农村插队表现很好，知青嘛，自己也多次申请入党，但是一直没有解决，主要因为父亲问题没解决，属于可以教育好的子女。一直到 1973 年，父亲恢复组织生活，恢复组织生活就意味着已经是人民内部矛盾了嘛，不是敌我矛盾性质的问题了。我们的命运也就随之发生变化，他恢复组织生活不久，7 月份我在当地入了党。当地的农民党员推荐、介绍入党，直接入党。1973 年的 7 月入党，然后就推荐考大学。考大学，我们那时候只有三天的复习时间，就到县里头找一个地方复习三天，也不知道考什么、怎么弄，最后考了一个全县第一名。就考到了北大，北大中文系。

---

① 据《北京电影制片厂编年纪事》载，1968 年 9 月，全厂员工集中到厂居住，每星期回家一次。同时成立看管组，“黑线人物”被严加看管，他们没有自由，单独监禁，不能回家。

陈：您和高红十[①]是同学？

朱：她是文学专业，比我们高一届，她是1972年入学的，我们1973年入学。

陈：您是语言专业吗？

朱：我是汉语专业，对，语言专业。我妹妹也是那年考上了西安医学院，这样，家里非常高兴了，父母亲都没有想到嘛，儿女能够双双上大学，也比较欣慰吧，家里也充满了新的希望。但是我们那个大学也比较特殊，大学期间也不是很平静，运动也不少，是吧？毕业的时候——我和我爱人同班同学——我们自愿报名去了西藏。

陈：为什么跑那么远呢？

朱：一个是号召嘛，我们也是学生会的干部嘛。我是学生会宣传部的副部长，她的父母亲都在十八军进藏的，对西藏也有了解，都有感情。再一个，因为我们在学校就谈恋爱了，面临着分配问题，分配的话也可能是分配到不一样的地方去，我们如果一块下西藏，不就可以一起走嘛？就可以解决这个问题。当时家里，我母亲他们都还比较担心，不是特别赞成的。

卢：坚决反对，他妹妹专门从西安回来，来阻止这个事。

朱：反正就是开始表示不同意，表示有担心，她这种反对不是说从政治上反对，她是从身体能不能适应高原这个角度有担心、有忧虑。为了进藏方便，我们毕业以后就结了婚。唐山大地震，我们正在学校，1976年7月28号地震，毕业赶上毛主席去世，1976年9月9号毛主席去世。学校就让我们这批要进藏的同学去了唐山，看了地震抢险现场，又参加了毛主席追悼会，然后就踏上了进藏的路。

成年以后，应该说和父母亲是聚少离多，插队三年多，上大学三年，虽然在北京，也基本上是住校，回家的时候也不多。然后又去了西藏13年，加起来就是20年左右，这20年基本上聚少离多。去西藏到现在正好39年，我分了三个13年，第一个13年在西藏，在区党委宣传部工作，第二个13年是调回北京，在中央统战部还负责西藏工作，第三个13年是到了中央社会主义学院和藏学研究中心，从事教学和科研的管理工作。我开始到（中央）社会主义学院做常务副院长、党组副书记，那时候就是副部级干部了，2003年主持工作，到2005年底又调到（中国）藏学研究中

① 高红十（1951—），女，湖北宜昌人。笔名高厚、秦风，中国作协会员，获第六届中国新闻工作者百佳奖。出版有多部散文、小说、诗歌作品，其中较有影响的是20世纪70年代与他人合作的长诗《理想之歌》。

心当党组书记，2009 年年底 60 岁，就不再担任党组书记了，退居二线了，搞研究工作。现在是藏学研究中心学术委员会委员、研究员。还有其他一些社会工作，然后是四川大学西部开发研究院的教授——最近要办退了吧，二线也要退休了，今年 66 了。

陈：您前一段时间去山东讲学，是去哪儿？

朱：去山东“齐鲁大讲堂”，是山东省委宣传部、社科联、山东大学、齐鲁晚报，还有一个什么单位，几家联合的一个大讲堂，面向老百姓的大讲堂。我讲《今天的中国需要什么精神》，谈谈科学无神论的当代价值，讲了这么一堂课。这样我基本上是走了一个从实际工作，我说叫三个锻炼吧，基层锻炼，高层历练，殿堂修炼。基层锻炼在西藏，高层历练在统战部，然后殿堂修炼是在科学研究单位、教学单位修炼。基本上我的情况就这些。

谈母亲赵元

陈：下面您准备先谈母亲，还是先谈父亲？

朱：先谈母亲。你们跟她谈了那么长时间，比我了解的可能还细、还多了。我母亲从小离开家庭，14岁离开家庭，（她是）1925年年底生人，1940年，不到15岁，14岁，参加演剧队。外公我们从来没见过，外公在世的时候也没有联系过，我想我母亲可能像娜拉背叛家庭走向社会一样，离开她那个家庭，一直是革命第一、事业第一的这么一个理念。对革命队伍里面的长辈、领导、战友可能更亲密、更亲切，革命大家庭超过了自己的小家庭。她的老领导吕复，还有演剧队这些老战友，像田野、陈默，反正谈起这些演剧队的老人都是非常的亲切，跟她的亲人一样的。后来她的同父异母的弟弟考上了人民大学，因为同父异母嘛，后来和家庭开始有点联系了，她的弟弟妹妹也都来过。我母亲，我觉得她一直对工农劳动人民，对普通劳动者很有感情，包括对我们家里的保姆。安徽无为来的老保姆跟了我们家一二十年，从上海又带到北京，把我们几个小孩带大，一直到"文化大革命"。还有您这里头谈到了，那个杨谈，[①]她去的时间不长，但是和杨谈的人建立了很深厚的友谊感情，一直保持着联系，具体的名字我记不住。还有人民日报一个记者，跟他们一起去的，那个叫小杜。还有他们演剧队当时的一些工友，有一个小于，包括在自然博物馆那个，一直保持着联系。我母亲她性格比较直爽，也比较健谈，干事情热情很高，让干什么就干什么。

父母和母亲在家里，父亲话不多在家里头，母亲是话不停，反正是话比较多。但是"文化大革命"中间演剧队被说成是别动队，这样母亲也受到了冲击。但是她受到冲击主要是政治和思想上的冲击，对她人身上倒没有什么冲击，因为她不是大人物嘛，她是小兵嘛。"文化大革命"以后就开始调到科影，她的文化程度是初中，14岁也就是初中生的程度，然后就参加了演剧队，就没有受过什么系统的正规教育，都是自己学。她也从来没搞过科教片，科教片还是得要一些科学知识，她不懂就学吧，反正我

① 杨谈，是指山西省曲沃县杨谈大队，受访人的母亲赵元曾到那里体验生活。参见《赵元访谈录》。

记得拍过什么《小水轮发电机》，拍过《爆炸成型》等等，拍了这些科教片。她在工作上有一股劲头，不怕苦，也不服输，特别尊重和佩服有水平的老领导。她觉得老领导、老导演都不错，水华的《烈火中永生》，成荫是《停战以后》，谢铁骊是《红楼梦》，这几个合作的，她都在学习老导演。另外她一直有这种活到老、学到老这么一种心气，离休以后还热心老干部工作，长期担任他们老干部支部书记——我不知道当多少年，反正当了很长时间，像香港回归还是澳门回归，北影厂专门搞庆祝活动，还有演出。你想想，那都多大岁数了？70多岁了，还参加老干部合唱团，参加广电系统的老干部唱歌比赛。然后自己还学电脑，还上网，天天上网看邮件，每天看书、看报，这都占了很多时间。虽然她眼睛不好，一只眼睛基本上视力没有，一只眼睛视力也下降；耳朵也不好，耳朵很背，开电视机的话音量调得很大。但是她的脑子很好，记得很清，反应很快，什么事都关心，什么事都点评。另外她自己一个人住习惯了，觉得自由，是她自己的地方，有时候我们接她到我们这儿来住，住两天也回去。作为一个90岁的老人，她的状况还是很不错的。

我童年对母亲的印象，就是她经常拍外景，经常不在家。搞电影，拍外景是个常态，后期制作在北京多一点，但也经常加夜班，因为后面一剪片子，一进棚录音什么的，都是一干就干十几个小时，经常没什么时间观念。所以我们小的时候，在生活上对保姆更依赖，好像保姆给我们管这管那的，管得比较多。

陈：生活方面保姆管，学习方面呢？母亲管吗？

朱：学习，我们从小就比较自主，不记得父母亲是不是参加过家长会，我没有任何印象。很少有家长会，父亲肯定是没参加过，母亲可能去的也不多，至少没什么印象。对父亲的印象，就是拉着我的手，去澡堂子洗澡，板桥头条出去。那时候不像现在，家里有淋浴设备、洗浴设备，那时候都是到公共澡堂去洗澡，所以一段时间就得上那个地方去洗澡。

陈：从多大开始去洗澡？来北京以后就开始？

朱：来北京，就是小学后期吧，很小的时候在家洗洗。稍微大一点了嘛，就到澡堂子去洗，跟父亲去洗。

陈：一起去洗澡，爷俩聊天吗？

朱：聊的也不多，主要是拉着手，说这个“父子二人打着雨伞，夹着面包，去洗澡”。其实没有雨伞、没有面包，就有父子二人的感觉。

陈：“打着雨伞、夹着面包”，是谁写的，是您写的吗？

朱：不是我写的，他说的，我父亲说。他这么一个感觉吧，他不是在苏联实习那么长时间嘛，是会有打着雨伞、夹着面包的这种情景。所以他就说打着雨伞、夹着面包，父子二人有点亲情的意思吧。“文化大革命”以前，我们同院的邻居关系都特别好，特别是和李恩杰、凌元两口子，他们家孩子也比较多嘛，我们到了北京就住在那个院里，他们比我们还早。我们那个房子原来是梅熹住的，梅熹死了，[①] 我父亲去了以后就住在他那个房子，一直到搬到北影小区来，可以说 20 多年在里面当邻居。我们家里倒没有搞什么小孩演出，在我们院里头，有时候小孩在那个地方，他们家[②] 北房前边有一个廊檐，在廊檐下边，小孩在那里表演节目，联欢会一样的。但是“文化大革命”以后就搬进来很多人，成了一个大杂院，原来王文冶他们家也住在前边，钟敬之住那边，我们家住中间，凌元家住北边，那个院里的人不多，开始的时候人不多，后来人就多了。

陈：您母亲说，你们下乡回来的时候，凌元家是男生宿舍，您家是女生宿舍，你有这个记忆吗？

朱：谁说的？

陈：您妈妈说的。孩子多的时候住不开嘛，男孩都去他家，女孩都来您家。

朱：这个倒没有。我印象就是地震的时候，不是房子也都不能住人了嘛，在防震棚里住嘛。二环正在修地铁嘛，还没修好，二环边上搭了一个防震棚，我们院里的人全住那个防震棚里头，男的住一边，女的住一边，都在那个棚里头。我们在学校上学嘛，平常不回家，有时候回去就住在那个防震棚里头，男的住一头，女的住一头，就这么住着。应该说关系都非常近了，那个时候虽然是大杂院，但还是比较那个的。像成方圆也是搬到我们那个院里去的，我和卢小飞结婚的时候，1976 年，成方圆才 13 岁，开始学二胡，二胡拉得挺好，给我们拉了二胡。然后 1978 年以后搬到北影，先住 6 号楼，然后住 8 号楼，现在是 20 号楼。

母亲我大概能谈的就这么些，然后你们再有什么问题再说吧。

陈：对母亲的一些作品您熟吗？包括早期的《林家铺子》，到《革命家庭》《烈火中永生》《停战以后》？

朱：有印象，都有印象，但是没有特别的（印象）。因为没有参与过她那个。就觉得她还比较用功，有时候为了写个东西，还加夜班弄。有的方面，导演布置，很多东西她去落实，就去找演员。

---

① 此处表述有误。梅熹（1911—1983）是搬走了。1953 年起，他在中国青年艺术剧院当演员。

② 他们家，指的是李恩杰、凌元家。

陈： 她是副导演、执行导演。

朱： 执行导演，都要她去做。比如找那个方舒，[①] 北京找了多少学校，看了多少孩子，最后选的方舒。然后和作家联系，就是张洁，就是《从森林里来的孩子》，最后和张洁合作了没有？

陈： 没有。

朱： 没有合作成。可能最开始发现（张洁的小说），她和那边联系。

卢： 发现张海迪。

朱： 张海迪。

陈： 嗯，赵老师到张海迪家去住过一个礼拜。

卢： 对，还有中国青年报的记者。

朱： 一会儿，她（指卢小飞）再说说吧。

陈： 母亲的一些作品，家里讨论吗？特别是《红楼梦》，这么多年。

朱： 没有怎么讨论过。

陈： 妈妈的那些作品，您不太关注，是吗？

朱： 关注也关注，但是没有特别去讨论过。

陈： 就是从《报童》，一直到《红楼梦》，到《穆斯林葬礼》《扶我上战马的人》《十四五岁》，都看了吗？

朱： 没有，没都看。

陈： 没都看。

朱： 因为我上西藏嘛，那时候，从1976年到1989年，在西藏。

陈： 89年回来，基本就是《红楼梦》以后了，她跟谢导合作的时候。

朱： 对，对。

陈：《十四五岁》获得第一届铜牛奖，您知道这个事吗？

朱： 知道，还分给她一套房子，两居室。

陈： 但是没有讨论过这些片子？

朱： 没有，没怎么讨论过。我们没有太投入这方面。

卢： 他也是全力投入他的工作，《红楼梦》期间，你还在西藏，你没怎么回来。你看过吗那个电影？

朱： 这些细节，就很难说了，没什么东西可说。

陈： 电影《红楼梦》没看过，是吧？

朱： 没看全过。但是看过其中的一些段落，一些部分。

陈： 您和母亲相处，有哪些记忆？她来您这儿住，最长是几天？

---

① 找方舒，是指为《烈火中永生》一片找方舒扮演小萝卜头。

卢：最长七天。之前中秋节、五一节，这都会来住。

朱：她的思想会有一些变化，最开始她觉得一个人就挺好，后来慢慢年纪大了，她觉得要找养老院——她宁愿住养老院，都不愿意住我们这里。

卢：她不愿意麻烦别人。

朱：她不愿意麻烦别人。再一个她觉得，这个地方总是你的家，她来了以后不方便。在养老院里头，哪怕一家房子，那是她自己的地方，她说了算。

卢：她这个人是这样，你要给她服务吧，她觉得是负担。比如说在我们家，我做饭，我刷碗，我觉得这是我们年轻的（应该做的），实际上我们孩子都很自觉，我女婿和女儿会刷碗。但是她就觉得得干一点，她擦桌子，我说你别动、别动。

陈：现在还是这样？

卢：现在还这样。本来那时候，我们看中103，[①] 我们想让她靠着我们。

朱：我们有时候也聊一聊，因为她关心电视剧嘛，她每天都看电视剧，对当下的电视剧，有时候讨论讨论，哪个电视剧好，哪个电视剧不好。

陈：对，您记得跟她讨论过哪些电视剧？印象最深的是什么话题呢？

朱：这些，都说不上特别具体的东西。

---

① 看中103，是指同一栋楼里相邻单元，希望婆母住到这里，可以就近照顾。

谈父亲朱今明

陈： 请您按照您的思路说。

朱： 下面说说我父亲。最近我们编父亲百年诞辰的纪念文集，也可以说在编辑过程中间，对他的认识和了解更具体、深入和系统了，过去是支离破碎的，现在就是比较完整了。

我觉得他在创作上，有三个高峰——我自己觉得，概括了三个高峰：一个是20世纪40年代，一个是“文化大革命”前，一个是“文化大革命”后。40年代他在昆仑影业公司，拍摄现实主义题材的进步电影，我母亲说是党领导下的电影阵地，代表作是《一江春水向东流》，还有《万家灯火》《三毛流浪记》，这是第一个高峰。那时候他刚刚30岁出头，可以说在影坛上崭露头角，这是一个。

第二个高峰，是全国解放以后到“文化大革命”以前，代表作就是《南征北战》《风暴》《烈火中永生》。他之前学电影，是美式的摄影，讲影调；新中国成立以后到苏联实习，又接受了苏联电影，讲构图；然后他自己又讲和人物同呼吸、共命运，和人物的这种交流，形成了一个有自己特点的一种光影、构图、运动和人物交流融为一体的一种摄影艺术风格。

第三个高潮，就是“文化大革命”以后。他一个是年纪慢慢大了，要掌镜也需要体力，也掌不动了，他对电影艺术有丰富的经验积累，就开始做导演，代表作就是《孔雀公主》。由于他有摄影的特长，所以他在导演方面，对构图，对用光，对这些东西还是有他自己的特点，这是他创作上。

另外他对中国电影在舞台照明和电影摄影技术方面也做了一些贡献，比较突出的。祖绍先先生写他的文章里头，[①] 概括他有几个第一。一个是30年代，他说是在当时中国舞台上第一次运用天幕的照明方法，就是开启了一个舞台布景和灯光结合这样一个革命，他说过去中国没有天幕，他突然发现这个天幕了，也挺好，他就用到他们那个大雷雨上了。第二个，就是40年代，是和吴蔚云先生他们一起，在非常简陋的条件下面设计和制造了第一台“维纳氏”摄影机，中国的第一台。第三个，是他在上影期间，

---

① 参见祖绍先、颜久石:《朱今明》,《中国电影家列传》第4册，北京，中国电影出版社，1985年版，第79—85页。

主持完成了自行洗印的“阿克发”系统彩色胶片工作，为咱们中国第一部彩色影片《梁山伯与祝英台》的拍摄提供了技术保证，因为他是上影技术委员会主任，也是上影厂的总摄影师。

陈：摄影师和上影的技术处处长。

朱：技术处处长，所以他组织这个（阿克发系统彩色片的洗印和拍摄）。第四个是在北影厂期间，在摄影棚自行安装了特技摄影机，使红外线合成技术第一次在我们国家来使用。再一个说他在电影的三大技术领域，一个是光学技术领域，一个是机械技术系统，一个是感光胶片的生产、洗印、制造这个系统，这三个方面为实现电影技术设备和器材的国产化有贡献，付出了心血。晚年他又和张尔瓒这些人一起通过反复实验、精心操作，完成了北影建厂以来第一部特技片，就是《孔雀公主》，他在电影技术这方面做了一些工作。

小时候，我也觉得父亲是个人物。他的历史有些传奇，三次入狱，新疆5年，在监狱里4年，可以说历经坎坷，从小也吃了不少苦。他一直到老年，那么大岁数了，还爱吃肥肉、红烧肉。

陈：您说那三次入狱，除新疆那次以外，还有两次？

朱：在上海两次，一次是在上海电机厂当工人的时候，闹工潮，然后就把他抓起来了。

陈：抓起来，很快就放出来了吧？

朱：也关了好几个月。还有一次，是他们干扰蓝衣社的演出，人家演什么，他们去干扰。

陈：蓝衣社是专门干扰别人的，他们去干扰蓝艺社？

朱：对，对，也被抓起来一次，也关了好几个月。第三个就是新疆。所以他到年纪大，还吃肥肉，我想这可能和他小时候吃不上有关系。我觉得他有这么两个特点，作为我父亲来说，他是一个有品位和有追求的艺术家，也是一个一生追求光明，追求进步的一个革命者。他是艺术家，也是革命者。他1933年在上海加入左翼剧联，参加业余剧团，从事进步文艺活动，抗战以后参加上海救亡演剧队，新疆出狱以后回到上海，就投入了左翼进步电影的拍摄。新中国成立前夕，他化装隐蔽地去拍摄国民党溃退的场面，拍《百万雄师下江南》[①]，获得了一等奖，[②]发了一个金质奖章——我们家的文物都在我们这儿，一会儿可以给你看看。

---

①是指朱今明拍摄的国民党溃退的大量资料，入选大型纪录片《百万雄师下江南》。

②《百万雄师下江南》获得中国文化部1949—1955年优秀影片长纪录片一等奖。

1949年的7月，他作为国统区的革命文艺工作者代表，出席了在北京举行的第一次全国文代会，这是新中国开国大典之前，7月17号开的，[①]有一个签名册，那些人给他题的词，还有签的名，那个本子也在我们这儿，这是一个非常珍贵的文物了。在他这个纪念册上，写满了来自国统区的、来自解放区的这两支队伍第一次大会师，可以说是烫人的、充满着革命激情的这种文字。

（我父亲）1950年加入中国共产党，对工作应该说是充满热情，对艺术精益求精，对同志也是质朴真诚。他尽管一生历经坎坷，但是他追求光明、追求进步、追求为人民的这种志向都没变。虽然现在电影已经从胶片时代进入了数字时代，他们过去那些技术有些不用了，但是他这种精神的追求，我觉得还是电影史上一种宝贵的财富和给人力量的东西，这是他的一个特点吧。

第二个特点就是，摄影师是他的本职工作，但是他没有把摄影只是看成一种单纯的技术性工作，而把它作为电影综合艺术里的技术手段。他的成长也有这两方面的经历，一个是他在电机厂做过工，他在南通上了中学，然后到上海以后白天做工，晚上上夜校，夜校相当于中专，学那些电机的基本知识，那些技术的底子他有。后来从事艺术工作，他有技术的底子，又加艺术的熏陶，这两方面，在他身上结合起来了。现在有的文章，说现在我们电影学院那些学生他有艺术这方面的熏陶，但他的技术，电机、机械、电器这些底子不多。要成为一个好的摄影艺术家的话，可能这两方面的东西都要有。他恰好是两方面都有，从小当学徒，学电机；后来又演话剧，又搞艺术，搞舞台照明，搞摄影，是这么一个路。

所以他每拍一部电影，都和其他的主创人员一起，要导演、演员、美工一起要多次去讨论沟通，他作为一个摄影要吃透整个电影的主题，理顺它的人物、情节，设计分镜头剧本。他的案头工作都非常细，分镜头啊，还有设计机位、灯位，都要做很多案头的工作，体现技术和艺术相结合，用精湛的艺术来达到更好的艺术效果，是这么一个特点吧。

新中国成立前，他应该说家境不是很好，父母都离世很早，他没成年就离开家，也是十几岁吧，大概十六七岁，[②]和赵丹一起他们从南通到上海，做工，当过学徒，没有条件继续上学，就上夜校。他一生应该说是酷

---

① 此处表述有误，第一次全国文代会，即“中华全国文学艺术工作者代表大会”，是1949年7月2日至19日在北京召开的。

② 朱今明1933年到上海，时年18岁。

爱学习，肯于钻研，在新疆可能条件非常差，他的字都写得非常小——没有纸张的，习惯性的写得非常小。他留下了很多笔记本，特别是在苏联学习一年，笔记本都记满了密密麻麻的小字。另外他动手能力很强，他学机械的嘛，他动手能力强，到江苏兴化参加农村工作队，回来以后他设计插秧机，设计图我们家里还有。他到南海去拍外景，回来带了好多贝壳，什么海螺壳，回家自己粘这个灯具，自己制作工艺品。所以我觉得这是他的两个特点。一个是艺术家，是一个向往革命、追求革命的一个人；再一个他有技术和艺术这两方面的结合。他是在1989年6月10号去世的。

陈：那时候您已经回北京了？

朱：都在，我们都在。他去得比较早，七十三、八十四嘛，[①]他就是七十三岁，这个坎没过去。他没有太大的痛苦，没受过久病的折磨，他是一下子就过去了。我们现在编的这本书，[②]从电影摄影艺术这个角度去纪念他，有些东西可以给你们看看。

陈：希望您说说小时候的记忆。

朱：我这个人，本来就是一个逻辑思维比较强，形象思维比较弱的一个人，因为我搞理论工作、政策研究工作，所以就概括抽象的讲一下。

陈：刚才说打着雨伞、带着面包，爷儿俩去洗澡，能够回忆起来某一两次的具体情景吗？包括去哪个澡堂？

朱：就是固定一个澡堂，就是新街口二条那里的一个澡堂。

陈：我是说，你现在能回忆起来当年的场景吗？

朱：场景也没有什么更多的（记忆），就是记得，有的时候是下着蒙蒙的雨，他戴个鸭舌帽——他爱戴个鸭舌帽，穿夹克式的衣服，然后拉着我，牵着手，往那个地方去，挺高兴。父子感情吧，也有流露和表达吧。

卢：给你搓背没有？

朱：没有，没有，小孩搓什么背？

陈：比如买票，是谁买？他买还是你买？

朱：他买。都是他买。

陈：洗完澡呢，在别的地方停留吗？一起去别的地方吗？

朱：没有，基本上就是直来直去。

陈：您跟父亲第一次以成人的身份谈话，是在什么时候？有印象吗？

---

① 民间认为“七十三、八十四”是生命大“坎”。

② 指的是纪念朱今明100周年诞辰专集，前面曾经提及，该书将于2015年9月出版。

朱：自己感觉自己长大了，就两次，一次是告别，[①] 第二次是父亲去世。父亲去世以后，又觉得自己长大了，原来在家里有父母嘛，自己是家庭次要的角色，不是承担主要的，现在父亲不在了，家庭主要的责任要承担起来了，这是一次长大，瞬间长大成人这么一种感觉。一个是告别父亲，离开家庭，走向社会；一个是父亲去世，家庭的重担——没有重担吧，就是责任，无形的责任，那是。

卢：他（下乡时）告别他父亲，其实还是要鼓足勇气的，他来叮嘱父亲相信党、相信群众。他其实要用父子关系，告诉父亲要相信。

陈：您跟父亲告别的时候，还念了一段毛主席语录吗？

朱：不是念的。那还用念嘛？那不用念，都熟了。

陈：谢谢朱老师！

---

① 告别，是指受访人下乡插队前去“牛棚”与父亲告别，别后曾大哭，感到自己长大成人。

采访人手记

为了编纂《赵元访谈录》，自然地想要采访赵老师的子女，以便从另一些角度，了解朱今明、赵元两位前辈生活和工作的更多信息、更多细节。在对赵元老师的采访中，经常听到老人聊起她的子女，提及长子朱晓明处尤多，话里话外透着自豪，母爱溢于言表。若能访问朱先生，肯定能为本书增色。

2015 年 6 月，我打电话与赵元老师商量，请她征求朱晓明先生的意见。朱先生同意接受采访，但因要准备一个学术演讲，6 月 28 日前没有时间。我正好可以利用这一段时间，准备比较详细的采访提纲。6 月 29 日，我与朱先生通电话，将《访谈提纲》电邮给他，并约好正式采访时间：7 月 3 日上午。

朱先生曾担任西藏自治区党委宣传部副部长，又在中央统战部工作多年，当过中央社会主义学院常务副院长、中国藏学研究中心党组书记，他是一个学者型领导，风度儒雅、温和亲切，头脑清晰、思维敏捷，身体健康、活力四射。因为长期担任学术行政工作，难免有习惯成自然的领导作风。采访开始之后，主动权就被他接管，他采取“新闻发布会”式，按照事先准备的发言提纲照本宣科，一小时后，就直接宣布采访结束。这也是口述历史采访的一种形式，多年前我采访中影公司经理胡健先生时，就曾经历过。受访人主动，采访人倾听，优点当然也是有的，如：主题明确，思路严谨，框架清晰，可直接变成书面文章。

这样的采访形式当然也有遗憾的地方，采访人没有多少提问的机会，缺少对话交流，不容易抵达记忆深处，无法打捞富有质感的历史细节。朱先生此前曾审阅过我提交的详细采访提纲，他决定不按提纲对话，肯定有其道理。例如，他说很早就离开家庭去陕北插队，又去西藏 13 年，成年后与父母聚少离多，对父母的生活和工作的细节方面缺乏了解；又因自小偏爱理工，工作后又长期从事理论研究和学术行政，习惯于概括性抽象思维，而“不擅长形象记忆”，这话不能不信。这一做法，当然也能证明，朱先生心思严谨缜密，言语滴水不漏。

作为采访人，实在无法对此次采访感到满意，甚至要给自己一个“不及格”，因为我对采访准备不足，没有应急预案，也缺少应变机智。假如提前做预访，假如有更充裕的时间可以展开对话，情况是不是好些？这是个问题，需要研究。

附录二　卢小飞访谈录

采 访 人	陈　墨
采访时间	2015年7月3日
采访地点	北京，卢小飞、朱晓明家
摄　　像	潘笑笑
录　　音	潘笑笑

【受访人简介】

卢小飞

（1951— ），女，朱今明、赵元长媳，生于四川，长于北京。毕业于北京大学中文系汉语专业，1976 年 9 月至 1983 年 10 月，任《西藏日报》编辑、记者，1983 年 10 月至 1987 年 4 月，任《人民日报》农村部、经济部编辑，1987 年 4 月至 1991 年，任《人民日报》驻西藏记者站首席记者，1991 至 1998 年，任《人民日报》记者部首都组组长、各地传真版主编、记者部副主任，1998 年 7 月至 2000 年担任《中国妇女报》副总编辑，2000 年 11 月至 2011 年 7 月，任《中国妇女报》总编辑。中华全国新闻工作者协会（第六、七届）常务理事，中华全国妇女联合会（第八、九、十届）执行委员，中国人才研究会妇女人才专委会常务理事、副会长，中国妇女发展基金会妇女新闻文化基金发起人、管委会执行主任，北京红枫妇女心理咨询服务中心理事长。

谈自己和朱晓明

陈墨（以下简称“陈”）：卢老师，您好！谢谢接受采访。首先请您自我介绍。

卢小飞（以下简称“卢”）：好的。我叫卢小飞，我是从小在北京长大的，但我生在四川。父母当时随十八军进藏，妈妈怀孕了，不能随大部队，我是在四川出生的，生下来以后 12 天，正好有一架军机回北京，奶奶在北京，母亲就坐着飞机到北京。奶奶说这么小就飞，我就叫小飞，卢小飞的名字就这么来的。后来母亲就追部队，母亲连月子都没坐。12 天到北京以后，父母都还在西藏，因为没有人奶我，我姑姑把我送到老家河北，找了一个奶妈，奶妈把我带到一岁多，然后回到北京。两岁多我就上了军委保育院幼儿园了，然后上小学、中学。我跟晓明的成长经历不一样，因为我们算是一个军队大院，虽然也是搞电影的，[①] 但还是有那么一种大院文化熏陶吧。我们都是属于意气风发，反对“文化大革命”也是旗帜鲜明。

陈：反对“文化大革命”？

卢：对。包括贴大字报在天安门广场，那时候我的字好，在西单写排笔字。旗帜鲜明地对“文化大革命”表示自己的不满，可能是家庭背景不一样吧，所以天不怕、地不怕。包括在“文化大革命”的时候，八一厂斗我们父亲这些走资派的时候，我都是属于带着一帮小孩跳到台上就跟他们对着干的，就是说要文斗，不要武斗，不许这样对待老干部，然后他们把我们从台上推下来，那时候我才 15 岁，还给人家一拳，就是这种孩子，不一样。“文化大革命”后期，就是逍遥派，对“文化大革命”不满，包括听一些所谓的靡靡之音，那时候大家互相传一些禁书，就是这样。

插队是有点不得已。最早学校报名的时候，我是想到内蒙古，觉得草原浪漫，后来没让我们去，觉得那是边境地带，走资派的孩子（不让去）。后来是到了延安，当时是父母单位组织上说，这些孩子们好像不安生吧，我们是被迫去的。但是也没有哭，就觉得我们到哪儿都不会趴下。在延安，其实我们干得非常好，什么苦活累活都干。但是什么入党啊、上学啊，前

---

① 卢晓飞的父亲夏川曾担任八一电影制片厂副厂长，分管文艺片、纪录片和军教片制作，母亲吴静在八一厂做人事工作。

几波都没我们，一查档案，好像是组织上给你写得不太好。1973 年稍微松了一点，是个机会，我也到处去活动，找公社、找县里，北大来招生的时候，是我带着另外一个知青去找北大的招生老师，老师对我们印象特别深，还问了我们一些问题，回答的可能老师也觉得比较满意。我就上北大，我们俩大学同班同学，就是碰巧。

陈：二位下乡，都在延长县吗？

卢：他是延长县，我是延安县。其实我们到姚店考试的时候，我见过他，也没有主动去跟他说话。后来我就被北大录取了，当时赵石宝老师跟我说过，说还看上了一个延长的小伙子，考的成绩相当好——是赵石宝把我们招过去的，实际上我们潜在的红娘是赵石宝老师。但是一年级的时候，俩人没对上眼，一年级我还是那种劲儿，跟他不太一样吧，他是属于比较内向的，我是属于有点冲的那种孩子。我们俩二年级就开始有一些感觉，然后三年级，就地下恋爱。那时候学校不允许（恋爱），有一对历史系的谈恋爱被发现，就被开除了。毕业的时候，同学们知道我们俩在谈恋爱的时候，特别的吃惊。

我跟他开始有感觉以后呢，就到他家去。那时候的印象，就是住在新街口那边一个四合院里，两位老人呢，后来据晓明跟我讲，他妈妈挺喜欢我的，包括凌元阿姨他们都挺喜欢我，说这孩子特别活泼、率真，特别直爽。那时候他爸爸已经开始接拍一些后来他并不喜欢的片子，像《牛角石》[①]，带有一些“文化大革命”色彩的片子。当时院里的，我忘了是哪个阿姨，李莉阿姨还是凌元阿姨，说小飞可以在你《牛角石》里演那个孩子，就是特冲的那个女孩子。我那时候在大学快毕业了，还挺动心的，我说让我演一个角色，我愿意去尝试，因为我小的时候在八一厂，好像在很多片子里头演这种小孩子的角色，什么《冲破黎明前的黑暗》[②]、《勐垅沙》[③]，什么《返老还童》[④]、《战上海》[⑤]，反正好几个片子。后来我们父亲[⑥]并

---

①《牛角石》，故事片，北京电影制片厂 1976 年出品。编剧：曹硕龙、李保元；导演：石一夫；摄影：朱今明、温智贤；主演：胡静、于中义、李百万、郭书田、曹翠芬等。

②《冲破黎明前的黑暗》，故事片，八一电影制片厂 1956 年出品。编剧：傅铎；总导演：丁里；导演：王苹、刘沛然；主演：今欣、李其煌、田裕民、高宝成等。

③《勐垅沙》，故事篇，八一电影制品厂 1960 年出品。编剧：洛水；导演：王苹、袁先；主演：王心刚、何美萍、李迦庠、管一星、吴南山等。

④《返老还童》，故事片，八一电影制片厂 1958 年出品。编剧：于照寒；导演：王冰；主演：柳毅、关淑珍、今欣、邢吉田、陈瑶、王心鉴、王晓棠等。

⑤《战上海》，故事片，八一电影制片厂 1959 年出品。编剧：群力；导演：王冰；主演：胡晓光、张良、丁尼、高岩、李书田等。

⑥ 我们父亲，是指摄影师朱今明。

没有这个意思，因为那个《牛角石》也不是他特别情愿的一个片子。

陈：您第一次去朱家是什么时候？是大学二年级吗？

卢：三年级，应该是。第一次啊，我想起来了，第一次去呢，那个时候还没有说特别明确（恋爱关系），就是挺好的同学。第一次去他们家呢，我们俩当时是汉语专业，因为有古汉语、现代汉语、语音、汉语拼音，当时王理嘉和马真两个老师做汉语拼音改革的试点，选中了海淀区的一个小学，要跟这个小学的学生互动，老师需要两个助手，碰巧挑了我们两个人——好像是三个人，还有一个梁存贤，陕西的一个同学，我们三个人。因为我们俩都骑自行车上学，我是从八一厂，他从板桥头条。哦，那时候我们俩还没意思呢，一点意思都没有，纯粹同学。然后我们开门办学，要走出去嘛，跟工人结合，我们到齿轮厂，老师提出来跟他们编一个《古汉语辞典》，事实上的主力还是王力先生、朱德熙老师，主力是我们汉语专业的这些师长。我们学生要做很多具体的工作，做卡片、很多资料，这时候要吸收工人参加，选的点是齿轮厂。我们同学已经从学校坐着卡车去了，我们俩是因为要参加六郎庄小学的试点，我们晚了，要从那儿赶到齿轮厂去，没有饭吃——那时候家里头给点钱，都是很有限的，家长工资也是有限的，按照你的定量走，不会说有零花钱的——这时候他说，咱们骑车路过我们家，到我们家吃点饭。这种情况下，第一次去他们家。爸爸、妈妈都不在家，只有朱晓力在等着他妈妈回家，烧了一锅饭，高压锅，还烧煳了，然后我们两个人——好像是有那个同学①——我们一人吃了一碗饭走的。这是第一次。

陈：没见着他的父亲、母亲？

卢：没有，第一次没有。第二次见没见着，我一点印象都没有，因为我是比较大大咧咧的人，除非有故事，有矛盾冲突，我会记住。

陈：您现在能记起来的，是什么样的印象？

卢：我走了以后，他妈妈问他，说你是不是跟卢小飞好？然后他告诉我，没回答她，就这样，没有吭气。

陈：就是不置可否？

卢：不置可否。因为晓明也到我们家去过，我妈妈也问过我，我也不太愿意搭理她，就是孩子的这种逆反心理。我爸爸是不管这事，我妈妈也问过我，而且我妈妈其实不是特别赞成，这个我没告诉他。

陈：不赞成？为什么？

---

① 那个同学，指的是与他们一起在六郎庄小学推广汉语拼音的梁存贤同学。

卢：我妈妈，因为都是电影界的嘛，我妈妈同事的妻子是北影厂的，好像做服装的一个人。就说他妈的那个性格不是很江湖，儿媳妇到那儿说不定要受气，大概就这意思。我从来没跟他说过。后来我妈妈找我谈过，我当时也很不开心的，我小妹妹在大兴插队，我们去看小妹妹的时候，在桥边，妈妈说，小飞，我问你一个事，你是不是跟他好了？后来我就回了我妈一句，很倔的，我说我跟他好，我又不跟他妈怎么着！我妈就一点辙都没有了，等于把我妈给顶回去了。

陈：大学毕业时，为什么选择去西藏？

卢：大学毕业呢，我父母在西藏工作的这种渊源，我本人是非常向往。朱晓明当时是校学生会宣传部的副部长，他最早听到（有去西藏名额），有一个学生在议论这个事，他回来跟我一说，马上就把我点燃了。我小时候跟同学说过这个事，因为我这个人是比较喜欢冒险，我到西藏，纯粹是哪儿苦我们就去，其实就是显摆自己能力，找刺激嘛，属于这种心态，所以我马上就说去。

后来他们家有一些舍不得，不愿意。晓明中间有一些迟疑，就是因为父母确实是很担忧，舍不得，好不容易"文化大革命"结束了，好不容易一家团圆了，好不容易我这个孩子毕业以后要走上正轨了，要实现他的理想了——他爸爸一直到最后都觉得，这个孩子应该是学工的，应该是一个科学家，因为他学习太好了，而且他对科学的这种潜质是从小就看出来的。全家觉得他去搞中文，一直不是特别情愿的，这个时候到西藏，又是很多的未知数，不知道要做什么。他妹妹专门从西安回来，就是因为我们到西藏，等于是劝说无果。他妈妈送朱加加返回西安在火车站，母女两人，抱头痛哭——是加加告诉我的。[①]

陈：抱头痛哭，就因为朱晓明要去西藏吗？

卢：对。因为中间有一段，他跟我讲，他家里有点不太愿意。我这儿特别坚决，我跟家里一说，爸爸就说好啊！我爸爸特别支持，而且爸爸还写了一首诗，意思就是女儿填补了我的遗憾。后来我也可能有点倔吧，我说你要是不去，咱俩就拜拜。说完这话呢，我们俩就特别难受，我就哭了一场，然后他劝我。

陈：那时候已经打过结婚证了，不是吗？

卢：没有，没有。我们俩人已经心心相印，已经准备一块到西藏。那时候还没领结婚证。因为我爸爸妈妈那时候还没有主张我们俩一定结婚，

---

① 加加，即朱晓明的妹妹朱加加。编纂时，对这一段话的语序有所调整。

我爸爸很尊重我们，我们俩定的是30岁以后结婚，先干事业嘛。我姑姑找的我婆婆说这个事，这样的话，后来两个老人一商量，家里就同意了，我们结婚是很仓促的。

当时结婚还有一个细节，就是我公公觉得大儿子要结婚了，家里头的两间房是很小的两间，两间加起来还不如我这个房子的一半，就跟我们商量，要不然我们在新街口宾馆给你们包一个房子？我是觉得，花什么钱啊？都结婚了，俩人走一块就行了。我们家里头也是这个意思，就是两家一块吃顿饭就行，所以我们婚礼也很简单。然后我们俩就到西藏，就是这样。

陈：婚礼两家人在一起吃饭，是在哪儿？

卢：我们是在四川饭店。开始我公公就说想在新街口饭店，在那儿办，在那儿给我们租房子。我们是觉得，能省就尽量省，因为那个时候已经准备要进藏了。后来家里就商量，家里人一起吃个饭。我们俩当时觉得无所谓，结婚了，走一块了，就不把婚礼太当回事。后来就是两桌。

陈：结婚的时候，公公婆婆给您的礼物是什么？

卢：没有。什么都没有。[①] 当时结婚呢，【指朱晓明】他给我买了件的确良衬衣。

陈：谁的钱？是父母的钱还是自己的钱？

卢：他父母的钱——朱晓明，你是不是给我买了件衣裳啊？他买没买过，我都忘了。等于没有什么，当时他爸爸倒是说过，说你们结婚，送你一个相机，给我买块手表。我爸爸知道这事了，我也忘了是不是我告诉我爸爸的，后来我爸爸说我给你买。手表是我爸爸买的，我们家里头有两个相机，我爸爸把小的给我了，海鸥205。

陈：他们家用什么表达对你们的祝贺呢？

卢：实际上就买了两床被面，是他去买的，还不是我去买的。买了一个红的，买了一个粉的。当时凌元阿姨说，瞧你不会买东西，这俩太靠色了。我原来不懂什么叫靠色，这是凌元阿姨说的，太靠色了，一个粉，一个红的。

我印象中，我们结婚那天晚上，家里人特别高兴，可以感觉出来老人的那种由衷的欢喜。在家里头，他们院里一块长大的孩子，一个是大田，就是凌元阿姨的老二，还有一个是他们的发小，叫牛什么，他妈妈是凌元阿姨家的保姆。

---

① 口述人2015年8月23日来信说，她想起，结婚时“婆婆将他们结婚时上影厂送给的鸭绒被送给了我们，这个被子至今还在使用。还给了我们家传的狗皮褥子，可惜丢在西藏了。”

陈：您是说牛妈的孩子？

卢：对，牛妈，就是王阿姨。当时院里的孩子，然后还有我，有晓明，都在家里头，那么点小地儿，都挤着。因为我们马上就要奔赴前程了嘛，大家就聊天啊，老人就特别欢喜。后来大家说表演节目，大家就表演节目，讲故事。当时表演节目呢，成方圆就拉《白毛女》，大家就在那个小屋里头表演节目，就那天晚上，老人还是挺开心的。我们走的时候，还是一种特别开心的状态。为什么说我和家里接触更多呢，是因为生孩子。后来我先调回来的。

陈：您是哪一年调回来的？

卢：我是 1983 年，1983 年调回来的，但是 1982 年我身体不好，生病了，就住在家里。

陈：您在西藏是在哪个单位？

卢：我在西藏日报社。我们到西藏以后呢，他是在（自治区党委）宣传部。因为北大中文系，（西藏）还是比较重视我们，当时我们中文系四个同学，一个男生，三个女生，其中一个女生是阿旺晋美[①]的女儿，她坚决要到基层，她就去了最基层最苦的县，当普通的干事，她从基层出来的。另外一个同学去了广播电台当记者。我就去了《西藏日报》，先是做编辑，然后记者，我们是编采合一，后来又做专职记者。然后从《西藏日报》就调到了《人民日报》，是因为《西藏日报》考上研究生的一个同学介绍的。他们调我，是调对了。

陈：您是在《人民日报》哪个部门？

卢：农村部，后来农村部和工商部合了，那就算经济部。我也写过一些在国内有影响的作品，我的特点就是不怕吃苦，打破砂锅问到底，比较执着，而且突破能力比较强，所谓突破能力，就是说别人都觉得很难采访的，那我一定要想办法，必须得抓住他，而且抓住问题紧追不放，是这么一种人，做记者还是做得比较成功。

后来《人民日报》要在西藏建记者站，当时他们也选过别人，别人都不是很愿意去，因为在《人民日报》这样一个大舞台上，到任何地方去，大家都觉得比到西藏去强。后来领导找我，当时一个副总编找我谈话，说小飞，西藏要建记者站，你愿意不愿意？我第一反应，就是“好啊！”然后马上就开始做家里的工作，我父亲又是支持，那时候已经有孩子了，那

---

① 阿旺晋美，全名是阿沛·阿旺晋美（1910—2009），曾任全国人民代表大会常务委员会副委员长、全国政协副主席、中国西藏文化保护与发展协会会长。

时朱玛是7岁，小学二年级。我说妈妈要到西藏去，肯定要去，我说要不你就在这里继续上小学，我会把你委托给一个叔叔，你在这个叔叔家，他们孩子跟朱玛都差不多；还有一个办法就是去爷爷奶奶家。朱玛这个孩子有点像她爸爸，想了很久，她说妈妈，我跟你去。她跟我走了。我带她到西藏，我原来以为我们会在一起，没想到我带朱玛到西藏不久呢，朱晓明又到（中央）党校学习，他一学又是半年，等于我带朱玛，要下乡不方便，这种情况下，又不得已，把朱玛送回北京。

陈：您第二次去西藏，是哪一年？

卢：我第二次到西藏是1987年，因为记者站我要筹建，要培养人，要选址，同时我还要采访，我在西藏待了四年。

陈：第二次又待了四年？

卢：待了四年。这四年呢，我们俩还是聚少离多。

陈：朱晓明老师1989年就调回北京了。

卢：对，他先是到党校，1989年12月份，他正式调到中央统战部。我就跟《人民日报》说我的任期，因为我先生回来了嘛，1989年实际上报社也同意我回来。但是我要选人、培养人啊，我又返回西藏，我真正回来，是1990、1991年，人真正成熟了，记者站我交了班。

谈公公朱今明

陈： 请您谈谈您对朱今明先生的印象。

卢： 印象最深的，是他从海南回来，带来很多的东西。我当时就觉得特别诧异，作为一个男性，他会对这些细小的东西比我婆婆还要认真，收集各种各样的贝壳，然后把它洗干净，把它分类，最后他做了很多东西，还送人。他动手能力很强，他去锯木头，然后粘贴，每一块方木头上面会涂上背景色，然后粘，我印象特别深的，他粘很多花型的，还有一个特别大的贝壳，大概有这么大，他会贴上，然后把它挂在墙上，作为一个艺术品。现在看来呢，一个是他对艺术这种天然的敏锐，这一点就比我婆婆好像更敏锐，他觉得这个东西是一个很美的造型，他很珍惜它，包括那些特别小的东西。我婆婆都说，哎呀，你那些破玩意儿，扔了得了！他都舍不得，他觉得这是艺术，就是说他对生活中所有与艺术有关联的东西都有本能的这种反应。那个时候是“文化大革命”当中，也没有更多的艺术工作充填他的空间，所以他就会去粘这些东西。还有印象特别深的，就是他们家的台灯，立式的台灯，还有书桌的台灯，全部都是用电影胶片做成的。有他做的，也有别人做的，做得特别精美。他们会利用所有可以用的材料。

陈： 台灯是胶片做的，不怕烤煳了吗？

卢： 里面贴的纸，好像是特别好，他好几个台灯都是用电影胶片做的。其中有一个是我婆婆的同事徐贞叔叔做的，是立式台灯，那是长形的筒状的一个，宽就是整个一个胶片。他书桌上的那个台灯罩，漂亮极了，那是个椭圆形的，这整个是一个圆形的，胶片都是这种弯型的，每一层它是扇形的，上窄下宽，前头都是那种花边，小动物，特别精致。这种艺术品，在街上你花多少钱都买不着。这个台灯他用了很多年，他很喜欢——可能不是他做的，是他的同事做的，里面剪贴了很多小剪纸，一圈全部都是小动物，特别好看。

陈： 是胶片形式，还是胶片材质？

卢： 材质，百分之百是胶片做的，就是那种废胶片。用了很多年，老人家的照片里面可能会有这个台灯，我觉得留下这个资料，非常好。[①]

---

① 此前几段，是在前面谈的，编纂时调整至此。

我在北京跟公公婆婆生活比较长的时间，有两段。一段是生孩子，1979年我怀孕了，当时是为孩子，如果说我怀孕，一直到临产的时候我再回来，我担心在缺氧的环境下孩子发育不好。因为我妹妹是在拉萨出生的，就是先天性的心脏问题。我记得我怀孕的时候，那时候还没有开放，西藏的物流还没有现在这么畅通，我们每次从北京休假回去，大包小包，包括蔬菜我们都要带，最缺的就是蔬菜，我们的指甲盖都是扁的。所以在怀孕三个月的时候，我就回来了，一直到把孩子生了。我们西藏的产假时间是比较长的，产假时间我就缩短了，我就把孩子交给了父母，父母带着这个孩子。

陈：您回北京，是住在婆婆家，还是住在您父母家？

卢：您听我说啊，我本来是想住在父母家，让我妈妈给劝回来了。我妈妈的观念是，你嫁出去了，你不能（住在娘家）。有一年大年三十，我兴冲冲地赶回我们家，让我妈给轰了，我妈说你太不懂事了，你应该跟你公公婆婆一家过年。这样，我是住在婆婆家。印象比较深的，就是在我怀孕的这一段时间，我公公是特别的繁忙，他那时候筹拍几部片子。我记得当时是（策划）好几部片子，一个是张洁给他写的片子，他就在看本子，而且在琢磨。

陈：你说的是公公，还是婆婆？

卢：公公。我记得那时候有一部片子，是人民日报社科教文部记者何黄彪采访的一个科技（题材），是山东栖霞的一个村的党支部书记，在当地基层干部里算是很有创见的这么一个人，想走工业化的道路，造汽车，这么一个本子。他们为这个本子，大概磨合了很长时间，从看本子，讨论本子，然后何黄彪又改本子，改了本子又在家里讨论，反复了很长时间，但是最终没有成。我觉得还是本子不成熟。这是一个事情。还有一个，就是他们当时要搞——是《白发魔女》还是什么，也是弄本子。

陈：是《白发魔女》，还是《孔雀公主》？

卢：对。那就是《孔雀公主》。《孔雀公主》也是很长的时间，因为经常在家里要讨论。我感觉他所有的生活都围绕着电影。然后拍《孔雀公主》，他们去瑞丽，我也印象很深。在瑞丽，搭景都是特别精益求精，以后我到云南采访还去过，他搭的景后来是当地的一个旅游景点，去了还要买票的。当地人特别自豪，“我们这个旅游景点拍过电影”，觉得很自豪。我印象特别深的，他们从云南给我们带回来的那个发夹——我的公公在这些小细节上比我婆婆要细，他知道给我们女孩子们买些发夹，给我买一个，给朱加加买一个。我婆婆是比较粗放的一个人，粗线条的，而我公公是特别细腻的一个人。这是《孔雀公主》，拍片子，在家里见过很多人，包括见过唐国强。

我公公那个人他永远都是（温和的），就很少看到他发脾气。但是我也见过他发脾气——跟我婆婆。

陈：是因为什么呢？

卢：我印象中，婆婆她有时候比较急躁。婆婆有时候会说，保姆你怎么怎么样，她会这样，她是属于三分钟的气儿，发完了就没了，是这么一个人。好像是家里的一个什么事情，从当时那个场景来看，公公是有道理的，他喊一声，婆婆就没有声音了。后来我那个小叔子，就是朱晓明他弟弟朱晓力说，他说爸爸从来不发脾气，但是只要他喊一声，我妈立刻就停止，就是这样的。我公公那人，永远都是笑呵呵的，非常慈祥，他不是刻意地摆出这样，他从心里头这样。他对家乡来的人，不管你是什么样的人，就是说你特别远地求他，他都特别的热心。他总是回应人家，是特别热心的一个人。我印象当中，他们摄制组那些人，“老头、老头”，都特亲热。

陈：摄制组的人叫朱老师是“老头”？

卢：老头。我都听见过，“老头、老头！”就这种，我听见过。我印象特别深的，就是（公公的）追悼会，特别的壮观，人特别多。那时候各种各样的追悼会很多，包括民间的、官方的，包括特别职位高的，但是他那种，就是特别的壮观。他们摄影车间的，大家对他的那种感情，普通人来的也特别多，对他的那种感情，让我们心里头受到震撼。

有时候在家里头会聊起来，我就比较直率。他在拍《蔡文姬》的时候，我婆婆在拍《报童》，因为我是记者嘛，有时候公公婆婆会问我感觉怎么样。我就比较直爽，我说，妈，您这个《报童》比爸爸这个《蔡文姬》还是差一大截子。她不一定高兴，但她会问为什么。我就会说，我说您这个舞台剧的痕迹太重。

陈：《蔡文姬》不更是舞台戏吗？

卢：但是不，他处理得好。他在处理的过程中，人艺还是跟他有点那个小刺头儿，人艺就觉得我是人艺，你不能动我的东西，但是他就一定要把它还原成更贴近自然，贴近生活的这种东西，跟他们人艺那时候挺较劲的。后来他们特别服。我记得有一场戏，人艺他们那些名角，要求一气呵成，“我这气不能断，我这气一断，我这整个气场都没了！”所以要求你们拍片子的，你得跟上我。他们有一场戏我是看过的，当时就觉得特棒，人艺演的也棒，他们拍的也棒，那就是一气呵成。还记得，当时是那个谁啊，是朱琳阿姨的老公，还是蓝天野，反正他们俩有一个有心脏病，一演戏大家就特别紧张，怕他心脏病犯了，但是老先生就宁可犯病，也得把这口气给舒出去。反正我在旁边看过一次，拍《蔡文姬》的时候我正好生孩子，所以我会有大量的时间在家里头，包括跟他们蹭看观摩片。那时候改革开放了嘛，多少年没看过这么多好片子了，会跟着看一些观摩片。我就记得他在现场，指挥若定，这个印象特别深。

陈：您在摄影棚看拍戏？拍摄地点不在剧院里？

卢：不是，不是，在摄影棚。剧院里话剧我也看了，摄影棚里我也看了。摄影棚跟剧场的置景都完全不一样，摄影棚反正后面乱七八糟，但是机器里头人家绝对会有办法解决的。那场面要比舞台上更大气，这样演员也可以走得开，反正看过，好像两次还是一次。那次我记得在家里，他们说，可得注意啊，就叮嘱我公公，他[①]一激动起来——朱琳的爱人叫什么？

陈：刁光覃。

卢：刁光覃，可能就是刁光覃，说刁光覃那个高血压可别犯了病，好像就只能让他那么一两场就得过，不能让他来回折腾。（后来）好像一下就给过了。我记得在家里也见过他们，还有濮存昕他爸爸，苏民，他还给我公公写了郭沫若先生的那首诗，在家里挂了很多年。从书法的角度，作为艺术家书法还真是不错，但是从书法家角度，说不上是上品，但是我公公特别有感情，在当时我睡觉的那个卧室挂了很多年，一直挂到我们搬家。他主要是对这个片子和对所有参与这个片子的这些艺术家的感情。《孔雀公主》的那个画，也是在家里挂了很多年。

陈：《孔雀公主》的画，是电影海报吗？

卢：海报，也挂了很多年。其实从艺术品上，不算是特别上乘的东西，他完全是对自己作品的这种感情，就在家里挂着。他在家里挂的东西，都是跟他命运有关的东西，而不是说挂一个什么著名油画，全是跟他命运有关的。包括赵丹先生在青年时代给他画的画，亲笔画的，就挂了很多年，画他的形象，这个我们出书都收在书里了，一会儿你们可以拍赵丹先生这些东西。还有赵丹画的一幅荷花，陈鲤庭写了一幅字，在家里挂了很多年，其实都算不上特别棒，但一看就是感情在这里头，这里面的信息量特别大。那个画写的是“赵丹植荷，鲤庭养鱼”，特别有情趣，在家里挂了很多年。还有祖绍先画了一个寿桃，那个桃我觉得也就那么回事，但是就在那儿挂了好多年。他那个人不是特别外露，但是他的内涵，你可以从这些细部里头看出来，他对艺术的这种情感，他跟大小艺术家，包括小的这些从艺人员的情感，都可以从细节里面感觉出来。

陈：您说《蔡文姬》比《报童》好，老太太的反应是什么？

---

① 此处“他”指朱琳爱人刁光覃，在话剧《蔡文姬》中饰演曹操。

卢： 老太太她也认，她没有生气。我敢说，因为我觉得家人嘛，也不必特别掖着藏着，我是很直率的。中午吃饭，我说他这个比你那个好。因为同时拍，都是舞台转成电影，其实别人会知道你是舞台变的，人家会有这个宽容度，但是她转的会觉得硬。虽然当着老人的面说她不是特别的舒服，但她还是服气的。

陈： 您平常跟公公婆婆交流，也都是很直率？

卢： 我比较直率。

陈： 婆婆也是一个直率的人。

卢： 她比我还直。其实在我年轻的时候，我更谦让，现在我年纪大了，我可能会做得差一点，反倒差一点。

陈： 您年纪大，她年纪不更大了吗？

卢： 更大了。我是觉得老了以后应该是儿童，你像我现在，我是觉得应该回归到童心状态，所以有时候比较直。但是我发现，她特别难受，我就觉得以后我还是得搂着点，比较注意。我们从来没有说发生过冲突，我婆婆有些比较冲的话，可能听着自己会觉得不舒服，我自己就忍了，长辈嘛。我先生也是这样，他也有我这种情况。

陈： 妈妈也说他？

卢： 也会，但会少一点，他们三个孩子，我婆婆是最宠着我先生的。他各方面都更好，小的时候特别懂事，从小在学校里也是好孩子。我记得家里头有个相册，我公公写的那个字："妈妈心中的小树。"

陈： 据说晓明先生小时候的照片是最多的？

卢： 后来我就知道，我说哦，原来是这样，就是妈妈心中的小树，茁壮成长，这是我公公写的。我跟他谈恋爱的时候，那时候大家挺好的，第一次我公公就告诉我，说我们家晓明是热水瓶，外面凉、里面热。到了晚年我才想，其实我公公就是热水瓶，跟他的经历有关系，因为他挫折多。我记得有一次碰见王雄叔叔，他说："我们一块在莫斯科的时候，你公公经常夜里头惊醒，从床上嗷嗷就站起来了，我们都吓一跳！"

陈： 监狱后遗症？

卢： 对，就是说他会有这种噩梦，这种东西肯定会影响到一生。我觉得，他的一生其实还是挺让人惋惜的，他晚年，我们在家里多嘛——我为什么回来呢？那年我是早期肝硬化，下乡跟老百姓喝酒，喝得太猛，当时指标什么都不好，这样的话，我是在 82 年回家，我在家里养了一年，我跟他们接触比较多。

陈： 您生朱玛的前后，在家里跟公公婆婆相处，对他们的观察是什么？朱玛在家里待到好几岁，是吧？

卢：朱玛长到6岁，上了人民日报的小学，然后我带。我公公实际上他是不管家务事的，哄孩子的时候都很低。朱晓力（的孩子）就更甭提了。但是我这个孩子出来以后呢，我感觉公公的那种感觉，我觉得还是比较浓的，他在那么忙的情况下，见着朱玛，哎哟，那种喜悦之情真的是溢于言表。所以在他去世的时候，我们朱玛哭得最伤心，当时我婆婆还挺感动的，说没想到朱玛那么小，对爷爷的感情那么深。他不一定有多少（时间）抱她，但是他对孩子的那种含在嘴里怕化了的那种感觉（特别明显）。就是老人他对孙辈的（爱）。

陈：朱今明老师跟您说过他的往事吗？

卢：他不会刻意去回忆什么。有的时候，比如说老家来人了，“哎呀，我们小的时候特别爱吃这个！”他会说这些话，他是由一件事物来引起他的话头。老家来人了，他特别爱吃老家的那个麻栗，现在再吃也觉得就那么回事，但是他特别珍爱，老家的东西，他会搁到他自己的一个小柜子里——不是搁在家里公开的（地方）——他的感情就到这份儿上了，然后一点一点品尝，就这样。有一次朱晓明的大表姐来家里头住了一段时间，他们两个人讲小时候的事儿，也是特别的（兴奋）。那个人的年龄很大了，应该跟我公公年龄差不多的，那可能是他大表姐的孩子，[①] 因为我看他的回忆录里面，他的妈妈去世以后，就是比他大的这个表姐带了他一段时间。小时候的事情呢，他会讲起，我印象中，他就会讲起家乡话，他说家乡话特别难懂。我问过他，我说你们家跟朱元璋有什么关系？他说他应该是朱元璋的第36代。后来我跟我婆婆说过，我婆婆说从来没听他说过。

陈：他说自己是朱元璋的36代？

卢：他亲口跟我讲的。对，朱晓明他也不知道，后来还是我跟他说的，我说我问过爸爸。说这一支，到他上一代，是有家谱的，但是后来革命了以后，都把这些革掉了。有家谱的，朱家有几支，分了几个大宗，江苏有一支，他说他们的祖先是在婺源，其实江苏没有婺源县，江西有婺源。

陈：您记得朱今明的社交情况吗？

卢：交友的话，他跟水华叔叔的关系是特别好的，水华也经常到家里来。

陈：水华到家里来，是看朱今明，还是看赵元？

卢：两个都看。但是他跟我公公的那种感情，就可以感觉出来。有时候水华在家里头，因为他住在三里河那边嘛，他只要是到厂里来办事，到

---

① 这里的“他”，指的是朱今明。朱今明大表姐的孩子，又是朱晓明的大表姐。

家里来，我公公会留他在家里吃饭。然后就是陈强，陈强跟他特别好，俩人在一块特别亲。然后他们摄影界，其实摄影界到我们家来的就是他的徒弟来得多，于振羽[①]啊，也还有别人，于振羽来得多一点，杜煜庄[②]是最多的。

陈：还有一个黎锡[③]吧？

卢：黎锡，我的印象，黎锡就跟我们家的亲人一样。因为朱加加跟我讲过，她就说黎锡叔叔有一个动作，就是爸爸挨斗的时候，别人都是要划清界限的，都表现出我跟你们这个有问题的家庭是有距离的，但是黎锡走过来抚摸一下头发，她说这一幕永远都不会忘掉。黎锡到家里来，我见过他，是很亲的，他经常给我发东西，小飞长、小飞短的，给我发海外的各种奇闻轶事。

陈：跟朱今明老师来往的，就是水华、陈强，还有几个徒弟？

卢：对，赵子岳也来，但是陈强来得多，水华来得多。汪洋，那老哥们那感情就不是一般的了。然后上海的就是赵丹、徐韬，还有广东的王为一。好像钟敬之他们感情也好。他跟赵丹，这就不用说了，赵丹去世的时候，我们可以感觉到老人受到的那种打击，你可以从他的情绪上可以感觉出来，那是沉重的打击。

陈：朱加加老师说，赵茅、赵青[④]他们都很尊重朱今明老师？

卢：对，那个对。赵青经常到家里来看他，赵青来往是很多的，而且可以感觉出来是这种亲人的关系，大概就是这些。

---

① 于振羽（1930— ），电影摄影师，辽宁岫岩人，1948 年入北平体育专科学校学习，1949 年入东北电影制片厂任摄影助理，同年任北京电影制片厂新闻摄影队摄影助理，1954 年入北京电影学校摄影班学习，1956 年毕业后到北京电影制片厂任摄影助理、副摄影师、摄影师。合作和独立摄影作品有《青年鲁班》《红色背篓》《山花》《李四光》《艾力甫与赛乃姆》《扶我上战马的人》《伞花》《姑娘望着我》《钱……这个东西》《神州漫游》（环幕，编剧、导演、摄影）、《金色鲤鱼》（环幕，导演、摄影）、《女刑警队长》（环幕，导演、摄影）等。

② 杜煜庄（1938— ），电影摄影师，浙江绍兴人，1957 年考入北京电影学院摄影系，1961 年毕业后分配到北京电影制片厂，历任摄影助理、副摄影师、摄影师。与人合作拍摄及独立拍摄影片有《蔡文姬》《孔雀公主》《拓荒者的足迹》《穿越中国的长跑》（制片人、导演、总摄影）、《少年战俘》（导演、摄影）等

③ 黎锡（1933— ），电影、电视摄影师，广东新会人，生于上海，1950—1954 年就读于华南文艺学院戏剧系，1955 年加入北京电影制片厂，担任摄影助理、副摄影多年，参与过《西沙儿女》（未完成）、《甜蜜的事业》等影片拍摄。1979 年因母亲病重而调回香港，加入香港电台电视部，任摄影师、高级摄影师，拍摄电视剧《伦常怨》《流莺》《爱穿丝袜的人》《带菌者》《百分之百感觉》等，著作有《电影语言的语法》《黎民伟：人、时代、电影》《中国电影拓荒者——黎民伟》《香港电影之父黎民伟》（DVD）等。

④ 赵青，赵茅为演员赵丹之子。

谈婆婆赵元

陈：奶奶呢？赵元老师对孙辈是不是有分别？

卢：奶奶没什么区别，但是晚年会有区别。她会觉得我们溺爱孩子，她是不能容忍的，她对孩子特别严厉。

陈：她对自己的孩子严厉，她对孙辈朱玛他们也很严厉吗？

卢：严厉，一点都没变。

陈：不是隔代亲吗？

卢：我公公是那样，但是我婆婆不那样。我婆婆是，到现在隔两代，她才改了，她才能容忍。包括在早期，她也是不能容忍，你们怎么这么惯孩子啊？我在带朱玛的时候，基本上是迁就我婆婆的，那时候我买了心理学的书，怎么育儿。我婆婆当时就批评我，她是不满意的，她说谁没带过孩子，还用看什么书啊？我印象中有一个小细节，我们孩子不吃什么东西，"哪儿有那么多事？！"她说朱晓明小时候不吃豆腐，她一声吼，他乖乖地吃下去。"吃！"她当时还给我学呢，她就这样。她的话就是命令，没有什么可商量的，她是这么一个人。

陈：对朱玛，她也是这样吗？

卢：也一样的，包括石欣，[①]包括朱晓力的孩子，都没少挨奶奶剋，很严厉。

陈：朱玛不吃某种东西，结果是什么？

卢：必须得吃啊。比如那时候我哄朱玛，我会哄她"小白兔，吃一口什么什么"，她会马上就出来："哪有那么啰唆的？吃！"就这样。朱玛小的时候，基本上我就迁就她[②]了，我就忍了。她对朱玛比较暴躁，包括对她其他的孙辈也是很急的，我印象中，石欣那时候玩什么小洋片，她就给抢过来扔了。

陈：抢过来扔了？

卢：啊，就不许他玩。

陈：原因是什么呢？

---

① 石欣是朱加加的儿子，即朱今明、赵元的外孙。

② 此处"她"指赵元。

卢：她觉得影响学习。她是属于一根筋的，就是事情非黑即白，没有过度的。但我公公他会比较迁就，他觉得怎么都成。但是在这些问题上，家务事上，只要婆婆已经发号施令了，基本上他也就不干预了，免得家里头会……

陈：朱玛在家那几年，是赵老师最忙的时候吧？

卢：特别忙。那几年呢，我跟她接触的时间，都是匆匆忙忙。她那个人呢，是一个敞开心扉的人，她经常会征求我的意见，小飞，你看看这本子怎么样？或者，小飞你来看看片子怎么着。所以《十四五岁》我有印象，因为《十四五岁》到后来还征求我的意见。我是觉得《十四五岁》在她的那个水平，还是值得肯定的，我觉得《十四五岁》拍得还是不错的。

陈：是拍摄之前征求您的意见，还是看片子征求您的意见？

卢：看样片。包括《印有金锚的飘带》的样片，我也看过。其实在她的艺术领域里，我跟她的沟通比晓明要多得多。她说你帮我看看这本子，我的东西，我也让她看，我说你看看我这东西。

陈：您看过《印有金锚的飘带》的样片？

卢：《印有金锚的飘带》的样片我看过，那时候已经快进入后期了，最后枪毙了，他们都觉得特别惋惜。包括她拍的那个《穆斯林的葬礼》，中间和霍达也有一些冲突什么的。我也是快人快语，喜欢插嘴，包括我公公拍《孔雀公主》，挑李秀明，我就不太赞成。他觉得李秀明的眼睛有神，有故事。他说秀明的眼睛会说话。

陈：您跟赵元老师，能够互相交流吗？

卢：我觉得她会听。其实她是很在意别人的意见的。那段时间我们俩交流得挺多的，包括他们那个时候住在北影招待所讨论剧本的时候，家里头有事，我也会去找她。

包括她跟张洁，后来是好朋友，后来张洁跟我关系也不错，有时候跟张洁也聊聊。最早也是她主动找张洁，张洁写的小说《从森林里来的孩子》，当时她特别喜欢，特别有感觉。其实这个片子，从我的角度，要拍的话应该能拍得很美，当然它的故事性不是那么强，但是可以给它里头加一点东西，后来就没有成功。然后张洁又写了两部片子给老头，最后也没有拍，张洁对北影也有点意见。

陈：专门写了两个剧本吗？还是改了两个小说？

卢：写了两个剧本。一个写的是歌唱演员，叫张什么，就从国外回来的女高音歌唱家，[①] 很有名。还有一个是写白淑湘的，那个剧本我也看过，也没拍成。

陈：您与老人相处时，她会说自己的往事吗？

卢：我婆婆跟我说过。有两个，我觉得还是有价值的，对你们来说。一个是她那个演剧队的，因为她在九队和二队都待过。我生朱玛，在北京，有一次在美术馆举办了一次规模很大的演剧队的展览，我在展览里面看到了我婆婆写的一段，她的笔迹，墙报上的那篇。[②] 她跟我讲过她们在演剧队的事情，她还说她离开家的事情。但是后来我再问她的时候，她否认了，当时她跟我讲过，她说当时特别讨厌她妈妈那种太太。后来我说，你说过，你说你特讨厌你妈。她说，我没说过啊。她说过。我为什么说她个性刚强，而且她是一个不恋家的人？为什么她老在外面？晚年，你看她已经八十多岁了，我是希望她能跟我们在一起，别在养老院，我觉得会有更多的亲情，女儿[③] 在旁边一室的，还有一个 103，我就想把 103 给买下来，婆婆将来在那儿住，我们就叫老少居嘛，挺好的，其乐融融。她是不依靠任何人，她说你们别替我想啊，我不会靠着你们。

陈：别替我想？

卢：别替我着想，她是这么一个人。到我们家里来，她都要干活，我们哪儿能允许一个老年人（干活）？ 90 岁了，很多病。但是她一定要，她就是这么一个人，这个我印象特别深。她跟家里头为什么会这样呢？就是因为她小时候没有母爱，她跟我讲过对她母亲的这种感觉，她和她妹妹——他们[④] 叫小姨——她妈妈喜欢小姨，所以她就是这种反抗的心理，这是一个印象。还有一个呢，我觉得她真的是有点（过），（她）父亲是国民党的，其实是知识分子，学有所成的军医学校的校长，[⑤] 划清界限，誓死不见，不来往。就是大弟弟是因为考上人民大学，来投奔姐姐，大弟弟——就是我们那小舅舅——人也特别好，特别的亲和，知识分子，是很优秀的学生，

---

① 应该是说张权（1919—1992），女高音歌唱家，1937 年入上海国立音乐专科学校声乐系，1942 年毕业于重庆国立音乐学院并留校任教，曾主演我国第一部歌剧《秋子》；1947 年赴美国留学，1951 年获音乐硕士学位后归国，先后在中央实验歌剧院、黑龙江省歌舞团、哈尔滨歌剧院担任独唱和歌剧演员，1978 年任北京歌舞团艺术指导和声乐教师，1981 年调入中国音乐学院，1982 年任副院长，1983 年晋升教授。

② 是说当年的墙报被拍成照片，在展览中出现，参见《赵元访谈录》相关部分。

③ 女儿，是指口述人的女儿，即赵元老人的孙女朱玛。

④“他们”指赵元的子女们。

⑤ 此处表述有误，赵元老人的父亲是国民党的军医，当过医院的院长，不是军医学校的校长。

姐啊长的短的，这才有来往。但是跟那边都没有（联系），包括底下好多的（弟弟妹妹），都没有来往。后来我还说呢，我说您也忒狠心了，我说你有没有通信？都没有。我问过她，都没有。就是没有来往。

陈： 信应该有吧？朱加加说她看见过外公给妈妈写的信，称呼是“婉儿”，至少她父亲给她来过信，她回不回信，就不知道了。

卢： 我公公是电影界的应该说比较耀眼的人，外公应该知道他们的情况。但是他们不太知道那边的情况，至少家里头的情况不太知道。她比较坚决吧。

陈： 赵元老师的妈妈，从她离开桂林以后，从此不见踪影？

卢： 这个她也没有说过，她也不知道。这个我没有问过。

陈： 她也从来没有说起过？

卢： 也没说过。是不是她妈妈去世了？病死了？还是怎么着？

陈： 没有明确的结论啊。

卢： 她可以问问。她可能就是这种性格，她也不找，爱谁谁了，就是这种。包括朱晓明的姐姐[①]，要我这个性格的话，我都要想办法千方百计找。他爸爸的大女儿，都没有找到。其实我婆婆那个人，生活把她历练得刚强，她的柔情其实还是可以感觉出来的——她对朱晓明的这种。革命的战火把她历练、包裹得很严，其实她的柔情是可以感觉到的。

陈： 您说她对朱晓明是怎么呢？

卢： 还是那种千般的母爱，可以感觉出来。我觉得就是他爸爸这句话：“妈妈心中的小树”。如果回绝别人，比如说不同意什么东西，但是儿子都是一锤定音，儿子说什么都是好的。包括那会儿到自由市场上买菜，朱晓明说你这是走资本主义道路，那老太太就说，哦，儿子说的，那我就别到自由市场上买菜了。就这种，觉得儿子什么都是对的。还有我们那个大舅舅从赣南来的时候，虽然她好像感觉是铁板一块，实际上她兄妹之间的这种感情可以感觉出来的，还是很深的。那个老舅舅人也是特别好。

陈： 是说她的亲哥哥，是吧？

卢： 亲哥哥。去年还是前年去世了。有一次我出差到赣南，还去看过老人家。他到北京来过，他到北京来，也是我去接他，跟我婆婆的性格有相似的地方，但是也有完全不同的地方。他可以非常委婉地说我婆婆，哎呀，你也太那个什么了吧？那个老人家是特别的温和，艺术家，人家也是搞表演的嘛，虽然他那个剧种很窄，但他是赣南采茶剧的大腕儿，而且动

① 朱晓明的姐姐，指朱今明与前妻生的女儿娜嘉，被母亲送人，从此不知下落。

手能力特别强，也是属于勤俭持家的。

陈：您刚才提到赵元老师两次回忆往事，一是演剧队，还有一次呢？

卢：还有一次，是她跟她妈的这一段。她小时候跟她妈不好，当时给我的感觉，就是说她是属于那种毅然决然离开家的这种孩子。还有她跟我说过，她跟田野阿姨，她们俩是钻一个被窝的，特别亲。还有跟那个小于阿姨，就是自然博物馆的小于阿姨，就比她们更小，自然博物馆的馆员。

陈：是在什么情况下的回忆？

卢：就在家里头说起来，有时候说起演剧队的时候，她会说。后来田野阿姨去世了时候，她挺难过。后来陈默叔叔到我们家里来过。今年我还问过她，我说你怎么不跟陈默叔叔来往了？她说可能他年纪也大了，不方便。

陈：请您各用一段话，分别描述或评论朱今明和赵元老师。

卢：我觉得（我公公）他应该是我们国家——从我这个角度啊——我觉得真的是非常稀有的艺术家。真的，他那种全情地投入，他视艺术为生命。作为一个人，他是一个慈爱的、善良的、正直的人，他是一个活生生的人。

我婆婆这个人呢，不能说她不是一个好妻子和好母亲，她就是一种特定环境下塑造的这么一种类型的妻子和母亲。她虽然把很多的精力都投放在事业当中去了，但是她也忙里偷闲，她能扎东西，家里的窗帘她扎的，给你扎个东西什么的，缝纫机。她会做饭，而且她做的饭也是相当不错，虽然没有什么准备，她叮咣的能给你做得挺好。她是很能干的一个人，她很能吃苦，这一点比我还棒。她跟我说过一个小细节，她脚上长了一个灰指甲，她说给它活生生地拔出来，我说你忍得住啊？她能忍得住。我说你真伟大，这我可不敢。她八十岁做手术，我们看见同一个病房的，包括隔壁的，有几个四十多岁的都不敢做，后来那个医生，很有名的医生，他说要向老太太学习，老太太八十多岁，有赴刑场的那种感觉——当时【指朱晓明】他和朱加加都反对。

陈：就是脊椎手术那次？

卢：脊椎手术，说风险太大了。只有我是支持的，因为那时候站都站不起来了，与其这样，不如去搏一下。她就去搏一下，就是这么一个人。而且我可以感觉，我做手术、拔牙什么的，我都吓得到死，她是那种大义凛然，非常平静。你看她这样吧，她很谦虚，她老觉得自己不行，本能地觉得自己底气不是那么足，包括你们这次（口述历史采访），她还跟我们讲，哎呀，她说我这个人，我有什么呀？我就觉得，你怎么没什么呀，我说演剧队，你太值得（采访）了，怎么没什么？我还给她打气呢。我觉得，她的这种性格，是她能够长寿的一个原因，她的性格是使她能走到今天。她还特别乐观的，“到养老院，我不靠你们！”就这样的一个人。她吃的东西特别简单，我们给她的营养品，她到现在还搁着，不吃。都是吃剩菜剩饭，“我爱吃”，就这个。她还说，我这不是挺好嘛，她就这样，是硬骨头的一个人。也是很少的，电影界也很少的。

朱：她现在岁数越大，知道这些事的人越少，她心里特别清楚。别人都不一定能记住的，她都能记住。

卢：我觉得她的记忆还是很多的，她知道很多。

陈：她知道很多，而且非常坦诚。

卢：她做什么，她都是导演的特别棒的助手。她做场记，那叫全情投入；她做副导演，是一个特别尽职的副导演。我经历过一件小事，就是说她跟谢铁骊拍《红楼梦》，有一天晚上她睡不着觉，特别激动，在那儿写东西。后来我说，你怎么了？她实际上是遇到挫折，她也跟我讲了，在工作中没有摩擦是不可能的，肯定会有一些，就是遇到了一些小的坎。

陈：具体是什么呢？

卢：因为她是执行导演，执行导演是有她的权力的，可能大导演会不同意她，可能会有一些冲突，我感觉是这个东西，她也跟我表露了。当时她很不平，晚上在家里头，在我住的那个屋子里，伏案写东西，写她的心得，这个事我印象特别深。应该还是有一些挫折吧，她后来缓解了。另外她有一个特点，因为我也打夜班，她也打夜班，她说你看，咱俩打夜班不一样。我是吃完饭就写，她不，她先睡一觉，然后凌晨起来打夜班，她经常这样。

陈：哦？凌晨大概什么时候起来？

卢：有的时候两点，或者是四点，她经常这样打夜班，她那个人精力充沛。起来做她的案头（工作），她先睡一觉，然后打夜班。

陈：您讲的比朱晓明老师多，这些东西朱老师不见得知道。

朱：她在家里住的时间长。

卢：另外就是，因为我是记者嘛，还有一个可能女的——当然也不一定只有女性才能做到——就是我会更细一点，感受更多一点。

陈：谢谢！谢谢您！

采访人手记

在联络朱晓明先生之前，我曾期待过，如果能够同时采访到他的夫人卢小飞老师，那就太好了。因为此前并不熟悉，只能心怀期望，见机行事。好在，朱晓明先生主动提出，让我接下来采访卢老师，而卢老师也爽快地答应了。

能够采访到卢小飞老师，有诸多出乎意料的惊喜。其一，作为朱今明、赵元的长媳，卢老师于1979、1982年曾回北京与两位老人共同生活过，对两位老人的了解相当充分。其二，卢老师大学毕业后就在报社工作，从《西藏日报》到《人民日报》，且担任《中国妇女报》总编辑多年，具有形象记忆的天赋和训练有素的敏感度和洞察力，且能够讲述富有质感的生动细节。其三，卢老师还做过口述历史！了解口述历史的价值，认同口述历史的理念，熟悉口述历史的方法，因而与她合作口述历史采访，格外轻松自如。实际上，她曾鼓励过赵元老师接受口述历史采访并出版口述历史访谈——为此，我要加倍感谢卢小飞老师！

卢老师聪慧敏锐、才情丰富，灵气飞扬，而且自信豁达、豪迈开放、直率真挚。采访对话中，我没有拘泥于采访提纲，采取即兴问答形式，顺着受访人的记忆线索进行。在氛围传播和信息捕捉方面，卢老师都是训练有素，在采访时亲切自然，有问必答，一触即发，知无不言，言无不尽，却又能知之为知之、不知为不知。时间过得非常快，眨眼之间，2小时就已过去。本来想继续采访，但时间已过中午12点半，显然是早已过了他们的午餐时间。我们不能因口述历史采访而过分影响受访人的日常生活，只好就此结束采访。

此次采访成绩及格，主要原因不在我，在于受访人慷慨爽朗。

附录三　朱加加访谈录

采访人	陈　墨
采访时间	2015年6月24日
采访地点	北京中日友好医院主任办公室
摄　　像	潘笑笑
录　　音	潘笑笑

【受访人简介】

朱加加

女，中日友好医院主任医师，朱今明、赵元夫妇之女。出生于上海，1956年随父母迁往北京，1968年底到陕西延安插队，1973年考入西安医学院，毕业分配至西安医学院第一附属医院任住院医师，5年后任住院总医师，一年后晋升主治医师。1985年调回北京，在北京中日友好医院国际医疗部工作，先后担任副主任医师、主任医师，门诊部副主任。2012年退休，被返聘原科室工作至今。

关于爸爸和妈妈

陈墨（以下简称“陈”）：朱老师，您好！感谢您接受我们的采访！我们要编纂《赵元访谈录》，想请您谈谈您的父亲、母亲。先请您做一个自我简介。

朱加加（以下简称“加”）：我想到什么就说什么。我是从中学开始，初中二年级，就“文化大革命”了。我是（北京）女十中的，1968 年底年我们响应“知识青年上山下乡”的号召，[①]到延安，我们全班下到陕西省延安叫冯庄公社坨连沟大队，在那儿大概四年。我在第三年，在农村修水坝的时候，连车带人从山上摔下来，当时就骨折了，胫、腓骨都骨折。老百姓用推土车把我从生产队推到公社，公社（卫生院）当时的条件连骨折处理的能力都没有，又从公社推到延安县，一路上颠，疼得钻心。到延安拍了 X 光（片），证实是骨折，打了石膏，然后就送回来。

在恢复高考招生第一年的时候，[②]我跟我哥哥都上了大学。我哥哥上北大，我上的是西安医科大学。[③]1973 年上学，1976 年毕业，我又上了一年的西学中班，[④]然后就开始工作。我就在西安医科大学（第一附属医院）的心内科工作。我的工作经历还是比较顺利的，五年住院医生，就是内科各个专业轮转。通过五年住院医生的培养，到住院总医生。住院总医生就是像全托的孩子一样，星期一到星期六都住在医院，所有心内科的病房病人、急诊、会诊、抢救，任何事情都要负责。经过一年的住院总医生的培训以后，就升到主治医生。1985 年，我从西安医科大学第一附属医院，调到（北京）中日友好医院——现在国际医疗部前身——外宾康复科。我是在 1994 年，从主治医生升到副主任医生—— 1997 外宾康复科该为国际医疗部——我从病房到门诊，做国际医疗部门诊的副主任，2004 年晋升主任医生，一直到 2012 年我退休。我现在还在返聘，工作没有变化。

---

① 下乡插队的确切日期应该是 1968 年底，见下文。

② 1973 年，中国大学恢复招生，曾举行招生考试，但因“张铁生事件”而影响了录取工作。此后数年都是以工农兵推荐上大学为主要模式，直至 1977 年正式恢复高考。

③ 即当年的西安医学院，1985 年更名为西安医科大学，2004 年 4 月与西安交通大学、陕西财经学院三校合并，又改名西安交通大学医学部。

④ 西学中，指的是西医学中医，亦即中西医结合，是当年中国医学发展的主流方向。

陈：您对父亲和母亲的记忆，大概是从什么时候开始？

加：我记得我爸爸妈妈都很忙，我们小时候，都是阿姨带的。我还记得在上幼儿园的时候，我跟我哥哥都住全托，我在小班，我哥哥比我大两岁，我哥哥在玻璃门的那边，我老在那儿喊哥哥，一个星期才能回家。所以，小时候我妈妈带我们出去玩，这种印象都很淡，好像是很少，没有什么特殊的（印象）。1956 年我爸爸随中国电影代表团到莫斯科学习宽银幕，然后就建北影。我爸爸比我们早来，早来多长时间我记不清楚，我跟我妈妈还有哥哥，是 1956 年到（北京）的。

陈：您还记得从上海到北京来那一路的经历吗？

加：路上不记得。我就记得我们住在后海板桥头条 17 号——当时是 9 号，后来是 17 号的院子。那个门房，我去借簸箕（说）：“有没有畚箕？”[①] 人家听不懂“畚箕”，这个我倒是记得。

陈：父母亲都去摄制组，他们不在家，您习惯吗？

加：我们家有老阿姨。我哥哥一个月还是一岁的时候阿姨就来了，那阿姨是从上海带到北京的，阿姨跟我们感情特别深，我会写字的时候就开始帮阿姨记账。不知道我是小学几年级的时候，我跟爸爸去拍《春雷》，[②] 那次我流鼻血，我就觉得拍电影太辛苦了，一晒我就晕了，然后就流鼻血。我觉得他们很辛苦。

陈：您在那摄制组呆了多长时间？

加：就一天。我跟我爸爸去外景，可能就去了两次，一次《春雷》，一次是《烽火少年》，[③] 那是在河北什么地方。一共我就跟他去过两次。特别辛苦，我都不行，我都流鼻血。

陈：对摄制组有什么记忆吗？包括衣食住行？

加：我觉得很辛苦就是。这样一跨，就跨到“文化大革命”了。“文化大革命”的时候，我记得街上都贴着“北影厂明天批斗朱今明”（的布告），当时我们班不知道什么人，一定要我去参加。然后我去参加，我爸爸在上面，我在下面，参加他这个批斗会，我很伤心。就是黎锡叔叔，[④]

---

① 畚箕，南方方言，读“běn jī”，即簸箕。

②《春雷》，歌剧片，北京电影制片厂 1961 年摄制。改编：海啸、侣朋、凌子风、朱今明；导演：凌子风、侣朋；摄影：朱今明；主演：魏秉哲、华松如、罗民池、郭兰英等。

③《烽火少年》，故事片，北京电影制片厂 1975 年摄制。编剧：颜一烟；导演：董克娜；摄影：朱今明、温智贤；主演：邱英三、王京春、马精武等。

④ 黎锡，电影摄影师，香港电影创始人黎民伟之子，曾在北京电影制片厂工作，1975 年回香港从事电视摄像工作。

黎锡是我爸的学生，黎锡叔叔摸着我的头说："加加，你来了？"这个印象我一直特别特别深刻。他现在到香港了。我记得他，第一次我到香港的时候，我一定要去看看黎锡叔叔，因为在我们家最最困难的时候（他理解我们，关心我们）。

陈：您父亲挨批斗，您哭，是因为恐惧、伤心，还是恼怒？

加：我一直是同情。我爸爸被关在北影"牛棚"的时候，每次去接、送爸爸都是我。他在被关押的时候，偶尔可以回来一下，我爸爸回家，我跟着他，他上厕所，我在门口等，我生怕他出事，我就担心他。我到北影去看我爸爸，我见我爸爸第一次流眼泪。这一生我是第一次看他流眼泪，也是最后一次。

陈：爸爸流泪的原因是什么？

加：他觉得他的问题影响了我们。

陈：父母亲出差、拍外景，回来会给您带礼物吗？

加：没有太多印象，我记得我爸爸拍《西沙》的时候① ——那都是在后来了，《西沙》都是"文化大革命"后（期）了，我爸爸带了很多海螺，用海螺粘起来，做成很漂亮的台灯。我爸爸在出访朝鲜的时候，带过一双朝鲜的鞋给我，那种橡胶的鞋，像船一样的那种鞋，真的鞋，跳舞可以穿的。我小时候喜欢跳舞，但我爸爸妈妈都反对，那时候，我爸爸拍一个歌舞的节目。

陈：您是说 1964 年的《彩蝶纷飞》？②

加：拍《彩蝶纷飞》的时候。老师到我们家来谈，说："来看看加加"。老师一看，条件不好，不要再跳皮筋了、腿太粗，我妈、我爸爸都不愿意让我去学舞蹈，说你要学舞蹈你就是跑龙套的。他们希望我学医，最后我还真学医了。

陈：您父母亲关心您在学校的生活和学习吗？

加：我跟我哥哥学习都还可以，我哥哥更好一些，我哥哥是大队长，我是小队长，反正我们都是好学生。我都不记得他们参加过学生家长会。反正都是阿姨送，我记得小时候阿姨说，不听话，阿姨就告诉你们老师，怎么怎么样。

---

①《西沙》，即《西沙儿女》，故事片，北京电影制片厂于 1974 年 10 月开始酝酿将浩然小说《西沙儿女》搬上银幕。编剧：杨啸；导演：水华；摄影：朱今明；主演：张连文、李秀明。曾投入拍摄，但未完成。

②《彩蝶纷飞》，民间歌舞集锦，北京电影制片厂 1964 年摄制。导演：朱今明；摄影：高洪涛、聂晶。

陈： 如果您在学校里取得好成绩，家里有奖励吗？

加： 没有什么特殊的（奖励）。

陈： 如果在学校犯了错，父母会怎样批评？

加： 也没有受过批评，没有在学校里受过批评。我只记得有一次，还在板桥头条四合院的时候，小弟摔了一跤，把下巴给摔了流血，以后缝了几针，那次我爸爸生气了，生我的气，觉得我没有照顾好小弟——小弟比我小 8 岁，比我哥哥小 10 岁，他这儿破了，是我带着他——反正我记得当时我爸爸特生气，打了我一下。就是打了这么一下，我当天就没回家住，住到（凌元）阿姨家。

陈： 父母亲带您上公园、看电影、娱乐，有哪些记忆？

加： 我们刚到北京那年，去参加了"十一"的观摩，[①]（上了）观礼台，我记得下大雨，我们身上都被淋湿了。以后就是后海小公园了，逛后海有一些记忆，但是没有特别生动的故事。

陈： 跟父亲、母亲相处，比较温馨的记忆有哪些？

加： 我第一个特别感触，就是我去看我爸爸，我第一次看我爸爸哭。我一直认为我爸爸是好人，没有问题。我们那时候特别胆战心惊，每天从学校回来，一到那个胡同口，看我们家门口有没有车、有没有批斗的那些人。家里那时候门上挂着一个大字报。（造反派）把我们家阿姨给赶走了，不允许伺候"黑帮狗崽子"，我们都不会做饭，我记得第一次做饭，我们吃的是面疙瘩，我们都不会做。后来我跟我哥哥下乡，我弟弟寄在邻居家里，家里都没有人。我们那时候每月 17 块钱的生活费，每人 17 块钱。

陈： 您父亲和母亲会跟您说他们的往事吗？

加： 我记得我插队的时候，有一段时间学手风琴，那个手风琴的盖子，就是我爸爸在新疆绣的那个"娜嘉一周年"。[②] 那块东西盖在我的手风琴上。后来我爸爸跟我说——我问过他——我为什么叫加加？就是那个女儿叫娜嘉，所以我叫加加。

陈： 插一句，父母亲都是电影人，小时候你有过做电影的想法吗？比如说去演电影，或者去拍电影？

加： 没有，我只是小时候喜欢跳舞，从来没有想过去搞电影。我儿子现在在做。

---

① 指的是参加了 1956 年国庆节，口述人和父亲一起在天安门的观礼台上观摩了庆祝活动。

② 指的是朱今明于 1939 年在新疆被捕入狱，在狱中想念长女娜嘉，绣了"娜嘉一周年"纪念物。

陈：石欣，是吧？在做电影？

加：石欣，一开始是影视后期，做技术方面的工作，现在在拍网络剧，在做制片。我们家这两代人里，现在就是石欣去做这个事了。

陈：您母亲肯定非常高兴吧？

加：也未必。我妈妈说，石欣做这个事，她没帮一点忙，凭他自己喜欢。[①]

---

① 关于下一代从事电影工作这一段，是在后面说的，编纂时调整至此。

关于爸爸朱今明

陈：您父亲的经历，例如当年从南通到上海上学，听父亲说起过吗？

加：那都不是他说的，是后来我们知道的。那年我们去南通，南通崇敬中学挂牌的时候，广电部（电影局）江平、我妈妈、我、我儿子，我们一块去，知道了一些。我知道我爸爸那时候跟赵丹伯伯是邻居，赵丹伯伯的妈妈就是我爸爸的干妈，我爸爸的妈妈早早就去世了。一路走来，就是赵丹伯伯演戏，我爸爸拍，就这么一个情况。我知道我爸爸在上海的时候，舞台追光这方面在中国电影中国戏剧上，都还是有很大造诣的。[①]

陈：1934年，您父亲进上海明星影片公司学摄影，听到父亲说过吗？

加：没有。我只知道“文化大革命”开始的时候，我们家有很多以前的剧照，包括明星公司的剧照，我那时候烧那些剧照。

陈：您父亲曾在新疆坐了四年牢，那一段您了解吗？

加：对，不能说了解。我去新疆那年，自治区成立60周年的时候，[②]我随中央代表团去新疆——我是作为保健医生去的——我还没有到监狱，就在那附近，我问过人家当时的监狱在哪儿，人家给我指了指，大概说了说。我就知道当时我爸爸很苦，非常非常苦，好像吃的都是黑面包，他在监狱里还学了俄文，有一些绣的绣片。其他的只知道是很苦，苦到什么程度不太清楚。

陈：您父亲是《遥远的爱》的摄影师之一，您母亲也参加了这个电影，这是他们恋爱的起点，这段故事您了解吗？

加：不了解。但是我看过我妈妈在《遥远的爱》里的一张剧照。

陈：《一江春水向东流》是中国电影史的经典片，是您父亲用一个独眼龙摄影机拍的，您看过这影片吗？

---

① 据《电影家列传》记载，朱今明曾专心研究世界各国的舞台装置艺术，并在实践中探索舞台照明方法，富有独创性地在中国舞台上第一次设置和运用了天幕的照明，为中国舞台艺术增添了光彩。在《大雷雨》演出时，布景中出现了静静的伏尔加河岸，暴风雨来临前的教堂等景物，使人如临其境，制造了剧情应有的舞台气氛，一破当时舞台布景及照明程式化的呆滞，赋予了戏剧新生命，获得了极其真实的艺术效果。他的成就引起了重视，当时在上海被誉为中国舞台照明美术专家。《中国电影家列传》（四），第79-80页，中国电影出版社，1985年。

② 此处表述有误，新疆维吾尔自治区成立60周年要到2015年10月，口述人所说可能是50周年，即2005年。

加：当然看过。反正北影说是“四大金刚”，[①] 但我从来都认为我爸爸是“四大金刚”中的最大金刚，我一直是这么认为的。我爸爸确实是。我就记得那次开批斗会的时候，他们说我爸爸是“骑在工人头上的一霸”——有一张照片，其实（照片上）那些工人脸是笑的，他们是在外景结束（时拍摄的），工人把他放在脖子上，一大群人簇拥着，脸上都是开心的笑。

陈：您父亲是《希望在人间》的摄影师之一，您听父亲说过这个电影吗？

加：《希望在人间》？我爸爸不太跟我们说这些的。我只是上学的时候，有的时候他们摄制组在家里做分镜头，那时候分镜头都一张纸一张纸画出来的，看过我爸爸的那些分镜头的纸，我爸爸这些事情，不大跟我们讲什么。

陈：父亲当时怎么工作的，您不了解？

加：我只记得我爸拍《南征北战》的时候，他说那时候条件非常艰苦，拍了很晚了以后，就在山洞里睡觉，第二天起来，旁边都是风干的大便，很苦，这我有印象。

陈：您父亲还拍过《风暴》，这个影片非常有名，您了解吗？

加：对，我爸爸跟我说过，说《风暴》是他最得意的一个作品，我爸爸说，《风暴》的每一个镜头都是一幅油画，这是我爸爸自己说的。

陈：您刚才说您去过《春雷》剧组？

加：对，《春雷》那个戏，是郭兰英做主角，没有别的任何记忆，我只记得我自己流鼻血了。

陈：《烈火中永生》，您了解这个电影的创作情况吗？

加：我只知道那时候我们家的长藤椅，被搬去拍《烈火中永生》。

陈：去做道具？后来在电影上看到了吗？——您父母都去重庆拍戏，家里人又剩下几个孩子了，这有印象吗？

加：这在我们家是常事。所以讲，小时候的印象真的不是很多，我要讲我们家阿姨，可能还要讲得更多一些。

陈：歌舞集锦《彩蝶纷飞》，您父亲是摄影师兼导演，原因是什么？

加：不了解。我推测，觉得他认为他的资历已经够这个位子了。

陈：您插队是1969年还是1968年？

---

①“四大金刚”，应该是指北影的“四大师”即四位大摄影师：朱今明、钱江、聂晶、高洪涛。

加：1968年底，可能是12月。好像比哥哥晚一点点，应该在一个月内。

陈：我求证一下，您母亲送没送过您？

加：没送过我，我去送过我哥哥。我记得我去送我哥哥的时候，我哥的同学一下就认出来了："这是你妹妹吧？"

陈：您妈妈送过你哥哥，对吧？

加：我不记得了她送没送。反正我记得，那时候我的父母好像不像一般人家的父母那么多的儿女情长，我觉得他们一天都在忙工作，对我们关注不是特别多。我记得我们下乡的时候，第一次同学家里都来信，就没有我的信。

陈：父母亲没有及时给您写信？

加：没有，第一次从北京到延安的信，那批信里没有我的信。我记得我站在山头上直流眼泪。晚一点还是有信的，但不是特别多。反正我就记得，那时候在农村，小喇叭广播，广播明天谁谁谁到公社去检查身体，招工等等，马上就一口饭都吃不下去了——永远没有我们的事。

陈：是因为父亲的原因，还是母亲的原因？

加：父亲的原因。

陈：父亲解放，[①] 是您考大学的前期，是吧？

加：对。我只知道有一份文字的东西寄到我们的公社了，我父亲的（审查）文字结论，有一个通知，我哥哥当然肯定是收到了。这样我们才在那年有参加考试的资格，否则我们根本就没有参加考试的资格。

陈：您父亲1976年还拍过《牛角石》，这个电影您有印象吗？

加：我只能说我知道这个电影的名字，具体的我不知道。

陈：1977年的《春天》呢？您父亲跟潘文展、谢添等合作导演，他也当摄影，就是王昆那些人演出的一台歌舞，有印象吗？

加：我都不在北京，那时候。

陈：您了解1978年您父亲把话剧《蔡文姬》搬上银幕的事？

加：我所谓我知道，也是知道而已，不是说对这个戏有什么了解，我也不了解，我在西安。你想，我到1985年才回来北京。

陈：1982年的《孔雀公主》，您父亲和苏菲、邢榕合作导演的故事片，您刚才提到他每一个布景都特别精致、特别讲究以外，还有别的记忆吗？

加：不了解，完全不了解。

陈：父亲离休前后的心理状况，您了解吗？他离休是哪一年？

---

① 解放，是指结束审查，从牛棚里出来，获得回家和工作的自由，"回到人民的队伍中来"。

加：我不知道。我妈妈离休是哪一年，我也不知道。

陈：我知道您父亲生病期间，一直是你照顾。他生病住院的情况从头到尾是怎样的过程？

加：我爸爸第一次生病，是小脑出血，就在我这个病房里，[①] 在二楼，住了 48 天。（一开始）他和张庚伯伯，他们两个人都在积水潭医院。我爸爸当时在积水潭医院的急诊室，张庚伯伯也在积水潭医院的急诊室，他们两个人都在等做头部的 CT，积水潭医院排的时间，当天肯定是做不上的，等到什么时候做，不知道。然后我去看了他们的情况，觉得不能在这儿耽误，当时就决定把他们两个人拉回来，在我们医院做的（CT 扫描）。我爸爸是小脑出血，张庚伯伯是脑梗死，当时两个人就都安排住院了。然后我就一直白天上班，晚上陪我爸爸。我爸爸他很听话，让他不动他就不动，因为他是小脑的梗死，小脑比邻就是脑干，生命中枢的地方，就怕他在急性出血的过程中会有出血量增大，就会有生命的危险，我爸爸特别配合医生。我记得是春节前发病的，到（新年）初六的时候我都一直没回过家，我儿子那时候还小，我妈妈说你回去看看石欣吧，我初六的那天回去了半天，我爸爸又发烧了，我们值班医生就不敢给他处理，“加加你快回来，你爸爸发烧了，讲胡话”。

陈：您不在，值班医生不敢处理？原因是什么？

加：胆小，就是怕，越是朋友、职工的（亲属就越怕出事）。

陈：您不是关系更近吗？您爸爸，您敢处理吗？

加：我当然敢处理了。我回来以后，给他用药，以后体温就下来了。我记得我爸爸说：“你看看你，你要是要儿子不要老子了。”我爸爸说我一句。我说我陪了你那么多天，才回去一次。

陈：他这次住院 40 多天，第二次生病是什么样的情况？

加：第二次生病，那天我也在家。我那年是医院送我学外语，在语言学院 1989 年 6 月 10 日那天早上我爸爸就大便干燥，阿姨给他吃了通便的药，吃了中午饭，我爸爸就上卫生间了，我听他在里头哼哼，我就跑进去了，看我爸爸大汗淋漓，我问爸爸你怎么了？他说腰里痛，就扶他到床上，一下就过去了。我赶快做胸外心脏按压，赶快去叫朋友来、叫厂里的医生来，又给他送到积水潭医院，那时候已经没有心跳了。我妈妈说（还有心跳）——妈妈自己摸了，其实是她自己指头的脉搏活动，我妈妈说还有心跳，我说已经没有了。

---

① 指的是中日友好医院国际医疗部的病房。

陈：在家里实际上就没有了？

加：其实在家里就没有了，是猝死。当时很多人都说，早上还看老头在后边溜弯，阿姨吃完早饭陪他去后边那个小山。

陈：您父亲生病期间，妈妈在拍《红楼梦》，经常去外景，您心里会不会对妈妈有什么怨言？

加：没有什么怨言。我妈妈是热心肠，心直口快那种人，她对我爸爸是很好意的，她也是要凶着说，是这样的人。我跟我妈妈完全是两个类型。我记得我们都没有这种怨言。

陈：那时候，1989年，您父亲正好是74岁。

加：73过了，没有到74。

陈：父亲去世后，葬礼有哪些记忆？

加：葬礼，我记得我爸爸的横批就是“一代宗师”，葬礼整个搞得我们家里人都是很满意的。

陈：葬礼是北影厂主持的？

加：对，那时候还是老干部科管，我哥哥、嫂子他们主要写生平，他们主要搞这些。反正是很突然，非常非常突然，医学上叫猝死，在24小时内就走掉了。当时我妈妈还说，是不是别的问题？我妈妈还曾经要求做尸检，后来我说没有必要做尸检。我妈妈她觉得好像是（无法接受），其实在家里已经没有了，就是这个事情发生在医院，救回来的可能性都很小，各种急救（设施齐全）的情况下，被救回来都可能性很小。我估计可能是冠脉的某一处破裂了，因为太快了。

陈：您是否觉得，父亲心血管病，跟他壮志未酬有关？

加：我只知道，我爸爸退休前，他很喜欢在厂里头走来走去的，他退休以后不到厂区去，就在生活区。反正我那时候有感觉，但是我没有直问过我爸爸。我爸比较内向，不是特别爱讲。

陈：在您看来，您父亲他是一个好丈夫吗？

加：我认为我爸爸是好丈夫。他比我妈妈大10岁，我觉得他在生活中很谦让我妈妈。也应该说是比较体贴。他可能家里事情做得不多，他不会做什么家里的事情。反正在我印象里，他跟我妈妈吵架，都是我妈妈的声音很高，我爸爸从来都不叫的。

陈：在您看来，您父亲是一个好父亲吗？

加：怎么说呢？按当时人的概念讲，应该是个好父亲。按现在人的观念讲，好像还是不够细吧？你看，我爸爸做摄影出身，我们全家的照片都很少——有一些，但不是每年一张。反正我们小时候照片，应该我哥哥最多，我也有一小本，到小弟的时候我不知道，反正我们三个本。“文化大革命”后期我自己整理过，不是特别多。特别是后来，我们上学、工作以后，这种全家可记录性的东西不多。

我们在出这个书的时候，[①]整理照片，找不着几张全家照。

陈：那代人都是工作第一，家庭肯定是第二——下一个问题是，您记得父亲跟哪些人朋友来往比较多？

加：除了我们家人以外？我父亲友人基本上都去世了。赵丹肯定是首当其冲的。因为赵丹伯伯的葬礼都是我爸爸主持的，赵青和赵茅对我爸爸——他们叫今明叔叔——是感情很深的。赵茅，我看后来他写东西，他是被送到孤儿院还是什么地方的时候，是我爸爸接他出来，长了一身的痢痢疮，就是疥疮吧，可能是。

陈：是什么年代？是（20世纪）40年代还是后来？

加：应该是40年代。我看他写的一个东西。赵丹伯伯，我印象里没见过他到北京来，我看我表哥写的一篇东西，他是哪年到北京来，那时候我不在北京，我在西安。

陈：赵丹以外，还有哪些人经常来往比较多？

加：我爸爸的学生，像黎锡，还有于振羽叔叔，还有杜煜庄，还有李晨声，这些都是。

陈：他同辈人呢？

加：同辈人，高洪涛叔叔家，还有何文今伯伯，也是关系比较好的。

陈：您觉得父亲是怎样的一个人？

加：我觉得我爸爸是一个忠厚老实的人，非常忠厚老实。他不在于要那种所谓的出名，他是不会去争名争利的那种人，他是追求他一生要追求的电影事业。我觉得我爸爸是那种默默无闻、低头干活的那种人，不像有些人要争个什么名那样的。我爸爸得过哥伦比亚水晶蝴蝶奖，[②]这部电影是什么？我爸爸，反正我觉得他从青年时期就是追寻戏剧和电影，他一生中都在追寻他的这个艺术目标。

---

① 出这个书，是指为纪念朱今明100周年诞辰，家人要自费出一本纪念画册。

② 此处记忆有误，朱今明、苏菲、邢榕合作导演的影片《孔雀公主》（1982年摄制），是1985年在捷克第14届儿童电影节上获得大奖——水晶蝴蝶杯奖，获奖地不是哥伦比亚。

关于妈妈赵元

陈： 母亲的家庭，她跟您说过吗？您姥姥、姥爷是什么样的人？

加： 我的外公是一个医生，他很早就留学日本，在东大（医学院）毕业。但是我没见过他，一直到他去世。因为我妈妈比较革命，15就参加了演剧队。我记得我妈妈说，外公曾经特别想到北京来看望她一次，但她没同意，我妈妈就一直不见他，当然这里可能还有些其他的原因。后来外婆就失散了，就找不到这个人了。他后来又结婚了。[①] 反正我妈妈就一直没让他如这个愿。我记得外公那个样子，特别像叶剑英，我妈妈的名字叫赵小婉，每次外公写信给她，都是"婉儿"。

陈： 您妈妈不愿见他，有政治原因，也有个人情感的原因，她无法接受您外公又娶了个太太，您觉得政治原因和个人感情的原因，哪个比重大些？

加： 我觉得政治的原因更多一些，因为那个时候，国民党的军医，就不得了。

陈： 您母亲跟一个同父异母的弟弟，就是上人民大学的那个，关系不错？

加： 对，小舅舅是当时考到人民大学来，可能他[②]写信托我妈妈要照顾他。小舅舅那个人，是我们接触（外公）后面几个孩子里的，我印象最深的一个人。小舅也是一个很好的学生，对人也都很谦和，跟我们家关系都不错。他来上大学的时候应该是自然灾害的时候。像凌元阿姨家，都是每人一碗蒸饭的，我们家从来没有那样过。我妈妈对小舅还是很好的，她接触小舅，对小舅的人也是很认可的。

陈： 您妈妈说到她跟您重庆的一个姨妈，俩人还不错，说是因为那个姨妈也很讨厌她自己的妈妈，您知道是哪个姨妈吗？

加： 不知道是不是赵安玲？好像就是跟赵安玲。我对她们印象都不深，因为我那时候不在北京，对小舅那时候还有印象。

陈： 您母亲十四五岁参加抗敌演剧队，这段生活她跟您说过吗？

---

① 他后来又结婚了，是指外公又结婚了，不过不是"后来"，而是早就有了新欢。参见《赵元访谈录》的有关部分。

② 指外公。

加：您说您叫陈墨，（让我想起）那个陈默叔叔和田野，小田阿姨，[①] 我妈妈是说过她跟小田阿姨是从小一个被窝里长大的，她们俩睡在一起，从小都在演剧队。小的时候就知道，因为小田阿姨和我们家走得很近，但是小田阿姨晚年就老年痴呆了，很早去世了，陈默叔叔现在还在。

陈：您母亲在上海电影制片厂演员剧团工作，您听她说起过这段吗？

加：演员剧团？那也是我5岁之前的事，反正到北影，她已经不在演员剧团了，在北影就（改行学）导演了，从导演助理开始做起。

陈：您母亲在《遥远的爱》和《团结起来到明天》当中出演过，您了解吗？

加：没有印象，我只见过《遥远的爱》有一张剧照，我记得我妈妈那时候戴一个斗笠，穿着一个短裙，有那么一张剧照。

陈：您母亲改行，跟水华导演做《林家铺子》的场记，您了解吗？

加：《林家铺子》好像我去过一次，是一个室内景的地方，在厂里。我记得我掉牙了，那小孩演员老叫我"豁牙子"，我还记得挺清楚的。其他的我还真不记得我去过（妈妈工作的摄制组）。

陈：上海《文汇报》有一篇社论，说做演剧队是"反革命别动队"，您妈妈被怀疑曾经随集体加入国民党，您了解吗？

加：这个我知道，当时有人说是集体加入国民党。那个时候可能我印象不深，但这个事情我知道。我觉得好像她没有像我爸爸那样挨整吧。受冷落，她没有被限制（行动自由）。我印象里我妈妈没有被限制过。

陈：您下乡的时候，妈妈给您准备行装吗？

加：反正都是我自己准备的。那时候好像每个人下乡都有一个木箱子，那个时候是怎么给的这个木箱？大家统一去买还是怎么着？每个人都是一样的一个木箱。我不记得她送过我，我也不记得她给我准备东西，当时她在哪儿，我现在也不记得。1968年底，我妈妈她那时候在干什么？我真的不记得她送过我。

陈：您母亲跟钱江导演合导《报童》，您有印象吗？

加：对。我不了解什么情况，那是哪年？1978年我在西安。看过。然后是《扶我上战马的人》，是哪年？我妈拍这部戏的时候，好像路过西安，来看过我。反正我结婚的时候，我妈说她是"傀儡政府"，就是说都是我们自作主张的。

陈：您哥哥也是这样的吗？

---

① 陈默和田野是一对夫妇，都是赵元在演剧队时的队友。

加：哥哥不是，他是在北大上的学。我觉得我哥哥（恋爱结婚），（父母）应该是知道的。因为连阿姨那时候都说——那时候我们还在板桥头条住——小飞到我们家来，他们应该事先都是知道的。而且小飞的爸爸是八一厂的一个副厂长，都是电影界的人。我是在外地。

陈：中间两部电影，《他们在相爱》《印有金锚的飘带》，有印象吗？

加：《印有金锚的飘带》，好像没放吧？没有（印象）。

陈：您母亲独立执导的影片《十四五岁》获得了首届童牛奖，您了解吗？

加：这电影我不了解。我就知道四个女导演，我妈妈，还有谁，（琪琴）高娃，儿影分房子的时候，给四个女导演一人分了一个两室的小房间。（分给我妈的）那个房子，后来我回北京就给我住了。当时给儿影拍了四部戏的导演，一人分了一个房子，也在小月河旁边的这个地方。儿影厂的房子是作为奖励分的，那是于蓝阿姨做厂长的时候做的这件事。

陈：您母亲做电影《红楼梦》的执行导演，您了解吗？

加：《红楼梦》那个我有印象，我妈妈是做执行导演。我妈妈是热心肠、嘴巴说话特凶的那种人，他们的演员不知道谁怀孕了，我妈妈把人家骂得狗血喷头，批评了一顿，回到家赶快又给人煮鸡汤，炖了砂锅给人家送过去。（我妈）就是那种刀子嘴豆腐心的人。她拍这部戏的时候，我已经回来了。我好像记得，《红楼梦》还没完的时候，我妈妈就被退休了。

陈：《红楼梦》没开始的时候就退休了，她1985年以前就退休了，《红楼梦》1986年才开始——《红楼梦》获得了中国电影金鸡奖最佳导演奖，谢铁骊、赵元，您有印象吗？

加：应该有印象。反正我妈肯定不是拿奖的人，我妈妈肯定没有去拿奖。[①] 谢铁骊是总导演。

陈：下一部是《穆斯林的葬礼》，您刚才说她研究穆斯林的葬礼？

加：穆斯林的那些规矩她完全不懂的，穆斯林的葬礼应该是什么样，都是得从头去了解的，怕电影某些事情做得不符合民族宗教的规范，我觉得我妈妈好像在这个上面下了很大的功夫。

陈：您妈妈70岁以后才真正从工作上退下来，您了解母亲真正退休以后的身体和心理状况吗？

加：反正我妈妈是崇拜那些——比如说教师死在讲台上，医生死在手

---

① 此处记忆有误，口述人的母亲参见了第10届金鸡奖颁奖，并代表谢铁骊和她本人领了奖，参见《赵元访谈录》的相关部分。

术台上，她是崇拜这种生命结束在工作状态的人，她很崇拜这种人。

陈：生命不息战斗不止的人。她不太愿意在家养老？

加：对，她总要把自己搞得特别忙。反正我妈妈，生活上特别俭朴，从来没有太多的要求。我小时候，记得印象最深的是我们刚到北京，那时候北影有一些演员和导演参加政协礼堂的新年晚会，和首长包括总理什么的跳舞，那时候我看到我妈妈换衣服、化淡妆，觉得我妈妈好漂亮，很羡慕。（那是我）很小的时候。

陈：您讲是政协礼堂还是中南海？

加：我记得是政协礼堂。那时候觉得特别。但我妈在我的心目中，不是慈母类型的，是严母类型的，比较严格，说话比较冲，是这样的人。

陈：您和您哥哥两家跟妈妈团聚多吗？去看妈妈频率怎样？

加：我爸爸没有去世之前，我们都生活在一起。我爸爸去世以后，我们也都在一起，那时候我们就要主动地给家里交一些生活费了，爸爸不在了，主要的生活经济来源少了。等各自都有了家庭后分开，（探望母亲）一开始比较多，后来就是一周一到两次。像现在，我每星期要给我妈妈打一次针，去看看她，她需要什么东西，给她带。最少每周一次。我觉得我妈妈还让我们做了一个事情，给我们一个很大的触动，那是哪年，我妈妈打电话给我和我哥哥："朱加加、朱晓明，你们回家来，我要找你们谈个事情。"什么事情呢？我妈妈已经她做了（决定），遗体捐赠给协和医院，让我们回去谈这个事情，要签字。我先到家，我妈妈就说，朱加加你什么意见？我说等哥哥吧。后来我哥哥回来，我哥哥说我们只能尊重她的意见，在她这个年龄的人，能够做到这么高境界的人非常少——不能说没有，中国人都希望有一个完整的（遗体），但她真是默默地做了这些事情。真正的无私。还有，她 79 岁那年做手术，做腰椎间盘突出（手）术，我跟我哥哥也是"傀儡"，在这件事情上。

陈：怎么讲？决定都是她自己做的？

加：我们是觉得，她 79 岁，很难经历这么一个大的手术，因为麻醉就是一关。我会想到很多很多的，也可能下不来（手术）台。我妈自己就联系了于蓝阿姨，因为于蓝阿姨先做了，于蓝阿姨给她介绍了一个北大医院的医生，然后她自己把手续全办好了，再通知我们："我要去做手术了。我不要这样整天痛着生活，我活着就要好好地活着，要有质量地活着！"特别一件事情，就是她点的那个医生，在她住院期间还没手术的时候，她刚住进去就发现了有一个病人是这个医生做的手术，下来以后有意外，等于是手术意外，手术做完以后这个人的腿是这样走路【做外八字划圈姿势】，根本就没恢复到正常。病人还在投诉，我妈妈就跟那个同室病号说：

“你不能告诉我们家人，如果你告诉我们家人，他们一定不让我做手术，让我出院。”那个病人就不敢跟我们讲。然后我妈妈下了（手术）台，她的手术很大，一般人只做两个腰椎关节，她做了三个。她是腰椎间盘突出，椎间盘内压力很高，压迫了脊神经出现腰痛、腿痛，除了改变这以外，还要把它开创减压，做了三个锥体。术前，医生都给我们一步一步讲，我做了那么多年医生，作为一个病人的家属在那里跟我妈一块去听签字，我妈妈那时候勇敢得不得了。她已经知道医生有问题，她不告诉我们，她说相信这个大夫一定会给她做好的。

陈：最后手术做得还成功？

加：做的还很好，下来以后马上就动脚，脚都能动，那很好，（妈妈）说我就相信他一定会给我做好的。

陈：这是赵老师的性格。

加：还有一个，就是她现在是长期高血压。她可能有高血压的时候，她也没有发现，也没有去看过医生，等她发现有了高血压，（开始）重视的时候，高血压的一些并发症都出来了。我妈妈她现在就是因为长期的高血压，造成了肾脏的肾小球动脉硬化——肾脏的工作单位是肾小球——肾内的肾小球全部小动脉硬化，肾内的囊内压高了，长期高血压造成的一个肾病，现在已经是尿毒症期。她就等于已经是达到指标该做透析了，但是我现在就用药物维持，没有给她透析，因为她一般情况还可以。她是坚决不要透析。

陈：为什么不要透析呢？

加：她说她透析，眼看北影厂那么多肾病的病人，透析了以后，比方说一开始一星期一次，变成一星期两次，然后到一天一次，到最后走，她目睹了北影厂那么多人都不是个好结果。所以她说不要透析，就这样药物维持。她确实对生命看得很透，她要活着的时候能做事、能讲话，要不她就走。

陈：这是她的性格。下面同样的问题：您觉得她是一个好妻子吗？

加：她不算是个好妻子，她不够温柔。

陈：作为妈妈呢？

加：作为妈妈也就及格，我认为她。我觉得她更多的是在她的事业上，她特别努力去工作，她特别能吃苦。妈妈比我们能吃苦多了，特别能吃苦，而且她不在乎吃苦，她也不珍惜自己。

陈：不珍惜自己，还活了 90 岁？

加：我曾经想，我说如果要让她改变现在的生活状态，变得特别有规律，然后特别考究，那可能就不是她了。

陈：同样的一个问题，您了解妈妈的朋友吗？她与哪些人交往比较多？提示一下，比如说季文彦。

加：季文彦已经去世了，早就去世了。她去世之前，很长时间都瘫在床上了。（妈妈的朋友）董克娜，还有她晚年的朋友郑平也去世了，还有录音师陈燕嬉，陈燕嬉还在。她们反正关系都比较好，她和于蓝阿姨关系一直是很好的。

陈：您母亲除了不够温柔，还有什么？

加：我觉得我妈妈可能一开始是像我爸爸学生那样的感觉，她会在我爸爸这里学到很多的东西。反正我印象里，她就是太粗暴，她太爱叫，太直率。比方她让我爸爸多吃青菜，她一定是不会很温柔的讲出那句话，[提高音量]“你为什么不这个？！为什么不那个？！”这样的。其实她心地很善良，就是急，她太容易急躁了。她 90 岁了，还急得不得了。我经常说，你急什么？像我们最近在谈一百周年活动的时候，[①]她有时候也是很急。我说可能有些是历史沉淀下来的东西，有些东西我们不能理解，请谁不请谁之类的，[②]后来我就说大家都到这个年纪了，都应该是朋友，我妈妈就很着急。有的时候我觉得有点偏激。

陈：我没完全听明白，请谁不请谁，是指关系远近、当年有恩怨的人吗？

加：有些可能会有。比方说，我们应该觉得应该请电影局的人，我妈妈就觉得，为什么要请他们？这是我们家自己搞的（活动），觉得我们不要去沾公家那个光。我说我们全部自己出资、自己出物来做这个事情，我们心里很坦荡，我们请电影局的领导来，他也是支持了我们，包括搞一些资料，不管多和少，北影厂是在电影局的领导下，出于礼节也是应该这样。我妈妈就会着急。

陈：这也是她的性格。还有一个问题：您有没有研究过老年学？她这么急，身体还不好，作息时间还乱，她还随心所欲的想干吗就干吗，吃住她都不太讲究，您妈妈为什么会那么健康长寿？

加：她为什么能长寿？我觉得她就是随心所欲，她不高兴的时候就（发作）出来了，她喜欢的事情她就去做了，她就是不要约束自己。她说别人问我为什么能长寿，我就是想做什么就做什么。她就是这样。就是前

---

① 一百周年活动，是指家人策划在 2015 年 9 月份举行一次朱今明 100 周年诞辰纪念活动。

② 意思可能是：在朱今明 100 周年诞辰纪念活动时请哪些人，母女的观点有些分歧。

一段，她整理那些书稿文件，结果肾功能指标就掉，身体状况变差我就跟她认真地谈了一次。我说你为什么要搞这个活动？就是让我们全家人，我们的亲戚朋友以及电影界的一些朋友，能够来缅怀我爸爸，把他电影艺术和技术上，以及他的做人上，这些东西能够给后人留下来。如果为了做这件事情，你自己身体不行了，你怎么去做这个事情？我跟她讲，你一定要卧床——卧床的情况下，肾血流量可以得到改善；不卧床的情况下，肾血流量会变差。

陈：她听您的话吗？

加：（我说得）太厉害了，她就会听一听，但是她也控制不住自己。我是不希望她太累。因为她今年，我爸爸这个书稿刚刚送去，现在基本上定版了，基本上进入印刷这个阶段了。接下来就是片子，[①]也都弄好了。剩下来就是，还要她请人，不能我们去请人，有些人是可以通过我哥哥请，但有些人要尊重我妈妈的意见，请谁要通过她来请，她也要动脑筋。我说的意思就是，说让她不要有太大的负担，确实她这个病也真是如履薄冰，如果稍微不好一点，就非透析不可了，但90多岁的人，透析是完全可能出现心血管的意外。我哥哥那儿有她的房间，她也不愿意（去住），她住几天就回来。

陈：请您用一段话来描述或评价您的母亲。

加：我妈妈应该是一个非常热情的人，她是个热情、善良、肯吃苦，努力去做工作的这么一个人。

陈：说得好！谢谢朱老师！

① 指的是出书选用的照片。

采访人手记

朱加加老师是朱今明、赵元的女儿。为了编纂《赵元访谈录》，丰富其内容，增加其视角，尤其是希望借此收集更多的有关朱今明先生的工作和生活信息，才有采访其子女的计划。我先将这一采访计划告诉赵元老师，征得她的同意，并希望她帮助联络其子女。赵元老师很快就回了电话，说已经联系好了，其长子朱晓明先生、女儿朱加加女士同意接受我们的采访。

与朱加加老师的联系也经历一点周折，因为她仍在上班，只有每周三、周五下午有空，原计划是在6月17日（周三）进行采访，但我与前一天打电话联系时，她说没有时间接受采访。如此计划不得不推迟至下一周的周三，即6月24日下午进行。采访是在中日友好医院国际医疗部的一间办公室里进行的，在采访之前，朱老师曾草拟过一份备忘录——她以为只需要讲述她母亲的故事，没有想到还要说父亲——我说我也准备了一个《采访提纲》（采访前没有将提纲发给她，只是在架设摄像机器的时候让她过目），由她来决定：是她按照自己准备的思路说，还是让我按照《采访提纲》提问。朱老师说，还是按照我的提纲来。

朱加加老师是一个典型的职业女性，自信，干练，思路非常清晰，记忆力不错，表达能力更好，说话干脆利落。看得出来，她更习惯于提出问题，而不是回答问题。在回答问题的时候，常常要经过自我传播的编辑过程，态度严谨，回答清楚明白，知之为知之，不知为不知。虽然有太多往事不知道，朱老师是尽力了。

此次采访的结果，没有我期待的那么好。原因可能是我本人造成的：如果先将采访提纲发给受访人，让受访人有更好的准备线索，或许效果会更好。或者，如果干脆脱离提纲，让受访人按照自己的思路去回忆和讲述自己的父亲和母亲，那样效果说不定也不错。问题是：我既没有先发提纲，而采访中却有按照提纲提问，更重要的问题是，我的提纲本身或许也有问题：问题太多、太细（虽然通常看来，提纲越细越好），受访人大多回答说"不知道"，说了太多的"不知道"，或许会抑制受访人的自主积极思维，甚至挫伤回答问题的热情。

此前我起草了一份访谈提纲，为什么没有提前发给受访人？但我拿不定主意，要不要先将提纲发给朱老师。在通常的情况下，让受访口述人先看看提纲，是我们的工作程序，但这一次采访与通常的采访不同，我拿不定主意是让受访人自主陈述好，还是按照提纲逐项提问好。

祭母文——在父母骨灰合葬安放仪式上的悼词

各位家人、各位亲友：

我们的母亲——赵元，2020年3月16日因病在北京去世，走完了她人生的最后一程，享年95岁。当时正处于抗击新冠疫情的特殊时期，没有举行任何聚集性的吊唁仪式和悼念活动。3月20日清晨，家人们在中日友好医院太平间送别母亲，没有鲜花、没有哀乐，我们取来了在父亲的骨灰盒上覆盖了31年的党旗，覆盖在母亲的身上，家人们围拢在母亲身旁，向她诉说远在国外和外地的家人亲友们的缅怀和思念，转告中宣部、电影局和中影集团领导的致哀和悼念。

今天，抗击疫情的战役已经取得了决定性胜利，家人亲友们相聚在八宝山玉岑园，举行父母合葬骨灰安放仪式。出席今天仪式的有：中影集团党委委员、董事、副总经理、艺委会执行主任江平，中影集团北京电影制片厂厂长、离退中心主任宋振山，中影集团离退中心党委书记赵德宝。在此，我谨代表家属和亲人向前来参加安放仪式的领导和朋友们表示衷心的感谢，代表妹妹、弟弟和全家致悼词，回顾母亲平凡、多彩、励志的一生，寄托家人亲友的眷恋和哀思。

母亲赵元，原名赵小婉，北京电影制片厂导演，中共党员，中影集团离休干部；祖籍浙江宁波，1925年12月6日，出生于上海，父亲是留日的军医，母亲是家庭妇女。她生于战乱年代，童年随外祖父频繁调动，迁徙于杭州、常州、漳州、南京等地，抗战爆发后遭受过日军的轰炸，随外祖母逃难辗转于武汉、长沙、桂林。

母亲在少年时代就投身于抗敌演剧队。1940年5月，年仅14岁的母亲在广西桂林，投笔从戎，瞒着家人，加入了中国共产党领导的国民政府军事委员会政治部抗敌演剧二队（后整编为九队），并改名赵元。演剧队积极宣传党的抗日救国主张，坚持“以广大抗战军民为对象”，内容取材广泛，表演形式多样，不少剧目深受抗日军民的欢迎。母亲天资聪颖，生性好强，不入俗流，渐露头角，被战友们誉为“带刺玫瑰”。她先后参演过话剧《愁城记》《北京人》《蜕变》《赎罪》《春寒》《海国英雄》《小人物狂想曲》《胜利进行曲》《孔雀胆》《丽人行》《结婚进行曲》等十余部剧目，还曾入选电影《建国之路》摄制组。她从小就在演剧队的革命集体中学习、排练、行军、演出。由于她入队时年纪较小，成为抗敌演剧队最后的女战士，并荣获中国人民抗日战争胜利六十周年、七十周年纪念章。

抗战结束后，演剧队面临转型。她参加了电影《遥远的爱》的演出，该片摄影师是1933年8月加入"左翼"剧联的父亲。他们于1948年4月在上海结婚。导演说，我们片子叫《遥远的爱》，不好，爱，隔得太遥远。父亲说不对呀，我和赵元不成了吗，不遥远啊！后来，母亲又参加了电影《希望在人间》的拍摄。新中国成立后，母亲调入上海电影制片厂演员剧团，在电影《团结起来到明天》中饰演女工。1951年加入中国共产党。1956年调入北京电影制片厂，曾担任故事片《林家铺子》的场记，电影《上海姑娘》《革命家庭》的导演助理，纪录片《红旗飘飘·开门红》的导演，故事片《一天一夜》《停战以后》《烈火中永生》的副导演。1973年至1978年她被安排到北京科教电影制片厂工作，担任过《计划生育》《小水轮发电机》《爆炸成型》《长毛兔》等多部科教片的编导。1978年重回北京电影制片厂，联合导演过故事片《报童》《他们在相爱》《印有金锚的飘带》，儿童片《扶我上战马的人》，独立执导儿童片《十四五岁》和8集电视连续剧《盐丁儿》，在电影《红楼梦》《穆斯林的葬礼》《有钱的感觉》等片中担任执行导演。她导演的儿童片《十四五岁》曾获得首届中国儿童电影童牛奖，她作为联合导演的6部8集长片《红楼梦》荣获第10届中国电影金鸡奖最佳导演奖。她还荣获了中华人民共和国建国七十周年纪念章。

母亲是中国电影事业和革命文艺队伍里的普通一兵，但她身上闪耀着她们那一代人特有的精神追求和思想光辉，成为永远值得我们珍惜的宝贵财富和家风传承。

她一生追求光明、追求进步、追求革命。母亲像娜拉冲出家庭走向社会一样，离开家庭走上革命道路。从此，演剧队就是她的家，队员们就是她的战友和亲人。有人曾经问她，你先生是有名的摄影师，如果他挣了很多钱，你会不会当全职太太？她说，我不会当全职太太，我就是要妇女解放，有多少本事干多少事儿。在一次采访中，她对自己一生的评价是："到今天，我觉得我还对得起这个国家，对得起党"，"我都是在那里努力的，尽我自己的能力，在那里一步一步的前进。但是走得比较慢。""我还算是一个在前进的道路上，往前进的一分子吧。不甘于落后，也不想落后，总归是想勇往直前。这是我对自己的评价。"

她一直坚持革命第一、事业第一的理念，始终把工作放在第一位。1949年夏天，刚刚生完第一个孩子，她为拍《团结起来到明天》，到纱厂去体验生活。她说，当时"我们很积极啊，为了小孩喂奶，我学会骑自行车，来回方便多了。"我们童年时代对母亲的印象，就是她经常拍外景，经常不在家。拍电影，出外景是常态，后期制作在北京多一点，但也经常加夜班，一剪片子，一进棚录音，经常一干就是十几个小时。她做什么工作，都全力以赴。做场记，全情投入，她认为场记很细致、很具体，但是也真能学到东西，搞几年场记，比电影学院学的东西还要多。做导演助理，是导演特别棒的助手，做副导演，是特别尽职的副导演，找演员、看外景、弄服装、选料子，有关艺术上的事，导演不去的，她都要去。为做好案头工作，经常要打夜班。她打夜班有一个特点，先睡一觉，凌晨起来再精力充沛地干到天亮。一位与她合作过的著名导演说："我挂总导演，那真是省心，因为有赵元同志冲锋陷阵！她讲风格，不计较，是名副其实的好导演！"

母亲能吃苦，爱学习。她原来的文化底子是初中，参加演剧队以后也没有受过系统的正规教育，都是自己在工作中学习领悟。1947 年，演剧队队员要分散安排，组织上派她去考上海戏剧学校，演小品、写作文都通过了，人家已经准备吸收她，但是要从一年级读起，读三年。她觉得我们在抗日战争中演了那么多戏，还要从一年级读起，哪辈子才能够演上戏啊！不愿意、不甘心，就没有去。她从来没搞过科教片，拍科教片需要一些科学知识，她不懂就学，硬着头皮学，向专家内行请教。她在工作上有一股劲头，不怕苦，不服输。特别尊重和佩服有水平的老领导、老导演，在实践中向老导演学习。

母亲为人正直，心怀坦荡，性格外向开朗。母亲从少女时代起就加入集体生活，但革命的熔炉并没有熔化她的个性、情感和人生体验。她为人善良，光明磊落，言由己出，口发心声，思想单纯、性格外向、气质爽朗。她自我评价说，"我最大的优点，人家都说我心态好，没有小肚鸡肠，可以放下。"有晚辈的年轻同志看了她的经历说，你这么高的革命经历，怎么这么低的级别？对评级、调工资，她从来不去争，离休前也没有参加过评职称，直到离休后，2009 年 9 月批准享受副司局级医疗待遇。

母亲一直对普通劳动者、对工农群众很有感情。她在上影曾到国营棉纺厂体验生活。1960 年，参与拍摄纪录片集锦《红旗飘飘》，母亲第一次独立执导石景山钢铁厂《开门红》的部分。1959 年 12 月生孩子，产假刚完，她就跟摄影师到钢铁厂等待迎接第一炉钢水出炉，还到石景山发电厂、门头沟矿山等地拍摄，反映工业战线的英雄模范。1965 年 6 月，在北影，她带队到晋西南的杨谈大队深入生活，参加劳动，一直干了 7 个月，和那里的农民建立了深厚的感情，长期保持联系。1966 年 2 月底去邢台，赶上地震，没有房子，在河滩上睡了三个月。她是实实在在地从思想到行动自觉践行与工农相结合的道路，从中得到思想启迪和精神动力。

母亲生活简朴，家庭和睦，对子女后辈身教重于言教。母亲在生活上没有过多的奢望，粗茶淡饭，衣着朴素。她说，自己一辈子的生活习惯，就是没有要这样、要那样的。困难的时候，也不做那样的事情。前几年要扩大内需，她跟朋友们开玩笑，说这要碰到我就倒霉了，我这儿内需扩大不出去啊。谈到和父亲40多年的共同生活，母亲说我们看来是平平淡淡的，也是安安静静的，应该说，是互相尊敬、互相爱护的。母亲生育了三个子女，她对孩子们的爱，是在生活上、学习上的关怀，没有过多的溺爱。父母对子女，实际上是身教重于言教，他们强烈的事业心和执着的进取精神，潜移默化地影响着后代，也形成了理性务实，和睦相处，人人平等相待，个个立志成才的良好家风。

母亲实践了活到老、学到老，革命到底、奉献到底的精神。晚年的她，从不以老革命自居，积极参加老干部活动，热心做老干部工作。七十多岁还担任老干部支部的书记，两次被评为广电部优秀党务工作者。她还兼任北影老干部合唱团副团长，为北影赢得了不少荣誉。她曾代表中影集团抗战老战士出席广电总局召开的纪念中国人民抗日战争暨世界反法西斯战争胜利70周年座谈会，讲述自己的抗战故事。她时时处处总是替别人着想，替国家着想。2019年年底，母亲在儿孙后辈们的簇拥中度过了她人生最后一个生日，还发表了热情洋溢的感言。她晚年患有严重的肾病，从2016年春天开始进行透析治疗，一周三次，风雨无阻。今年开年，疫情来袭，她时时刻刻牵挂在心，天天在手机上看微信，查消息。2月6日，她给我写了一封信，说："我反复思考后，认为自己应该停止透析治疗，因为国家面临灾难，物资紧张，尤其是医疗方面，我想减少一点国家的负担"。我们劝说她还要继续透析，但谁也没有料到，这是她对自己身体状况的觉察。很多年前，有一天母亲打电话叫儿女回家，说要找你们谈个事情。就是她已经做出了遗体捐赠给协和医院的决定，要子女也知情签字。在她这个年龄的人，能够有这么高境界的非常少，我们只能尊重她的意见。母亲就是这样一个令人敬佩的彻底的唯物主义者。这也是一个老共产党员，用她的言行给我们留下的最后教诲。

今天，父母在八宝山玉岑园合葬，从此，父亲不再孤单，母亲也有了归宿。家人们在墓碑上选用了他们在上海新婚时最幸福的合影，并镌刻了八个字"影坛伉俪，人生伴侣"，浓缩了父母一生全心全意投入电影事业的痴情和相敬如宾、相濡以沫的亲情。父母的一生艰难坎坷，又幸运有缘，他们的价值和奉献凝结于艺术与技术结合、情感与形象结合的影片之中。他们的身影渐渐远去，他们的佳作永世流传。

八宝山的苍松翠柏，四季常青，陪伴着父母的长眠；玉岑园的雕梁画栋，遮阳避雨，庇护着父母的安宁。

八宝山革命公墓，安眠着无数的革命先烈、战友和同志，生时接续奋斗，走后相伴相随。

亲爱的妈妈、亲爱的爸爸，今后每一年的清明，我们都会来这里凭吊，向您们汇报后辈儿孙们的成长，为您们扫墓祭拜。

安息吧，母亲！

安息吧，父亲！

安息吧，我们的父亲母亲！

朱晓明[①]

（2020 年 7 月 31 日）

① 朱晓明是朱今明、赵元同志长子，代表妹妹朱加加、弟弟朱晓力和全家致悼词。

编后记

“中国电影人口述历史”出版选题，多年前就已拟定，30本书的编纂任务都已落实到人。然而世事难料，中国电影人口述历史团队，竟然风流云散。担任北影厂分卷编纂工作的年轻同事调离研究室，只能由我来充任替补，重新选题。好在我们资源积累足够丰富，要另选题也并不难。

新选题就是《赵元访谈录》。采访赵元老师的人是我，编纂抄本还是由我来做，可以事半功倍。没想到，落实这个选题过程，竟一波三折，还差点落空。

一

2015年5月，我给赵元老师打电话，说要编《赵元访谈录》。赵老师好像很吃惊：“我是个小人物，没什么贡献，不够资格呀！”因此拒绝出书。我向老人家解释半天，才勉强答应。待书稿编成，送给她审读，老人家又反悔了。这次的理由是：“说得不好。压力很大。”我请戴光晰前辈帮助做工作——当年正是由戴老师推荐，我才采访到赵老师——赵老师的口气稍有松动，我给她打电话，仍不愿给出肯定答复。到当年9月26日，我参加了摄影大师朱今明先生100周年诞辰纪念研讨会，再次与赵老师协商，她才算答应。几个月后，我给赵老师打电话询问审读书稿情况，赵老师又一次反悔了，说“身体不好，没精力看，还是不出吧”！此时赵老师年届九旬，身体不好，我当然不敢催促，如是等了一年。

2016年11月，我给赵老师打电话，老人家说：书稿还没有看，她还以为不出了。鉴于赵老师年事已高，我劝她将审稿事委托给家人，赵老师终于答应：让她儿媳卢小飞代她审稿。如是，我才算松了一口气。然而仍有波折。2017年春节后，卢小飞老师来电话，说老人家又变卦了，当着全家宣布：不出书。我请求卢老师帮忙做说服工作——她做过口述历史，懂得口述历史的价值，也是这方面的行家——卢老师答应劝说她婆婆，让我别着急。

2017年3月中旬，终于见到了审查修订稿。

赵元老师的顾虑，并非孤例。什么人够“资格”出版口述历史？是我们经常要面对的问题。基于传统观念，很多人都觉得，只有那些对历史做出突出或重大贡献的人，才有资格成为“历史人物”，例如北影老厂长汪洋、田方及导演“四大帅”、摄影“四大师”，才有资格。口述历史其实另有思路，即“通过口述历史，把历史讲述的权利交还给人民”（保尔·汤普逊语），让“沉默的大多数”不再沉默。这就是说，世界上每个人的口述历史，都值得采集、出版和珍藏。

上述两种思路各有道理，我们都想尝试。只不过，由于人力和财力的局限，不可能采集和收藏所有的电影人的口述历史，更不可能全都出版，仍需选择。我们口述历史团队商定了单人卷编纂的选择标准，赵元老师及其访谈完全符合这些标准。更何况，赵元老师是北影厂首席摄影师朱今明先生夫人，与朱先生共同生活了40多年，是这个世界上最了解朱今明先生的人，仅凭这一点，《赵元访谈录》就值得专门编纂出版。朱先生于1989年6月逝世，我们再也无法采访到他本人，赵元老师对朱先生的回忆和讲述，属独家消息，弥足珍贵。

赵老师的另一个顾虑，是觉得口述历史编纂文本零零碎碎、啰啰唆唆且平平淡淡，与习见的书面文章大不相同，因此觉得不安。这也不是孤例，此前一直有好心人提示，说我们整理出版的口述历史“文字水平不高”，言下之意，是应该将口述历史改写得更加完整、顺畅、简洁且文采飞扬。但那不是口述历史的可取之法，口述历史的价值，不仅在于其内容丰富真切，同时在其形式上原汁原汤。我们一直遵循口述历史档案即录音原始抄本的整理规则，除必要的话题归并、删减冗余、标漏补缺（这些必要的改动也须用括号或注释标明），口述历史编纂文本，不允许改写字句，更不允许编造成章。理由是，口述历史的独特性，在乎“历史”，亦在乎“口述”，口述历史就是要不同于书面文章。在口语形式中，存在时代语气、社会方言的差异，更有个人语调及其精神信息。口述历史不同于通常史书，无须概括叙述，只需把个人生平记忆娓娓道来，零碎、啰唆又何妨？

我一直认为，口述历史不仅有历史资料价值，同时有科学资源价值。例如，口述历史的语言学价值，就没有被充分认知和准确估价。语言学家致力于语言的普遍规律的探索，固然是必然且必须，但也肯定有人认识到，人类语言的终极奥秘，其实在个人的言语中。口述历史档案也是人类的语料库，其意义正是让我们打破书面语言的凝固冰盖，见识真实口语滔滔水流。在零碎、跳跃和啰唆的口语之中，隐藏着人类言语的多样性、丰富性、独特性和创造性，那正是言语和心灵存在的方式，是科学研究的宝贵资源，也是独特的艺术文本，

二

口述历史编纂，是一个技术性工作，更是一件学术性工作。同一份口

述历史原始抄本，在不同的编纂者手中，由于体例要求、取舍标准和理解程度不同，肯定呈现出不同的成品形式。所以，在统一编纂体例的基础之上，我们始终鼓励每一分卷主编按照自己对口述历史的理解，并根据所编素材，进行独立学术探索。

口述历史编纂的学术性，不仅在辨别真伪并做出恰当注释说明，更在于处置学术伦理和社会伦理间的矛盾冲突：学术伦理要求我们探求事实真相，而社会伦理则要求我们保护个人隐私权益。在编纂过程中，就须谨慎地选择编纂内容。首先，选定内容必须在受访人的授权范围内，凡是受访人授权禁止或没有授权的内容，不得选编。其次，无论受访人是否授权，都不得违背现行公共道德和社会价值，不得编选有损受访人及第三者人格尊严、声誉、利益的内容。再次，无论受访人是否授权，都不得编选有可能引起法律或道德争讼的内容，不得传播口述人无权公开披露的第三者的生活隐私。又次，无论受访人是否授权，在涉及政治是非等敏感性内容时，都需谨慎处置，遵守国家出版政策及有关规范。

赵老师的访谈共进行 32 盘录像，录音 36 个多小时，录音原始抄本有 40 多万字，在编纂过程有时不得不忍痛割爱，只保留了这 20 来万字。不顾学术伦理而却步不前，那不称职；但不顾社会伦理而一味鲁莽，亦不可取。学术伦理边界的厘清，矛盾纠纷的处置，只能由编纂者与受访人、出版社之间反复协商。

本书包括三个附录，是对朱今明、赵元夫妇的长子朱晓明、长媳卢小飞、女儿朱加加的访谈。目的是要充实本书的篇幅，更是想要增加观察角度、丰富历史讲述内容。2015 年 9 月，是朱今明先生 100 周年诞辰，我们想借其家人的回忆和讲述，向这位中国电影摄影大师表达我们的敬意。这三个采访都是确定选题后进行的，采访时间都不长，分别为 1 小时、2 小时、3 小时，时间长短根据受访人的讲述内容而定。从前面《采访人手记》可知，这三个采访，形式各不相同，分别为新闻发布式、自由对话式和固定问答式，效果各有短长。新闻发布式是受访人掌控，长处是思路清晰，易于编纂，短处是缺少细节质感；自由对话式是采访人和受访人共同掌控，长处是灵活生动、内容丰富，短处是编纂时需拼合话题、调整脉络；固定问答式是采访人掌控，长处是问题详细，线索分明，短处是容易压抑受访人主动性热情联想，答“不清楚”较多，编纂时不得不作信息整合。

最后，我想借此机会，向卢小飞老师表示衷心感谢！感谢她对口述历史工作的理解和热情，感谢她为这部书稿所付出的大量时间和心血！